Bibliographische Information der Deutschen Nationalbibliothek

Die Deutsche Nationalbibliothek verzeichnet diese Publikation in der Deutschen Nationalbibliographie; detaillierte bibliographische Daten sind im Internet über http://dnb.d-nb.de abrufbar.

© 2007 oekom, München
oekom verlag, Gesellschaft für ökologische Kommunikation mbH
Waltherstraße 29, 80337 München

Umschlagfoto: Ines Swoboda (oekom), Marc Bose (r.o.)
Druck: Kessler Druck + Medien, Bobingen
Gedruckt auf nach FSC-Regeln zertifiziertem Papier

Alle Rechte vorbehalten
ISBN 978-3-86581-010-6

Peter Wirth, Marc Bose (Hrsg.)

Schrumpfung an der Peripherie

Ein Modellvorhaben – und was Kommunen daraus lernen können

Die Bearbeitung des Vorhabens erfolgte am Leibniz-Institut für ökologische Raumentwicklung e. V., Dresden, in enger Zusammenarbeit mit dem Zentrum für Demographischen Wandel an der TU Dresden und dem Raumwissenschaftlichen Kompetenzzentrum Dresden.

Das diesem Bericht zugrunde liegende Vorhaben wurde mit Mitteln des Bundesministeriums für Bildung und Forschung unter dem Förderkennzeichen 19W2008B sowie des Freistaates Sachsen gefördert.

Die Verantwortung für den Inhalt dieser Veröffentlichung liegt bei den Autoren.

Vorwort

Johanngeorgenstadt schrumpft. Auch in der umgebenden Region zwischen Schwarzenberg und der tschechischen Grenze, die sich den Namen „Zentrales Erzgebirge um Johanngeorgenstadt" gegeben hat, nimmt die Bevölkerungszahl ab. Nichts Ungewöhnliches, könnte man sagen. Schrumpfen doch große Teile Ostdeutschlands und auch einige des Westens. Ist doch prognostiziert, dass die Bevölkerungszahl Deutschland zurückgehen wird. Zwangsläufig muss sich das auch in den Teilgebieten bemerkbar machen! Warum also eine umfangreiche Untersuchung gerade dort?

Johanngeorgenstadt schrumpft schneller als der Durchschnitt – und zwar erheblich schneller. Von 1990 bis 2003 ging die Einwohnerzahl um 36 % zurück. In der alten Bergstadt waren bereits über 1 000 Wohnungen abgerissen worden, als das Phänomen Schrumpfung Ende der 1990er Jahre gerade erst von Politik und Wissenschaft entdeckt worden war. Und – schenkt man den Prognosen Beachtung – wird Johanngeorgenstadt die Einwohner weiter in einem solchen Tempo verlieren, sodass sich die ernsthafte Frage stellt, wie das gesamte Kommunalwesen dort in den nächsten Jahren überhaupt noch erhalten werden kann.

Probleme, die sich in den meisten deutschen und europäischen Schrumpfungsgebieten erst nach und nach bemerkbar machen, sind im hier betrachteten Fall bereits Alltag. Somit lag es nahe, mit einem Forschungsvorhaben, das die Auswirkungen des Bevölkerungsrückganges in peripheren Gebieten untersuchen soll, im südwestsächsischen Grenzgebiet zu Tschechien anzusetzen. Zwei Aspekte haben dabei eine Rolle gespielt, die für das Bundesministerium für Bildung und Forschung und für den Freistaat Sachsen so interessant waren, dass sie die Förderung des Vorhabens übernahmen. Zum einen ging es darum, Ausmaß und Folgen extremen Bevölkerungsrückgangs an der Peripherie in einem Modellfall genauer zu bestimmen. Zum anderen stellt sich natürlich die Frage, wie mit den Folgen solcher Entwicklungen umzugehen ist.

Längst spielen Fragen des demographischen Wandels in der Landes-, Bundes- und Europapolitik eine bedeutende Rolle. Bevölkerungsprognosen erleben eine Konjunktur, Gutachten über die wirtschaftlichen, fiskalischen und räumlichen Folgen des Wandels werden erstellt, Expertenkommissionen berufen. Die wachstumsverwöhnte Gesellschaft tut sich schwer, mit schrumpfenden Städten und Regionen umzugehen. Das von Adrian in den 80er Jahren geprägte Wort der schweren Verdaulichkeit der Schrumpfung macht die Runde. Aber auch die Chancen der Schrumpfung werden beschworen.

Betrachtet man die Auseinandersetzung mit dem Thema genauer, so fällt auf, dass bislang die großen und mittleren Städte die Diskussion dominieren. Liegen doch dort die sozialen und städtebaulichen Brennpunkte, zumindest jene, die unübersehbar sind bzw. von den Medien in den Mittelpunkt gerückt werden. Leipzig und Halle sind geläufige Beispiele hierfür. Wenig ins Blickfeld der Öffentlichkeit gerückt sind dagegen die fernab der Zentren gelegenen Gebiete, in denen sich Schrumpfung weniger spektakulär, aber doch genauso heftig vollzieht.

Aus diesem Grund wurde in der Grenzregion um Johanngeorgenstadt ein Modellvorhaben konzipiert, das den Schrumpfungsprozess sowohl in seiner Komplexität (alle wesentlichen Schrumpfungsfolgen werden einbezogen) als auch punktuell vertiefend (die wichtigsten Faktoren werden genauer beleuchtet) untersucht. Außerdem wurde die analytische Betrachtung einzelner Schrumpfungsphänomene mit einem Handlungsansatz der kommunalen Akteure verknüpft. Aus wissenschaftlicher Sicht von zentraler Bedeutung war die Frage, inwiefern interkommunale Kooperation ein geeignetes Instrument ist, um den Folgen des demographischen Wandels besser begegnen zu können. Für die Region ging es darum, die Probleme zu erkennen und erste Schritte bei deren Bewältigung zu gehen.

Bei der Bearbeitung des Themas haben Forschung und Praxis eng zusammengearbeitet. Eine besondere Verantwortung haben die Bürgermeister von Johanngeorgenstadt und Breitenbrunn, Holger Hascheck und Ralf Fischer, auf sich genommen, die der Bürgermeisterrunde und dem Lenkungsausschuss der sieben beteiligten Kommunen vorstehen. Ohne die gegenseitigen Impulse wären weder die wissenschaftlichen Ziele der Untersuchung noch die Umsetzung regionaler Projekte möglich gewesen.

Die Forschungskoordination und die wissenschaftliche Vor-Ort-Begleitung lagen in den Händen des Leibniz-Instituts für ökologische Raumentwicklung (IÖR), Dresden. Bei der Untersuchung einzelner Themenbereiche hat das IÖR sehr eng mit sieben Lehrstühlen der TU Dresden zusammengearbeitet. Die meisten davon sind in das mittlerweile gegründete Zentrum für Demographischen Wandel an der TU Dresden (ZDW) eingebunden, das sich interdisziplinär insbesondere mit den Konsequenzen der gegenwärtigen und absehbaren demographischen Entwicklung befasst. Außerdem waren das Umweltforschungszentrum Leipzig-Halle und das Finanzwissenschaftliche Forschungsinstitut an der Universität Köln am Projekt beteiligt.

Im vorliegenden Band finden sich die wichtigsten Ergebnisse dieser umfangreichen Untersuchungen. Konzipiert ist diese Arbeit hauptsächlich, um Städten und Regionen, die sich mit ähnlichen Problemen konfrontiert sehen wie die Johanngeorgenstädter Region, Anregungen zu geben, um ihre Probleme besser lösen zu können. Dazu dienen zum einen die fachlichen Beiträge zu einzelnen Schrumpfungsthemen, zum anderen die allgemeinen Handlungsempfehlungen, die abschließend dargestellt sind.

Juli 2006 *Peter Wirth, Marc Bose*

Inhaltsverzeichnis

Schrumpfung und Peripherie
Peter Wirth   1

Das Modellvorhaben im Zentralen Erzgebirge um Johanngeorgenstadt
im Kontext des Wandels raumplanerischer Ansätze
Marc Bose, Peter Wirth   15

Land ohne Leute? – Bevölkerungsentwicklung und -prognose für das
Zentrale Erzgebirge um Johanngeorgenstadt
Antje Matern   25

Wohnungsmarktentwicklung unter Schrumpfungsbedingungen – Analysen
und Szenarien für das Zentrale Erzgebirge um Johanngeorgenstadt
Winfried Killisch, Carolin Wandzik, Anke Winkler   41

Soziale Infrastruktur in peripheren Regionen – am Beispiel Zentrales Erzgebirge
um Johanngeorgenstadt
Benno Brandstetter, Alexander Fischer, Rainer Winkel   57

Stadttechnische Infrastrukturanpassung bei Rückbau
in Johanngeorgenstadt
Torsten Schmidt, Lars Marschke   75

Umbau von Landschafts- und Siedlungsstrukturen in einer schrumpfenden
Stadt am Beispiel von Johanngeorgenstadt
Jorg Sieweke   93

Binnen- und Außenimage von Johanngeorgenstadt
Annett Steinführer, Sigrun Kabisch   107

Finanzierungsprobleme schrumpfender Gemeinden im Zentralen Erzgebirge
um Johanngeorgenstadt
Sven Heilmann, Thilo Schaefer, Roman Bertenrath   125

Umgang mit den Folgen des Uranbergbaus im Zentralen Erzgebirge
um Johanngeorgenstadt und Zusammenhang zum Schrumpfungsprozess
Holger Dienemann   141

Perspektiven des Zentralen Erzgebirges aus der Sicht
der Fachdisziplinen – ein Überblick
Peter Wirth, Marc Bose   153

Schrumpfung an der Peripherie – Welche Chancen haben die Kommunen?
Bernhard Müller, Peter Wirth, Marc Bose   161

Anhang
Integrierte Regionale Anpassungsstrategie (INRAS) für das
Zentrale Erzgebirge um Johanngeorgenstadt   193

Autorenverzeichnis   **201**

Schrumpfung und Peripherie

Peter Wirth

1   Bevölkerungsrückgang in Ost und West

Der demographische Wandel und insbesondere der Bevölkerungsrückgang sind in den letzten Jahren Bestandteile einer deutschen Zukunftsdebatte geworden. Hätte es in der Bundesrepublik Deutschland in den letzten Jahrzehnten keine Zuwanderung gegeben, so wäre die Bevölkerungszahl bereits rigoros geschrumpft. Denn seit 1970 liegt die Geburtenrate so niedrig, dass das „Bestandserhaltungsniveau" nicht mehr erreicht wurde (BBR 2005, 29). Wirtschaftliches Wachstum hat es aber möglich gemacht, dass das Geburtendefizit immer wieder durch Zuwanderung ausgeglichen und bis in die letzten Jahre hinein eine positive Bevölkerungsentwicklung erreicht wurde. Ohne die Zuwanderung von ca. 4 Mio. Personen aus dem Ausland wäre die Bevölkerungszahl in Deutschland seit 1990 um etwa eine Million gesunken (ebenda, 29). Trotz dieser insgesamt guten Bilanz der letzten Jahre gibt es hinsichtlich der Einwohnerentwicklung Gewinner und Verlierer – in den einschlägigen Fachpublikationen wird gern vom Nebeneinander von Wachstum und Schrumpfung gesprochen. Eine umfassende Übersicht bietet der Raumordnungsbericht der Bundesregierung (ebenda, 29-40).

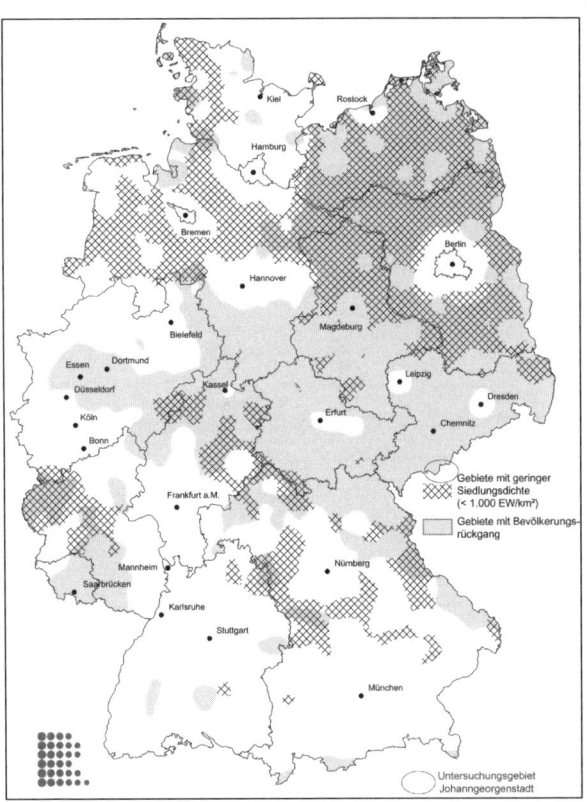

Abb. 1: Schrumpfungsgebiete in Deutschland 2000-2004 (Quelle: Siedentop et al. 2003, aktualisiert)

Wie die Abbildung 1 zeigt, gibt es in ganz Deutschland Teilräume mit Bevölkerungsrückgang. Auffällig ist, dass diese nicht gleichmäßig verteilt sind. In Ostdeutschland dominiert das Schrumpfungsphänomen in der Fläche. Ausnahmen sind dort nur die Stadt-Umland-Regionen von Berlin und einigen anderen Großstädten. Im Westen gibt es wenige schrumpfende Räume, die auf zwei Problemtypen beschränkt sind. Zum einen handelt es sich um alte Industrieregionen (Ruhrgebiet, Saarland). Zum anderen sind ländliche Räume betroffen: Nordbayern, Bayerischer Wald, Nordhessen, Südniedersachsen. Die offiziellen Prognosen gehen davon aus, dass der Anteil schrumpfender Regionen auch im Westen zunehmen wird (BBR 2005).

„Entdeckt" wurde das Phänomen Schrumpfung aber in Ostdeutschland. Dort nimmt die Bevölkerungszahl seit der deutschen Wiedervereinigung permanent und großflächig ab. Analysten waren zunächst davon ausgegangen, dass es sich dabei um einen vereinigungsbedingten Abschwung handelt, der in absehbarer Zeit von einer Konsolidierung abgelöst wird. Diese Annahme beruhte auf der Überlegung, der von der politischen Wende 1989/90 ausgelöste tiefgreifende ökonomische und soziale Wandel ziehe eine Anpassungsphase nach sich, in der Menschen aus dem Osten verstärkt den besseren sozioökonomischen Bedingungen im Westen nachgehen (Ost-West-Wanderung). Mit der erhofften wirtschaftlichen Angleichung werde dieser Trend aber zu Ende gehen und in Ostdeutschland stabilisiere sich infolge dessen auch die demographische Entwicklung nach dem Vorbild der alten Bundesrepublik.

Diese Annahme war falsch. Da die wirtschaftliche Entwicklung Ostdeutschlands nach wie vor nicht befriedigen kann (DIW 2003), hält der Bevölkerungsrückgang an. Zwar hat sich der negative Wanderungssaldo in den letzten Jahren abgeschwächt (2004:

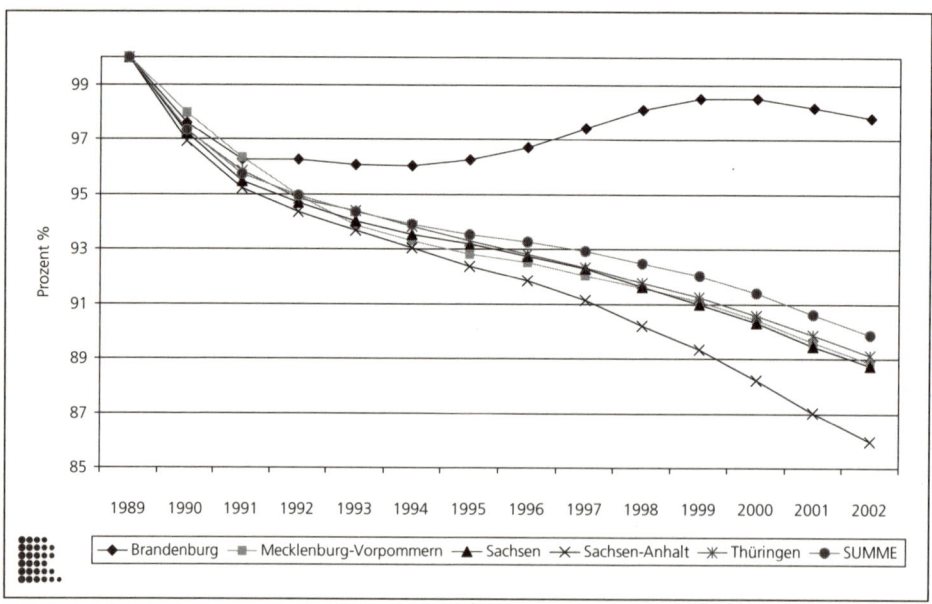

Abb. 2: Bevölkerungsentwicklung der ostdeutschen Bundesländer (ohne Berlin) 1989-2002 (Quelle: Statistisches Bundesamt, Statistische Landesämter)

-1 256 Personen). Durch die negative natürliche Entwicklung (2004: -46 696 Personen) nimmt die Bevölkerungszahl aber weiter ab (Abb. 2)[1]. Was zunächst noch als „Gesundschrumpfen" interpretiert wurde, wird inzwischen als besorgniserregende Entwicklung verstanden: zum einen, weil die Finanzierung der sozialen Sicherungssysteme (Renten, Gesundheit) in Frage gestellt ist, zum anderen, weil die negativen Folgen der Schrumpfung – Wohnungsleerstand, Unterauslastung von Infrastrukturen, sozialer Niedergang von Stadtteilen – die betroffenen Kommunen vor schier unlösbare Aufgaben stellen. Bevölkerungsprognosen (u. a. BBR 2004) deuten darauf hin, dass der Negativtrend mittel- bis langfristig anhalten wird.

Nun ist Schrumpfung nichts Neues (z. B. Häußermann, Siebel 1987 und 1988; Hartog 2005). Warum wird also den oben beschriebenen Tendenzen so viel Aufmerksamkeit gewidmet? Dafür lassen sich mindestens drei Gründe nennen. Erstens hat unsere mitteleuropäische Gesellschaft eine beachtlich lange Wachstumsperiode hinter sich, in der Schrumpfungsprozesse marginal oder vorübergehend waren. Dadurch hat sich eine Wachstumsmentalität entwickelt, von der sogar die Peripherie profitieren konnte. Zweitens widersprechen die gegenwärtigen räumlichen Schrumpfungsmuster den gängigen Klischees wie „dünn besiedelte ländliche Räume" und „Landflucht". Betroffen sind periphere wie zentral gelegene Räume (vgl. Müller 2002, 30). Drittens schließlich standen in der Vergangenheit den Bevölkerungsverlusten an der einen Stelle stets Wanderungsgewinne an anderen Orten gegenüber, sodass es innerhalb großer Wirtschaftsräume eine Kompensation gab: Die Schrumpfung eines Teilraumes wurde durch Wachstum in einem anderen ausgeglichen. Diese Ausgleichsmechanismen scheinen nicht mehr zu funktionieren: Auch viele Städte in den Schrumpfungsregionen unterliegen einer Marginalisierung (vgl. Hannemann 2004) und können die Peripherie nicht stützen.

2   Die Peripherie und ihre Vernachlässigung in der Schrumpfungsdiskussion

Dieses Forschungsprojekt hat sich der Schrumpfung an der Peripherie gewidmet. Peripherie steht hier für eine unterdurchschnittliche Ausstattung mit zentralen Funktionen und einen aufgrund der Lage und Erreichbarkeit schlechten Zugang zu den Zentren. Die aktuelle Raumstrukturtypisierung des Bundes stimmt sehr stark mit den eigenen Vorstellungen überein. Demnach werden 58 % des Bundesgebietes dem Typ „Peripherraum" zugeordnet (vgl. BBR 2005, 19; http://www.bbr.bund.de).

Im Gegensatz zu dieser funktionalen Zuordnung werden periphere Räume sehr häufig auch mit ländlichen, wirtschaftlich strukturschwachen oder Passivräumen gleichgesetzt. Eine solche Pauschalisierung widerspricht allerdings den Erfahrungen in

---

[1] Die einzige Ausnahme bildet Brandenburg, das in erheblichem Maße von Zuwanderungen aus Berlin profitiert hat.

Deutschland, wo etliche Peripherräume in den letzten Jahren eine sehr dynamische Entwicklung genommen haben. Zu denken ist hier beispielsweise an die niedersächsischen Landkreise Emsland, Vechta und Cloppenburg, die Bodensee-Region, Bitburg-Prüm oder Teile der Ostseeküste. Dass vor zu einfachen Erklärungsmustern zu warnen ist, zeigen auch Beobachtungen in Sachsen. Dort fällt auf, dass nicht die am dünnsten besiedelten Gebiete den größten Bevölkerungsrückgang aufweisen, sondern verdichtete und verstädterte Randgebiete in der Oberlausitz, im Erzgebirge und im Vogtland (vgl. auch Jurczek 2002). Schließlich setzt der hier vertretene Ansatz Peripherie auch nicht mit der Lage an Staatsgrenzen gleich: Nimmt man eine europäische Perspektive ein, so liegen viele deutsche Grenzgebiete nicht peripher. Andererseits gibt es Peripherien nicht nur in Grenznähe.

Warum eine wissenschaftliche Auseinandersetzung mit dieser Raumkategorie? Die Forschungsaktivitäten wie auch die politischen Reaktionen zur Beherrschung des Bevölkerungsrückganges waren bisher vorrangig auf die großen Städte gerichtet. Dies ist nachvollziehbar, da die von der Schrumpfung ausgelösten Probleme dort zuerst und am stärksten sichtbar wurden[2]. Die Probleme der peripher gelegenen Schrumpfungsgebiete gehen dem gegenüber unter. Dies mag damit zusammenhängen, dass die Schrumpfung in peripheren Räumen ein eher gewohnter („Landflucht") und möglicherweise auch erwarteter Prozess war, während das rasche Schrumpfen großer Städte auf Politiker und Stadtplaner wie ein Schock gewirkt hat (vgl. Pfeiffer 2001).

Wieso findet aber die Schrumpfung an der Peripherie so wenig Aufmerksamkeit, wenn sie, wie die genannten Befunde belegen, nach Intensität und Verlauf mindestens das gleiche Ausmaß hat wie in einigen Großstadträumen? Dafür lassen sich gleich mehrere Gründe anführen:

Erstens ist zu vermerken, dass die Polarisierung zwischen wachsenden und schrumpfenden Stadtteilen in den Großstädten auffälliger ist als in peripheren Siedlungsgebieten mit kleinstädtisch-dörflicher Prägung. Symbolkraft hat hierbei die „Platte" erlangt, jenes Relikt jahrzehntelangen sozialistischen Städtebaus, das ganze Stadtteile in praktisch allen ostdeutschen Großstädten prägt. Auch im Westen binden die Großwohnsiedlungen einen großen Teil der Aufmerksamkeit (z. B. Frankfurt-Nordweststadt, Großwohnsiedlungen im Westen Berlins).

Zum *Zweiten* ist die Entstehung sozialer Brennpunkte durch Segregationsprozesse eher in den vorbelasteten großen Städten ausgeprägt als in kleinstädtisch-peripheren Gebieten. Das soll nicht heißen, dass es in Kleinstädten und ländlichen Gemeinden keine sozialen Probleme gäbe. Die Gefahr der Eskalation ist aber deutlich geringer.

---

[2] Einen sehr guten Überblick zu Forschungs- und Entwicklungsinitiativen im Themenfeld Schrumpfung bietet die Internet-Diskussionsplattform Schrumpfende Stadt/Stadtumbau Ost (www.schrumpfende-stadt.de).

Drittens haben Planungsprozesse großer Städte von jeher mehr Aufmerksamkeit gefunden als an der Peripherie. Große Städte waren stets die Experimentierfelder der Stadtplanung und des Städtebaus. Innovationen in diesen Feldern sind in der Regel von den großen in die kleineren Städte adaptiert worden.

Ein *vierter Grund* ist, dass die Medien stärker auf die Problemlagen großer Städte fixiert sind als auf den Niedergang einer kleinen Stadt oder einer peripheren Region. Gerade für die Politik ist die Medienaufmerksamkeit aber ein Gradmesser, der größeres Gewicht erlangen kann als das Problem selbst.

Bleibt festzuhalten, dass das übergreifende Entwicklungsphänomen Schrumpfung in den einzelnen Landesteilen sehr unterschiedlich wahrgenommen wird und dass die Großstädte und ihre Verdichtungsräume bisher die größere Aufmerksamkeit genießen. Umso wichtiger ist es, dass die Raumwissenschaft diese Defizite erkennt und den in der öffentlichen Wahrnehmung vernachlässigten Problemgebieten größere Aufmerksamkeit schenkt.

3 Ursachen und Verlauf des Schrumpfungsprozesses

Bei der Betrachtung von Schrumpfungsprozessen ist zwischen

- den Ursachen des Bevölkerungsrückgangs,
- dem Verlauf des Bevölkerungsrückgangs (Intensität, Verhältnis von natürlicher und räumlicher Bevölkerungsentwicklung, Wirkungen auf die Raumstruktur) und
- den Wirkungen des Bevölkerungsrückgangs für die Kommunal- und Regionalentwicklung

zu unterscheiden. Im Folgenden werden die einzelnen Faktoren des Schrumpfungsprozesses erläutert und anhand von Beispielen aus den ostdeutschen „Schrumpfungslandschaften" untersetzt (vgl. Abb. 3).

Die erste Hauptursache des Bevölkerungsrückganges ist die wirtschaftliche Schwäche. So hat Ostdeutschland ein Pro-Kopf-Bruttoinlandsprodukt, das nur 71 %[3] Westdeutschlands ausmacht und sich letztlich in einer Arbeitslosenquote von 18,5 %[4] ausdrückt, die mehr als doppelt so hoch ist wie im Westen. Die Einkommen im Osten sind niedriger[5], die Kaufkraft dementsprechend auch. An der Peripherie treten häufig weitere Ursachen wie schlechte Erreichbarkeit und Defizite an Kultur- und Bildungsangeboten hinzu. Die wirtschaftliche Strukturschwäche äußert sich in Wanderungsverlusten von 137 109 Personen im Zeitraum 1991 bis 2002.

---

[3] 2002, Quelle: DIW (2003).

[4] 2003, Quelle: Bundesagentur für Arbeit.

[5] Arbeitnehmerentgelt je Arbeitnehmer 2002: 77,5 % von Westdeutschland, Quelle: DIW (2003).

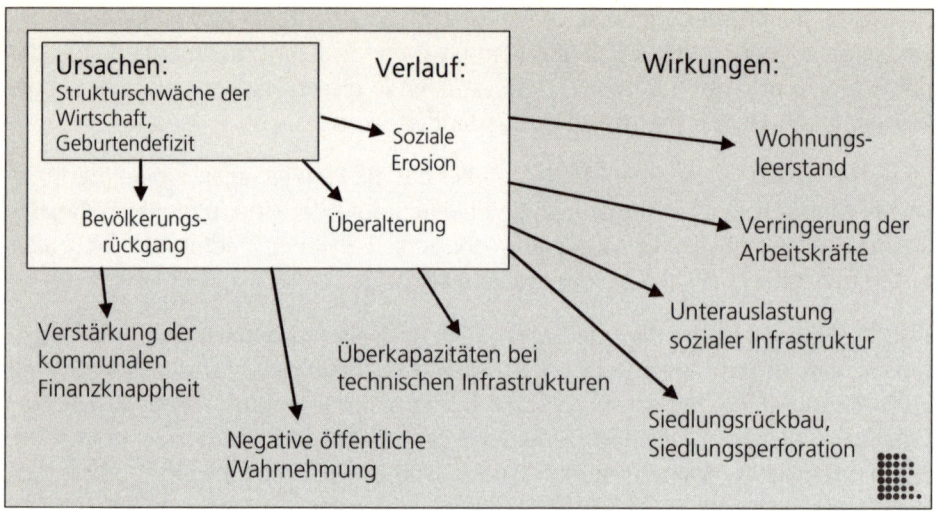

Abb. 3: Ursache, Verlauf und Wirkungen von Schrumpfungsprozessen

Die zweite Hauptursache ist die negative natürliche Entwicklung, die aus der niedrigen Geburtenrate resultiert. In den ostdeutschen Bundesländern[6] betrug allein der Sterbefallüberschuss von 1991 bis 2002 zwischen 49 000 und 100 000 Personen pro Jahr[7]. Das ergibt in der Summe ein Defizit von 886 000 Personen.

Insgesamt ging die Bevölkerungszahl in den ostdeutschen Bundesländern im betrachteten Zeitraum um 6,2 % zurück. Mit Besorgnis wird aber nicht nur der Bevölkerungsrückgang beobachtet, sondern auch zwei weitere Phänomene des demographischen Wandels: Alterung und soziale Erosion. Mit den geburtenschwachen Jahrgängen der Nachwendezeit und der Zunahme der Lebenserwartung wird das Durchschnittsalter der Bevölkerung in Ostdeutschland sukzessive spürbar zunehmen. Beträgt in Sachsen das Durchschnittsalter heute noch 42,3 Jahre, so wird es sich bis 2020 nach den aktuellen Prognosen auf etwa 49 Jahre erhöhen (Stat. Landesamt Sachsen).

Über 50 % der Abwanderer in Sachsen sind gegenwärtig im Alter zwischen 15 und 35 Jahren. Die selektive Abwanderung ist ein Problem, das zwar erst allmählich an Bedeutung gewinnt, allerdings schon sehr gut absehbar ist. Bereits ab 2005 wird sich die Zahl der Bewerber für Ausbildungsplätze halbieren. Mittelfristig wird ein Mangel an gut qualifizierten Arbeitskräften prognostiziert, der für Unternehmen in Ostdeutschland ein ernstzunehmendes Problem werden wird. Auch bei der Migration junger Menschen schneiden die peripheren Räume schlechter ab als die großen Zentren (alle Angaben IFO 2002).

---

[6] Ohne Berlin.
[7] Bevölkerungszahlen: Statistisches Bundesamt, Statistische Landesämter.

Die unmittelbaren Wirkungen des Bevölkerungsrückganges sind vielfältig:

- Sehr schnell hat sich der Bevölkerungsrückgang in Ostdeutschland auf den Wohnungsmarkt ausgewirkt. Der zurückgehenden Nachfrage nach Wohnungen in den meisten Regionen Ostdeutschlands stand ein gleichbleibender oder durch Neubau sogar wachsender Bestand gegenüber. Dies führte dazu, dass in Ostdeutschland 2002 ca. 1,3 Mio. Wohnungen leer standen (Kabisch, Bernt 2002). Das Überangebot führt zu Niedrigmieten, die für viele Wohnungsanbieter existenzbedrohend sind.

- Eine weitere direkte Folge ist die Unterauslastung und bzw. Schließung sozialer Infrastrukturen. Tiefgreifend sind die Schließungen von Kindertagesstätten in Schulen, die zur rapiden Ausdünnung der Angebote und besonders in kleinstädtisch-peripheren Siedlungsgebieten zur schmerzhaften Reduzierung wohnortnaher Bildungsangebote geführte haben. Nicht minder betroffen von der zurückgehenden Nachfrage sind aber auch private Anbieter von Dienstleistungen.

- Ein weiteres Problemfeld ist die stadttechnische Infrastruktur. Bei den technischen Medien (Wasser, Abwasser, Energieversorgung) bedeutet Bevölkerungsrückgang die Unterauslastung der Versorgungsnetze. Auf der einen Seite verteilen sich die fixen Kosten auf immer weniger Einwohner, auf der anderen Seite muss zusätzlicher Aufwand betrieben werden, um die Funktionsfähigkeit von Leitungsnetzen zu gewährleisten, z. B. um die Entstehung von Keimen im Trinkwasser zu vermeiden. Die Folgen für die Bewohner sind steigende Gebühren trotz gleich bleibender Entnahme.

- Wenn die genannten Probleme nicht kompensiert werden können, bleibt den betroffenen Kommunen nur noch der Rückbau von Siedlungsgebieten, die physische Schrumpfung von Siedlungen. In der Regel beginnt sie in jenen Quartieren, die das geringste Ansehen genießen. Da Rückbau planerisch schwer steuerbar ist, insbesondere bei einem hohen Anteil von Privatbesitz, vollzieht er sich nicht selten diffus und führt zur Perforation von Städten und Dörfern. Dies führt zunehmend dazu, dass kompakte und gleichsam effiziente Siedlungsstrukturen verloren gehen.

- Schließlich trifft der Bevölkerungsrückgang die – in den meisten ostdeutschen Gemeinden ohnehin prekäre – Finanzsituation der Gemeinden. Bei gleich bleibenden oder sogar steigenden Ausgaben gehen die Einnahmen zurück.

In der Folge aller genannten Einzelprobleme kommt es zwangsläufig zu einer veränderten Wahrnehmung kommunaler Gemeinwesen. Bevölkerungsrückgang, Funktionsverlust, Rückbau, Finanznot werden gemeinhin negativ reflektiert. Die vertiefenden Untersuchungen im Zentralen Erzgebirge haben dies auch weitgehend bestätigt. Eine derartige „Mehrfachbelastung" der Kommunen mit den Schrumpfungsproblemen muss zwangsläufig Auswirkungen auf die Kommunal- und Regionalentwicklung haben.

4 Folgen des Schrumpfungsprozesses und Anforderungen an die Kommunen

„Planung der Schrumpfung ist viel schwieriger und politisch viel unverdaulicher als Planung des Wachstums" (Adrian 1985). Dieser Kernaussage aus der in den 1980er Jahren kurz aufflackernden Diskussion um Schrumpfungsszenarien in Deutschland ist zunächst nichts hinzuzufügen. Denn „Ungelenkte Vorgänge der Schrumpfung und des Verfalls zerstören das notwendige Gleichgewicht zwischen Bevölkerung, Wohnbauten, Verkehrssystemen sowie sämtlichen Elementen der privaten und öffentlichen Infrastruktur" (Kommission 2001). Insofern ist es nicht verwunderlich, dass die Politik zunächst sehr unsicher auf die sich abzeichnenden Schrumpfungstendenzen Ende der 1990er Jahre reagiert hat, unter anderem auch mit Durchhaltestrategien wie „bei uns wird kein Plattenbau abgerissen".

Kommunalpolitisch ist der Umgang mit der Schrumpfung in der Tat schwierig. Für welchen Bürgermeister ist es schon attraktiv, den Einwohnern zu erklären, die Zukunft bestehe im intelligenten Rückbau? Der systematische Abriss von Wohnsiedlungen erscheint kaum kampagnenfähig und somit für die Politik wenig reizvoll. Blickt man zurück auf den Planungs- und Bauboom in der ersten Hälfte der 90er Jahre, in dem es im prosperierenden Osten Pläne zu beschließen, Grundsteine zu legen, erste Spatenstiche zu tätigen und Richtfeste zu feiern gab, so bleibt festzustellen, dass die Schrumpfung nur wenig Begehrenswertes für die politisch Verantwortlichen bereithält. So ist es nicht verwunderlich, wenn die Frustration auch in vielen Rathäusern in Ostdeutschland Einzug gehalten hat. Schließlich wird der Bevölkerungsrückgang auch als Politikversagen interpretiert, was sogar das politische Überleben kommunaler Verantwortungsträger gefährden kann.

Aber es geht noch weiter: Kann man der Entstehung neuer innerstädtischer Freiräume in dicht besiedelten Stadtarealen der großen Agglomerationen immerhin noch manch Positives abgewinnen – etwa als neue Grünfläche – so ist dies in kleinen Städten und Dörfern an der Peripherie doch eher zweifelhaft, da dort die Natur schon um die nächste Ecke beginnt. Durch die niedrigen Geburtenzahlen befinden sich viele Infrastruktureinrichtungen bereits an der unteren Grenze ihrer Tragfähigkeit. So sind Grund- und Mittelschulen in den meisten Kommunen ein Symbol funktionierender Gemeinwesen. Sie sind in gleicher Weise Träger von Kultur und Sport wie der Vereinstätigkeit, verbinden aber auch die Schüler mit dem Leben im Heimatort. Die Schließung einer, häufig der letzten Schule im Ort, ist insofern ein Verlust an Eigenständigkeit, der kleine Städte und Dörfer härter trifft als große Städte, die bessere Kompensationsmöglichkeiten haben.

Es verwundert deshalb nicht, dass sich die Politik mit dem Thema nach wie vor schwer tut. Verbinden sich doch Begriffe wie Schrumpfung und Rückbau sehr rasch mit noch negativer belegten wie Niedergang und Rezession. Kommunen werden zum Verlierer im Wettbewerb um Einwohner. Dass es inzwischen trotzdem eine politische Auseinandersetzung gibt, ist der Tatsache zuzuschreiben, dass man das Problem einfach nicht mehr übersehen kann. So gehen viele betroffene Bundesländer inzwischen in die Offensive. Ein Beispiel hierfür ist der so genannte Demographie-Gipfel der sächsischen Staatsregierung, der im April 2004 stattgefunden hat. Die „Anpassung" an zurückgehende Bevölkerungszahlen und sich verändernde Bevölkerungsstrukturen wurde dort zur Querschnittsaufgabe politischen Handelns deklariert (Milbradt 2004).

Für die Kommunen ergibt sich aus der Schrumpfung eine Reihe neuer Anforderungen:

- An erster Stelle steht dabei die **Überarbeitung städtebaulicher Konzepte**, die in vielen Fällen noch von einer Bevölkerungszunahme oder zumindest stabilen Bevölkerungsentwicklung ausgehen. Um Planungssicherheit auch für neue Investoren zu schaffen, müssen realistische Aussagen vorliegen, welche Stadtteile entwickelt und welche zurückgebaut werden sollen. Dies stellt sowohl für Kommunalverantwortliche als auch für Planer eine neue Herausforderung dar, da eine schrumpfungsorientierte Planung andere Schwerpunkte setzen muss als eine Wachstumsplanung (vgl. dazu Müller 2002, 38). Als Grundlage dafür stehen die im Rahmen des Programms Stadtumbau Ost erstellten Integrierten Stadtentwicklungskonzepte (INSEK) zur Verfügung. Allerdings – auch das hat das Forschungsvorhaben gezeigt – besteht hier Nachbesserungsbedarf.

- Eng verbunden mit der Stadtentwicklung ist die **Erhaltung städtischer Infrastrukturen**. Die Frage ist dabei, wie immer weniger Einwohner Einrichtungen finanzieren können, deren Rentabilität aufgrund sinkender Nutzerzahlen abnimmt. Bei den sozialen Einrichtungen (Schulen, Kitas, Jugendklubs usw.) geht es dabei vielfach um Mindestgrößen für die Tragfähigkeit. Hierbei spielt die Bildungspolitik, im deutschen föderalen System eine Aufgabe der Bundesländer, eine große Rolle. Bei den technischen Infrastrukturen geht es sehr stark um die Kompaktheit der Siedlungen, da die Leitungslänge pro Nutzer mit geringer werdender Siedlungsdichte steigt und die Sanierungs- und Unterhaltungskosten dementsprechend zunehmen.

- Schließlich ist die **Kommunalfinanzierung** ein zentrales Thema der Schrumpfungsdiskussion, da in der Tendenz sinkenden Einnahmen (durch Bevölkerungsrückgang) gleich bleibende Ausgaben (für die Unterhaltung kommunaler Infrastrukturen) gegenüberstehen. Dies ist in Ostdeutschland besonders schmerzlich, da die ostdeutschen Kommunen ohnehin nur einen geringen Grad ihrer Ausgaben durch eigene Einnahmen decken können.

Aus den genannten Gründen kommt es zu einer systematischen Überforderung der betroffenen Kommunen. Letztendlich bedeutet dies, dass die Kommunalentwicklung an der Förderpolitik des Staates ausgerichtet werden muss, eine Eigenständigkeit kommunaler Ambitionen aber zunehmend verloren geht. Vor diesem Hintergrund nimmt die Bedeutung interkommunal abgestimmter Entwicklungsstrategien tendenziell zu. Auf deren Potenziale wird im Schlusskapitel näher eingegangen.

5 Bisherige Forschungsansätze zur Schrumpfung an der Peripherie sowie Besonderheiten des gewählten Forschungsansatzes

Nachdem bereits festgestellt wurde, dass die Peripherie im Rahmen der Schrumpfungsdiskussion bisher vernachlässigt wurde, soll nun auf die wenigen Arbeiten eingegangen werden, die sich dem Thema gewidmet haben. An erster Stelle ist dabei das vom Bundesamt für Bauwesen und Raumordnung in Auftrag gegebene und im Mai 2004 abgeschlossene Modellvorhaben „Anpassungsstrategien für ländliche/periphere Regionen mit starkem Bevölkerungsrückgang in den neuen Ländern" zu nennen (IfS 2003/2004). Dabei ging es ausschließlich um infrastrukturelle Anpassung. In drei ostdeutschen Modellregionen (Mecklenburgische Seenplatte, Lausitz-Spreewald, Ostthüringen) wurden – befristet durch die Projektlaufzeit – Organisationsstrukturen geschaffen, um einen themenbezogenen Dialog zur Verbesserung von regionalen Infrastrukturen zu führen und Handlungsempfehlungen zu formulieren. Der Dialog schloss sowohl die fachliche Diskussion in Arbeitsgruppen als auch öffentliche „Regionalforen" ein. Inhaltliche Schwerpunkte waren Bildungsangebote, medizinische Versorgung, ÖPNV sowie Wasserver- und -entsorgung. Die Lösungsvorschläge zielen auf neue organisatorische Lösungen (z. B. jahrgangsübergreifender Unterricht), Flexibilisierung der Bedienformen im ÖPNV, Bündelung von Angeboten und mobile Dienstleistungen (Cottbuser Erklärung 2004).

Damit werden hier durchgängig Konzepte aufgegriffen, die bereits in den 70er und 80er Jahren im Rahmen der raumordnerischen Debatte um den Strukturwandel im ländlichen Raum entwickelt und zum großen Teil auch erprobt worden sind (Petzschner 1984; Burberg, Wienecke 1989). Ebenso haben sie bei der Umstrukturierung des ländlichen Raumes in Ostdeutschland nach der politischen Wende 1990 Anwendung gefunden (Wirth 1996; Wirth u. a. 1997). Der neue Aspekt des BBR-Projekts ist, dass diese fachlichen Ansätze nun als Bestandteil integrierter regionaler Konzepte betrachtet und stärker in den Zusammenhang regionaler Kooperation gestellt werden. Neue Akteurskonstellationen rücken ebenso ins Blickfeld wie Organisationsformen aus der Regionalentwicklungs-Praxis. Der Innovationswert dieser Arbeit liegt also weniger im fachlich-inhaltlichen als vielmehr im organisatorisch-konzeptionellen Bereich.

Eine Bilanz zur Situation peripherer Räume in Brandenburg hat das Leibniz-Institut für Regionalentwicklung und Strukturplanung in Erkner vorgelegt (IRS 2003). Brandenburg ist zwar das Bundesland mit der summarisch günstigsten demographischen Entwicklung in Ostdeutschland (vgl. Abb. 2). Allerdings trügt dieses Bild. Die positive Gesamtbilanz mit zwischen 1995 und 2000 sogar zunehmender Bevölkerungszahl wird durch die Suburbanisierung des Umlandes der Bundeshauptstadt Berlin, das vollständig in Brandenburg liegt, erzeugt. Dem prosperierenden „engeren Verflechtungsraum" Berlins steht ein rasch schrumpfender „äußerer Entwicklungsraum" gegenüber, in dem die Umsetzung des Leitbildes der „dezentralen Konzentration" bisher nicht erfolgreich war. Das heißt, die Annahme, dass mittelgroße Städte außerhalb der hauptstädtischen Agglomeration als Wachstumsmotoren für die Peripherie fungieren können, wird durch anhaltende Schrumpfungsprozesse konterkariert (vgl. die Beiträge von Hesse und Kühn im o. g. Heft).

Als Ursachen für das Fehlen einer Gegenstrategie werden in wesentlichem Maße Handlungsdefizite der Akteure angenommen. So spricht Keim (ebenda, 5) von „relativ starren, gleichbleibenden Überzeugungssystemen, offenbar geprägt durch eine staatlich ausgerichtete Versorgungsmentalität". Diese sei sogar bei Fachleuten in Verwaltungen und Betrieben zu finden und erzeuge „Resignation und kulturelle Abschirmung im Alltagshandeln". Matthiesen (ebenda, 7/8) interpretiert dies auch als Folge eines „Brain Drain", also als Abfluss von Humankapital und Wissen infolge wirtschaftlicher Stagnation, der letztlich krisenverschärfend wirkt. Schlussfolgernd kommen die Autoren zu dem Ergebnis, dass einerseits kreative Lösungen von außen, durch „neues Personal", in die Region hineingetragen werden müssten (Kühn, ebenda, 5). Den Background für diese Überlegung mag die Internationale Bauausstellung (IBA) Fürst-Pückler-Land bilden, die seit 2000 in der Niederlausitz – mit einer Grundfinanzierung durch das Land Brandenburg – durchgeführt wird (Kuhn 2000). Andererseits sei der „Peripherisierungsdynamik" eher mit „Milieuwissen der kreativen Akteure vor Ort" statt mit „Rezeptwissen" zu begegnen (Matthiesen in IRS 2003, 8). Letztlich wird ein Ausweg aus der Krise nur durch „neue Akteurskonstellationen" für möglich gehalten. Freilich darf dabei nicht übersehen werden, dass kreative Akteure in den Regionen ohne ausreichende Unterstützung schnell Gefahr laufen, von der Fülle der Anforderungen erdrückt zu werden (vgl. auch Wirth, Kochan 1997).

Interessant ist in diesem Zusammenhang, dass die Auseinandersetzung mit Schrumpfungsphänomenen parallel zu einer ambitionierten Debatte um neue Steuerungsformen in der Regionalentwicklung verläuft (vgl. dazu BBR 2003). Sowohl die Frage der staatlichen Förderung von Problemräumen als auch die interne Organisation regionaler Kooperation stehen auf dem Prüfstand.

6 Fazit

Im Ergebnis der angestellten Überlegungen lassen sich drei Fragen formulieren:
1. Welche Handlungsoptionen haben Kommunen in peripherer Lage bei Bevölkerungsrückgang?
2. Welche zusätzlichen Lösungsmöglichkeiten bietet die regionale Kooperation?
3. Wie kann der Staat Regionen unterstützen, die aufgrund der geschilderten Probleme vielfach überfordert sind?

Unter diesen Fragestellungen wird im Folgenden das Forschungsvorhaben im Zentralen Erzgebirge um Johanngeorgenstadt betrachtet. Seine Eigenständigkeit beruht auf drei Merkmalen:

- Die Zuwendung zu den Problemen peripherer Gebiete mit abnehmender Bevölkerungszahl.
- Die komplexe Betrachtung des Themas Schrumpfung gegenüber der bisher dominierenden Einzelanalyse von Schrumpfungsphänomenen.
- Die Verbindung konzeptioneller Überlegungen mit der praktischen Umsetzung in einer Modellregion.

Auch wenn die Erkenntnisse aus einem Einzelfall nicht ohne Weiteres auf andere Problemfälle übertragen werden können, verspricht dieses Vorgehen doch einen beträchtlichen Wissenszuwachs über Schrumpfungsphänomene an der Peripherie.

Literatur

Adrian, H. (1985): Anmerkungen zur Novellierung des Planungs- und Städtebaurechts. In: Stadtbauwelt 85, 20-24.

BBR (2003): Aktionsraum Region – Regional Governance. Informationen zur Raumentwicklung 8-9/2003. Bonn.

BBR (2005): Raumordnungsbericht 2005. BBR-Berichte, Bd. 21, Bonn.

Burberg, P.-H.; Wieneke, G. (1989): Infrastrukturversorgung bei rückläufiger Bevölkerungsdichte unter besonderer Berücksichtigung der Mobilität von Bevölkerung und Infrastruktureinrichtungen. Akademie für Raumforschung und Landesplanung. Beiträge, Bd. 115. Hannover.

Cottbuser Erklärung (2004): Demographischer Wandel – Herausforderungen an die Weiterentwicklung der Infrastruktur in den ländlichen Räumen Ostdeutschlands. Verabschiedet im Rahmen der Abschlussveranstaltung des Modellvorhabens der Raumordnung „Anpassungsstrategien für ländliche/periphere Regionen mit starkem Bevölkerungsrückgang in den neuen Ländern" am 14. Mai 2004, Cottbus, www.regionale-anpassung.de

DIW (2003): Zweiter Fortschrittsbericht wirtschaftswissenschaftlicher Institute über die wirtschaftliche Entwicklung in Ostdeutschland. In: Deutsches Institut für Wirtschaftsforschung, Wochenbericht 47/2003. Berlin.

Häußermann, H.; Siebel, W. (1987): Neue Urbanität. Frankfurt/M.

Häußermann, H.; Siebel, W. (1988): Die schrumpfende Stadt und die Stadtsoziologie. In: Friedrichs, J. (Hrsg.): Soziologische Stadtforschung. Kölner Zeitschrift für Soziologie und Sozialpsychologie, Sonderheft, 78-94.

Hannemann, C. (2004): Marginalisierte Städte. Problem, Differenzierungen und Chancen ostdeutscher Kleinstädte im Schrumpfungsprozess. Berlin.

Hartog, R. (2005): Europas Städte altern. In: Stadt und Raum 5/2005, 238-242.

IFO (2002): Die Abwanderung und ihre Auswirkungen auf die sächsische Wirtschaft. In: ifo Dresden berichtet 3/2002. Dresden.

IfS (2003/2004): Anpassungsstrategien für ländliche/periphere Regionen mit starkem Bevölkerungsrückgang in den neuen Ländern – Modellvorhaben der Raumordnung. 2. Zwischenbericht (Juli 2003) und Handlungsempfehlungen (Mai 2004). T. Thrun, B. Winkler-Kühlken, K.-H. Hübler (Bearbeiter). Institut für Stadtforschung und Strukturpolitik GmbH. Berlin.

IRS (2002): Rückzug aus den Randregionen? Zwischenbilanz der räumlichen Entwicklung in Brandenburg. Themenheft IRS aktuell Nr. 41, Okt. 2003.

Jurczek, P. (2002): Bevölkerungsentwicklung in Südwestsachsen und daraus resultierende Konsequenzen. In: Raumforschung und Raumordnung 3-4/2002, 255-263.

Kabisch, S.; Bernt, M. (2002): Wohnungsleerstand und nachhaltiger Stadtumbau. In: Forschen für die Umwelt, UFZ Leipzig; 4. Ausgabe, 104-109.

Kommission „Wohnungswirtschaftlicher Strukturwandel in den neuen Bundesländern" (2001): Bericht (Kurzfassung). In: Dt. Akademie für Städtebau und Landesplanung: Schrumpfende Städte fordern neue Strategien für die Stadtentwicklung. Aus dem Leerstand in neue Qualitäten? Materialien zum wissenschaftlichen Colloquium 2001 in Leipzig. Berlin.

Kuhn, R. (2000): Perspektive: IBA Nachhaltiger Umbau der Lausitz durch die Internationale Bauausstellung Fürst-Pückler-Land. In: Raumplanung (2000)91, 176-180.

Milbradt, G. (2004): Sachsen wird Vorreiter bei der Bewältigung des demographischen Wandels. Demographie-Gipfel der Sächsischen Staatsregierung am 21. April 2004 in Dresden, www.sachsen.de/de/bf/ITForum, Juni 2004.

Müller, B. (2002): Regionalentwicklung unter Schrumpfungsbedingungen. Herausforderung für die Raumplanung in Deutschland. In: Raumforschung und Raumordnung 1-2/2002, 28-42.

Petzschner, E. (1984): Versorgungsstruktur und -probleme im peripheren Raum. Akademie für Raumforschung und Landesplanung. Forschungs- und Sitzungsberichte, Bd. 156, 1-16. Hannover.

Pfeiffer, U. (2001): Der Leerstandsschock. In: Bauwelt 24/2001, 28-33.

Siedentop, St. (2003): Siedlungsstrukturelle Entwicklung unter Schrumpfungsbedingungen – Trendkontinua oder Trendbrüche? In: ARL (Hrsg.): Planung und Migration – Beiträge zum Jungen Forum 2003. Hannover. (Arbeitsmaterial; 307), 28-38.

Wirth, P. (1996): Nachhaltige Erneuerung ländlicher Räume in den neuen Bundesländern. Eine ganzheitliche Innovationsstrategie. Raumforschung und Raumordnung 5/1996, 334-344.

Wirth, P. u. a. (1997): Entwicklungsperspektiven für ländliche Räume. Eine Handreichung für Landkreise und Gemeinden. Hrsg.: Sächsische Landesanstalt für Landwirtschaft, Dresden.

Wirth, P.; Kochan, B. (2000): Selbstorganisierte lokale Entwicklungsinitiativen und Möglichkeiten ihrer Einbindung in kommunale und regionale Aufgaben. In: Eckart, K. (Hrsg.); Tzschaschel, S. (Hrsg.): Räumliche Konsequenzen der sozialökonomischen Wandlungsprozesse in Sachsen (seit 1990). Berlin, 33-46.

Das Modellvorhaben im Zentralen Erzgebirge um Johanngeorgenstadt im Kontext des Wandels raumplanerischer Ansätze

Marc Bose, Peter Wirth

Im Untersuchungsgebiet um Johanngeorgenstadt sind seit Mitte der 1990er Jahre raumplanerische Ansätze erprobt worden, die mit dem Wandel des Planungs- und Steuerungsverständnisses in der Raumplanung eng verknüpft sind. Im Kern geht es um ein erweitertes Verständnis von Raumordnung und von räumlicher Planung allgemein, bei dem die klassische Ordnungsfunktion durch die Entwicklungsfunktion ergänzt wird (Müller 1999, Fürst 2006). Dieser Wandel kann auch anhand von programmatischen Dokumenten der Bundesregierung nachvollzogen werden. Im Raumordnungspolitischen Orientierungsrahmen (BMBau 1993, 22) wurde ausdrücklich der Wunsch geäußert, „die formalisierte Regionalplanung durch regionale Initiativen und regionale Aktionsprogramme auf breiter Front zu ergänzen". Diese Überlegungen wurden im Raumordnungspolitischen Handlungsrahmen (BMBau 1995, 5 ff.) weiterentwickelt. Die Region wurde als Umsetzungsebene raumordnerischer Aktivitäten hervorgehoben und die Weiterentwicklung der Raumordnung zu einer offenen, auf Handlungsschwerpunkte orientierten, vielfach eher informell agierenden Planung gefordert. Eine besondere Rolle wurde überfachlichen Regionalen Entwicklungskonzepten zugedacht, die Stärken und Schwächen aufzeigen, Entwicklungsstrategien formulieren und Maßnahmenprioritäten festlegen sollen. Eine rechtliche Würdigung hat das neue Verständnis der Raumordnung bei der Novellierung des Raumordnungsgesetzes (ROG) 1998 gefunden. Im § 13 werden über die Planerstellung hinausgehende umsetzungsorientierte Aktivitäten wie z. B. die Erstellung von Regionalen Entwicklungskonzepten als Teil des Handlungsauftrages der Raumordnung definiert.

Neben der Veränderung der Planungsphilosophie haben sich in den 90er Jahren auch inhaltliche Schwerpunkte verschoben. So gewannen im Zuge der deutschen Wiedervereinigung Umweltprobleme an Gewicht. Im Handlungsrahmen (BMBau 1995, 33 ff.) wurden „Handlungsvorschläge für die Sanierung und Umstrukturierung umweltbelasteter Regionen" gefordert, wobei „besonders in den neuen Ländern die durch Bergbau und ehemalige militärische Nutzung entstandenen Probleme" als dringlich hervorgehoben wurden. Sektorale Umweltschutzmaßnahmen wurden als unzureichend erachtet und „integrierte Sanierungskonzepte" favorisiert.

Die Umsetzung dieser raumordnerischen Strategien wurde durch die Bundesregierung mit dem Aktionsprogramm „Modellvorhaben der Raumordnung" forciert (Gatzweiler/Runkel 1997). Es ging um die problembezogene Erprobung neuer raumordnerischer Instrumente und Handlungsansätze. Die „Sanierung und Umstrukturierung umweltbelasteter Regionen" bildete dabei einen von sechs Schwerpunkten. Auf der Grundlage eines Thesenpapiers der Ministerkonferenz für Raumordnung (vgl. Kampe 1997) wurden die Inhalte ausdifferenziert und drei Modellvorhaben angeregt. Auf Initiative der sächsischen Landesplanung wurde eins davon mit dem Titel „Sanierungs- und Entwicklungsgebiet Uranbergbau" 1998 bis 2000 im Gebiet um Johanngeorgenstadt durchgeführt. Im Zuge dieses Modellvorhabens wurden die Grundlagen für ein späteres Sanierungsprogramm geschaffen.

Es stellte sich aber heraus, dass die Entwicklung der untersuchten Region in einem neuen und viel breiteren Kontext zu sehen ist, dem demographischen Wandel. Als dieses Thema Ende der 90er Jahre von Politik und Wissenschaft aufgegriffen wurde, waren in Johanngeorgenstadt bereits über 1 000 leer stehende Wohnungen abgerissen worden. Das Problem, das in anderen Städten und Regionen noch latent war, hatte in Johanngeorgenstadt bereits unmittelbare Auswirkungen auf das kommunale Handeln. Es lag nahe, sowohl die Wirkungen der Schrumpfung als auch mögliche kommunale Strategien gerade in einer Region zu untersuchen, in der die Prozesse weit fortgeschritten und die Folgen demnach gut zu erkennen waren. Das Bundesministerium für Bildung und Forschung (BMBF) interessierte sich für dieses Thema, sodass schon 2001 mit dem Projekt „Umbau von Siedlungsstrukturen unter Schrumpfungsbedingungen" begonnen werden konnte, in dessen Rahmen die in diesem Buch dargestellten Ergebnisse entstanden.

Im Folgenden wird auf die Modellregion genauer eingegangen (1). Die Problementstehung wird erläutert (2). Die genannten Modellprojekte werden genauer beschrieben (3) und zukünftige Entwicklungsoptionen der Region dargestellt (4).

1   Lage des Modellgebietes

Das „Zentrale Erzgebirge um Johanngeorgenstadt" umfasst die Stadt Johanngeorgenstadt, die Gemeinden Breitenbrunn, Erlabrunn, Pöhla, Raschau und Rittersgrün sowie die Ortsteile Erla und Grünstädtel der Stadt Schwarzenberg (Abb. 1). Es liegt im Landkreis Aue-Schwarzenberg (Regierungsbezirk Chemnitz, Freistaat Sachsen) an der Grenze zur Tschechischen Republik. Auf einer Fläche von 131 km² leben 19 307 Einwohner (Stand 31.12.03), die durchschnittliche Bevölkerungsdichte beträgt 147 E/km². Damit zählt das Gebiet zu den dichter besiedelten Teilen des Erzgebirges, wenn auch die Einwohnerzahl seit 1990 bereits um über 20 % zurückgegangen ist. Johanngeorgenstadt als größte Kommune im Modellgebiet verlor von 1990 (8 926 Einwohner) bis 2003 (5 746 Einwohner) insgesamt 36 % seiner Einwohner.

Landschaftlich liegt das Zentrale Erzgebirge zwischen den beiden höchsten Erhebungen des deutschen Teils des Erzgebirges: Auersberg (1 018 m) und Fichtelberg (1 214 m). Der Erzgebirgskamm berührt die Region am Südrand. Die Rand- und Gebirgslage sind problematische Rahmenbedingungen im Untersuchungsraum.

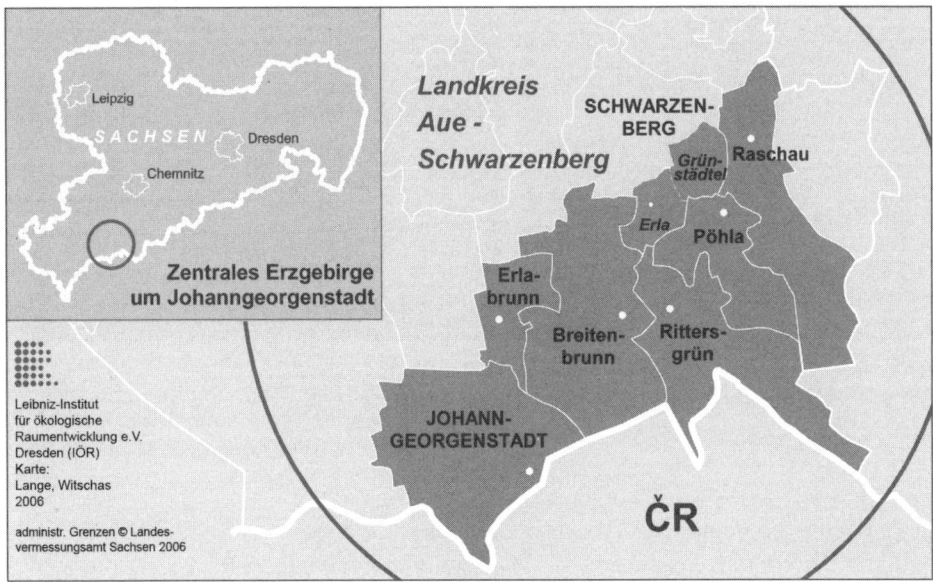

Abb. 1: Zentrales Erzgebirge um Johanngeorgenstadt

2 Rückblick: Vom Uranbergbau-Eldorado zum Schrumpfungsfall

Das Zentrale Erzgebirge um Johanngeorgenstadt ähnelte in seiner Entwicklung nach 1945, in Anlehnung an amerikanische Boomtowns, einer „Boom-and-Bust"-Region. Das heißt, einem raschen und intensiven Aufschwung folgte ein ebenso schneller und folgenreicher Niedergang. Die Ursachen, die zu dieser Entwicklung der Region Zentrales Erzgebirge führten, liegen in der Mitte des vorigen Jahrhunderts. Den Ausgangspunkt bildet der Uranerzbergbau der SDAG Wismut (Sowjetisch-Deutsche Aktiengesellschaft) in den 1940er/1950er Jahren. Nach dem Zweiten Weltkrieg hat die Sowjetunion in der DDR in rigoroser Weise Uranerz abgebaut. Im Gebiet von Johanngeorgenstadt wurden dadurch in kurzer Zeit über 100 000 Arbeitsplätze konzentriert, um letztlich etwa 5 000 Tonnen Uran zu gewinnen. Im gleichen Gebiet leben heute nur noch ca. 20 000 Menschen. Der Eingriff, der von 1946 bis 1958 dauerte, hat die Region völlig verändert und gravierende städtebauliche und Umweltschäden hinterlassen (s. Abb. 2a/b).

Nach der politischen Wende 1989/90 kam es zu einem zweiten Einschnitt, als die wirtschaftlichen Grundlagen der Region zusammenbrachen. Nennenswerte Neuansiedlungen von Unternehmen hat es seitdem in der schwer erreichbaren Mittelgebirgsregion nicht gegeben und viele Menschen haben der Heimat in Ermangelung von Perspektiven bereits den Rücken gekehrt. Nachdem in der Folge der Einstellung des Uranbergbaus bereits eine massive Abwanderung in den 1950er/1960er Jahren vonstatten

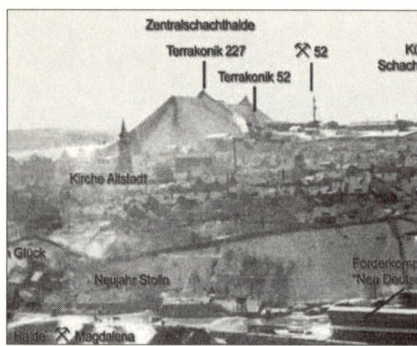

Abb. 2a:
Johanngeorgenstadt im Jahr 1952 mit
Bergbauhalden
(Foto: Wismut GmbH)

Abb. 2b:
Johanngeorgenstadt 2003: Sanierungsarbeiten an der Schaarschachthalde in unmittelbarer Nähe zu Wohnhäusern in Johanngeorgenstadt-Mittelstadt
(Foto: IÖR)

ging, konnte auch nach der Wende die erneut einsetzende Abwanderung nicht eingedämmt werden. Für die nächsten 15 Jahre wird ein weiterer Rückgang prognostiziert. Laut Prognose wird die Region bis 2016 noch einmal 25 % der Bevölkerung verlieren (siehe Beitrag Matern).

Deshalb ist die Gegenwart von den Folgen des Bevölkerungsrückgangs geprägt (siehe Abb. 3a/b):

- Wohnungsleerstand und Finanznot der Wohnungsgesellschaften (siehe auch Beitrag Killisch/Wandzik/Winkler)
- Schließung von Einrichtungen der Wohnfolgeinfrastruktur (mehrere Grund- und Mittelschulen stehen vor der Schließung, siehe auch Beitrag Brandstetter/Fischer)
- Überkapazitäten in der Stadttechnik (konstante Kosten verteilen sich auf immer weniger Einwohner, siehe auch Beitrag Schmidt/Marschke)
- Perforierte Siedlungsstruktur (Johanngeorgenstadt erstreckt sich über sieben Stadtteile und ca. 350 Höhenmeter, siehe auch Beitrag Sieweke)
- Verstärkte kommunale Finanznot (siehe auch die Beiträge Brandstetter/Fischer und Heilmann/Schaefer/Bertenrath)

Die Lage an der Grenze zu Tschechien sorgt nach wie vor für eine schlechte Erreichbarkeit der Region. Im Hinblick auf den EU-Beitritt Tschechiens sind diesbezüglich zwei Defizite erkennbar:

- die fehlende direkte Straßenverbindung Zwickau – Karlovy Vary durch die Region und
- der fehlende Pkw-Grenzübergang im Landkreis Aue-Schwarzenberg.

Abb. 3a:
Abriss eines Bergarbeiter-Wohnhauses aus der Wismut-Zeit in Johanngeorgenstadt (Foto: IÖR)

Abb. 3b:
Johanngeorgenstadt: auf der Freifläche stand bis Ende der 90er Jahre noch eine Wohnsiedlung aus der Bergbauzeit (Foto IÖR)

3 Einblick: Strukturpolitische Unterstützung durch Modellvorhaben

Seit 1997 wird mit Unterstützung von Bund und Land an Lösungsmöglichkeiten für die Probleme gearbeitet. Die Ergebnisse, die diese Initiativen erbracht haben, werden im Folgenden dargestellt. Dabei geht es auf der einen Seite um erste strukturelle Verbesserungen in der Region und zum anderen um die Fortschritte bei der Zusammenarbeit der beteiligten Gemeinden, die nicht nur zu verstärkter politischer Aufmerksamkeit für die Region, sondern auch zu grenzübergreifenden Aktionen mit Gemeinden in der Tschechischen Republik geführt haben.

Bereits seit 1997 arbeiten die Gemeinden und Städte des Zentralen Erzgebirges um Johanngeorgenstadt in einem Kooperationsverbund zusammen. Ziel des von 1998 bis 2000 durchgeführten **Modellvorhabens der Raumordnung „Sanierungs- und Entwicklungsgebiet Uranbergbau"** (BMVBW, BBR) war die modellhafte Untersuchung eines neuen raumordnerischen Instruments. Mit dem „Sanierungs- und Entwicklungsgebiet" wurde die Intention verfolgt, in Gebieten mit erheblichen dauerhaften Umweltbelastungen die Voraussetzungen für eine nachhaltige Entwicklung zu gewährleisten. Gemeint waren damit die Sanierung der Umweltschäden und die Schaffung einer neuen regionalen Perspektive. Ergebnisse des Modellvorhabens waren (vgl. Müller et al. 2002; Wirth et al. 2003):

- der Nachweis, dass die Region mit der Lösung des Sanierungs-Poblems überfordert ist,
- die Schaffung belastbarer regionaler Kooperationsstrukturen (Lenkungsausschuss, Bürgermeisterrunde, Arbeitsgruppen),
- ein regionales Handlungskonzept mit sechs Handlungsfeldern, drei Entwicklungsschwerpunkten und einem Maßnahmenkatalog (Handlungskonzept 2000),

- die Erzeugung politischer Aufmerksamkeit für das Sanierungs-Problem (Debatten im deutschen Bundestag und im sächsischen Landtag, Aufnahme von Verhandlungen zwischen Bund und Land über die Sanierung der Wismut-Altstandorte),
- der Beginn erster Sanierungsprojekte (sieben prioritäre Maßnahmen) und
- die Umsetzung erster Entwicklungsprojekte (z. B. Begegnungszentrum Breitenbrunn).

Neben diesen unmittelbaren Projektergebnissen gab es einen Befund, der deutlich über das Ziel des Modellvorhabens „Sanierungs- und Entwicklungsgebiet" hinausführte: Die Probleme der Region sind mit der Sanierung nicht gelöst! Der demographische Wandel hatte so beträchtliche Auswirkungen erreicht, dass sich in der Stadt Johanngeorgenstadt und in einigen Nachbargemeinden die Frage stellte, wie das kommunale Gemeinwesen in der Folgezeit erhalten werden kann.

Folgerichtig trafen sich bereits im Januar 2001 Vertreter verschiedener Bundesressorts und des Freistaates Sachsen, um weitere Schritte in Bezug auf die Unterstützung der Region und die Erforschung von Ursachen, Wirkungen und Lösungsmöglichkeiten ihres Entwicklungsproblems zu beraten. Das Bundesministerium für Bildung und Forschung (BMBF) übernahm schließlich die Initiative, sodass noch im Jahre 2001 das Forschungsvorhaben „Umbau von Siedlungsstrukturen unter Schrumpfungsbedingungen als Grundlage einer nachhaltigen Entwicklung" gestartet werden konnte. Der Freistaat Sachsen förderte das Projektmanagement der Kommunen und die Erstellung konzeptioneller Grundlagen.

Das Vorhaben hatte eine doppelte Zielstellung. Aus Sicht der Region ging es darum, die Entwicklungshindernisse zu überwinden und konkrete Vorhaben zur Verbesserung der wirtschaftlichen und sozialen Situation auf den Weg zu bringen. Aus wissenschaftlicher Sicht sollten Schlüsselelemente für den Umbau von Siedlungsstrukturen unter Schrumpfungsbedingungen analysiert, der Umbauprozess unterstützend beobachtet und ausgewertet sowie verallgemeinerungsfähige Schlussfolgerungen für den Umbau vergleichbarer Regionen abgeleitet werden.

Die Durchführung des Projektes erfolgte in enger Kooperation von Forschung und Praxis. Für die Umsetzung der regionalen Entwicklungsziele war der Lenkungsausschuss der sieben beteiligten Kommunen verantwortlich, zur Umsetzung der wissenschaftlichen Ziele wurde ein Forschungsverbund gegründet. An dem vom Leibniz-Institut für ökologische Raumentwicklung Dresden koordinierten Verbund waren sieben Lehrstühle der TU Dresden beteiligt. Die Kooperation erfolgte im Rahmen des Raumwissenschaftlichen Kompetenzzentrums Dresden. Mehrere Lehrstühle sind zudem in das inzwischen gegründete Zentrum für Demographischen Wandel an der TU Dresden eingebunden. Außerdem waren das Umweltforschungszentrum Leipzig-Halle und das Finanzwissenschaftliche Forschungsinstitut an der Universität Köln am Projekt beteiligt.

Im Rahmen des Modellvorhabens wurde in Johanngeorgenstadt ein Projektbüro eingerichtet. Dort agierten der Projektmanager der Region und der Vor-Ort-Berater des IÖR gemeinsam, ein Konzept, das sich außerordentlich bewährt hat, weil Erkenntnisse aus der Forschung unmittelbar in den Praxisprozess einfließen konnten. Da die Forschungsergebnisse in diesem Buch umfassend dargestellt werden, soll an dieser Stelle nur auf das wichtigste Ergebnis in Bezug auf den demographischen Wandel hingewiesen werden. Mit der Integrierten Regionalen Anpassungsstrategie wurde in enger Zusammenarbeit von Forschungs- und Praxisakteuren eine konzeptionelle Grundlage geschaffen, in der das strategische Vorgehen der Kommunen skizziert und in ein Maßnahmenprogramm überführt wird. Auf dieses Konzept wird im letzten Kapitel näher eingegangen.

Die Region Zentrales Erzgebirge um Johanngeorgenstadt hat während der Projektlaufzeit den bislang größten Erfolg der Zusammenarbeit erzielt. Im September 2003 wurde nach mehrjährigen Verhandlungen zwischen der Bundesregierung und dem Freistaat Sachsen das Verwaltungsabkommen zur Sanierung der Wismut-Altstandorte unterzeichnet (Abb. 4). Dadurch werden zu gleichen Teilen von Bund und Freistaat insgesamt 78 Mio. Euro für die Sanierung der Altstandorte des Uranbergbaus in Sachsen[1] bereitgestellt. Für die Region Zentrales Erzgebirge ist dieses Verwaltungsabkommen ein Meilenstein auf dem Weg in die Zukunft. Das jahrelange Engagement der Region war ein wichtiger Faktor für dessen Zustandekommen.

Abb. 4:
Bundesminister Stolpe und Staatsminister Gillo beim symbolischen Spatenstich zum Beginn der Sanierung der Wismut-Altstandorte am 20.10.2003
(Foto: IÖR)

---

[1] Hierzu gehören neben dem Gebiet um Johanngeorgenstadt noch einige weitere.

4 Ausblick: Lösungsansatz Kooperation

Beide Modellvorhaben waren von Beginn an als regionaler Beteiligungsprozess unter Zuhilfenahme eines Projekt-/Regionalmanagements konzipiert (vgl. Kampe 1997). Zu den regionalen bzw. aktiv am Modellvorhaben beteiligten Akteuren gehörten die sieben Gemeinden des Zentralen Erzgebirges, der Projektmanager, die Regionale Planungsstelle Südwestsachsen und das IÖR als wissenschaftliche Begleitung. Die zentrale Schaltstelle der Kooperation war das Projektbüro. Als Diskussions- und Entscheidungsgremien dienen nach wie vor die Bürgermeisterrunde und eine Kerngruppe (zur Entscheidungsvorbereitung). Ein- bis zweimal pro Jahr tagt der Lenkungsausschuss, der die lokalen Akteure im Sinne eines Beirates unterstützt.

Die regionale Zusammenarbeit hat sich ursprünglich nicht aus der Region heraus („bottom-up") gebildet. Vielmehr wurde die Kooperation 1997 „top down" durch den Freistaat Sachsen ins Leben gerufen. Hintergrund des damals gegründeten Sanierungs- und Entwicklungsgebietes war der Gedanke, dass eine überfällige Sanierung der Uranbergbauhinterlassenschaften nicht unabhängig von der Regionalentwicklung vonstatten gehen dürfe. Sanierung und Entwicklung müssten sinnvoll miteinander verknüpft werden.

Bei der Entwicklung von Perspektiven stößt die Region aber an Grenzen. Die Ursachen dafür sind schon in den Gründungsmotiven der Kooperation angelegt. Zu Beginn der Zusammenarbeit hat sich die regionale Abgrenzung an der räumlichen Ausdehnung der Uranbergbaufolgen orientiert. So wurden beispielsweise aus der Stadt Schwarzenberg nur die beiden Ortsteile Erla und Grünstädtel aufgrund dortiger Wismut-Halden in die Region integriert. Die Stadt legte jedoch den Schwerpunkt ihrer regionalen Zusammenarbeit auf den Städtebund Silberberg (Schwarzenberg, Aue, Lauter, Lößnitz, Schlema, Schneeberg).

Es lässt sich im Hinblick auf die Gestaltungskraft der Region konstatieren:
– sie ist zu klein,
– wirtschaftlich zu schwach,
– hat zu wenige aktive Akteure und
– Handlungsschwerpunkte und Gebietskulisse passen schlecht zusammen.

Vor allem im Tourismus gibt es noch viele ungenutzte Potenziale, insbesondere in den Bereichen Sport und Gesundheit. Der Tourismus bietet sich als regionales Aktionsfeld an, da einerseits die Nachfrage groß ist, andererseits die Hürden und Hemmnisse für eine regionale Zusammenarbeit im Vergleich zu anderen Bereichen geringer sind. Mit Blick auf eine Intensivierung des regionalen Tourismus erscheint es sinnvoll, den Kooperationsraum zu vergrößern.

Im Rahmen des regionalen Beteiligungsprozesses im Zentralen Erzgebirge eröffnen sich unterschiedliche Möglichkeiten, um den Kooperationsraum in Zukunft zu erweitern. Folgende zukünftige Kooperationsmodelle sind denkbar:

a) Anpassung der Region am Nordrand

Wie bereits erwähnt, ist die Abgrenzung der Region im Norden problematisch. Die Stadt Schwarzenberg hat eine gewisse „Zwitterrolle", indem sie Mitglied im Städtebund Silberberg ist, jedoch nur mit zwei Ortsteilen Mitglied der Region Zentrales Erzgebirge. Es kommt dadurch immer wieder zu „Verwechslungen der Ebenen": Finanz- und sanierungstechnisch zählen die Ortsteile; wird Infrastruktur betrachtet oder politisches Engagement eingesetzt, so zählt die Stadt. Eine klare Regelung ist hier überfällig. Außerdem sollte eine Erweiterung um die Gemeinde Markersbach geprüft werden, deren touristisches Potenzial bedeutsam ist.

b) Tschechisch-deutsche Zusammenarbeit

Auf tschechischer Seite hat sich in den letzten Jahren bereits eine interkommunale Kooperation herausgebildet. Dort schlossen sich grenznahe Gemeinden von Nové Hamry im Westen bis nach Vejprty im Osten zu der Mikroregion Centrální Krušnohoří zusammen. Seit Anfang 2002 gibt es dort einen „Integrierten Entwicklungsplan".

Seit Mai 2003 haben sich erste Ansätze einer Zusammenarbeit der grenzübergreifenden Region Zentrales Erzgebirge / Centrální Krušnohoří gebildet. An der Zusammenarbeit haben sich auf deutscher Seite neben den 7 Kommunen des Zentralen Erzgebirges 6 weitere Gemeinden um Oberwiesenthal beteiligt. Insbesondere unter dem Blickwinkel des EU-Beitritts von Tschechien ist eine grenzübergreifende Zusammenarbeit in diesem Raum nicht nur sinnvoll, sondern dringend geboten. Handlungsfelder wie Gewerbe, Tourismus und Regionalmarketing erfordern einen größeren Wirkungsbereich. Die Gebietskulisse, die sich seit Mitte 2003 grenzübergreifend herausgebildet hat, erscheint dafür besser geeignet als der Zusammenschluss der sieben Gemeinden zwischen Johanngeorgenstadt und Schwarzenberg. Im Verlauf der Kooperation konnten bereits Fortschritte erzielt werden. Auf Workshops und Arbeitsgruppen-Treffen wurden gemeinsame Handlungsschwerpunkte und erste Projektansätze benannt. Als anzustrebendes Ziel wurde eine tschechisch-deutsche Entwicklungsagentur bestimmt.

Auch wenn die Dynamik der Zusammenarbeit zurzeit nur gering ist, so bildet sie doch ein Fundament, auf das bei zukünftigen Initiativen zurückgegriffen werden kann.

c) Erweiterung der Region nach Westen (Region um den Auersberg)

Johanngeorgenstadt und Erlabrunn sind einerseits Mitglied in der Region Zentrales Erzgebirge, andererseits aber auch in dem touristischen Zusammenschluss „Region um den Auersberg". Insbesondere bei der touristischen Vermarktung können sich beide Kommunen häufig nicht entscheiden, „wo sie mitspielen wollen". Darüber hinaus gibt es auch finanzielle Verpflichtungen beim Schwimmbad Eibenstock. Auch hier müsste Klarheit geschaffen werden. Eine Möglichkeit wäre ein Zusammenschluss der Regionen Auersberg und Zentrales Erzgebirge.

d) Partizipation in Netzwerken

Im Erzgebirge und in Südwestsachsen gibt es schließlich weitere regionale Kooperationen, die unterschiedliche Themenschwerpunkte und räumliche Zuschnitte haben. Einige dieser Zusammenschlüsse überschneiden sich räumlich und inhaltlich mit dem Kooperationsraum im Zentralen Erzgebirge. In wirtschaftlicher und verkehrstechnischer Hinsicht bietet die Wirtschaftsregion Chemnitz-Zwickau Anknüpfungsmöglichkeiten.

Unabhängig davon, welche Optionen im Hinblick auf die regionale Zusammenarbeit gewählt werden, gilt: Ziele, Inhalte und Gebietskulisse der Kooperation sollten gut aufeinander abgestimmt sein.

Literatur

BMBau (1993): Raumordnungspolitischer Orientierungsrahmen. Bundesministerium für Raumordnung, Bauwesen und Städtebau, Bonn.

BMBau (1995): Raumordnungspolitischer Handlungsrahmen. Bundesministerium für Raumordnung, Bauwesen und Städtebau, Bonn.

Fürst, D. (2006): Entwicklung und Stand des Steuerungsverständnisses in der Raumplanung. In: disp 4/2005. 16-27.

Gatzweiler, H.-P.; Runkel, P. (1997): Modellvorhaben der Raumordnung – ein raumordnungspolitisches Aktionsprogramm. In: Information zur Raumentwicklung, H. 3/1997, 145-154.

Handlungskonzept (2000): Handlungskonzept der Gemeinden in der Region Zentrales Erzgebirge um Johanngeorgenstadt für den Zeitraum 2000 bis 2010. IÖR Dresden/Johanngeorgenstadt.

Kampe, D. (1997): Sanierungs- und Entwicklungsgebiete als Instrument der Raumordnung. In: Informationen zur Raumentwicklung, Bonn, Heft 3/1997, 185-191.

Müller, B. (1999): Kooperative Entwicklungsansätze in Ostdeutschland: Von der Raumordnung zur Regionalentwicklung. In: Informationen zur Raumentwicklung (1999)9/10, 597-608.

Müller, B.; Wirth, P.; Rathmann, J. (2002): Sanierung und Entwicklung umweltbelasteter Räume. Modellvorhaben in einer ehemaligen Uranbergbauregion. Frankfurt am Main.

Wirth, P.; Müller, B.; Rathmann, J. (2003): Rehabilitation and development area: Uranium mining in south-west Saxony. Shaping structural change through co-operation. Green Brownfield II conference, Dresden, 15.-19.06.2003, 253-263.

Land ohne Leute? – Bevölkerungsentwicklung und -prognose für das Zentrale Erzgebirge um Johanngeorgenstadt*

Antje Matern

Einführung

Demographischer Wandel, Alterung und Schrumpfung werden aktuell in allen Medien diskutiert. Es ist von einem „demographischen Zeitenwechsel" die Rede, in dem eine Vielzahl der Städte und Dörfer schrumpft und ganze Landstriche verwaisen (vgl. Iwanow, Hutter, Müller 2003; Reinke 2004). Dass die Entwicklungstendenzen der Geburten- und Sterberate sowie Zu- und Abwanderung so intensiv behandelt werden, liegt vor allem daran, dass sie die zukünftige Entwicklung von Städten, Regionen und Wirtschaftsräumen entscheidend beeinflussen.

Die Bevölkerungsprognose, die im Rahmen des Modellvorhabens entstanden ist, bildete die Grundlage für Wirkungsabschätzungen in anderen Handlungsfeldern. In der Studie wurde in einem ersten Schritt die vergangene Bevölkerungsentwicklung analysiert und in einem zweiten eine Vorausberechnung vorgenommen. Dabei wurden bereits vorliegende Untersuchungen und Prognosen kritisch überprüft, eine Bevölkerungsprognose mit einem Zeithorizont bis 2016 erarbeitet und Abschätzungen zu den Entwicklungspfaden der einzelnen Kommunen getroffen.

Diesem Vorgehen folgt auch dieser Beitrag, sodass im ersten Abschnitt auf die vergangene Bevölkerungsentwicklung in der Region eingegangen wird, bevor in den folgenden Abschnitten Möglichkeiten und Grenzen einer Prognoserechnung angesprochen und abschließend Ergebnisse und Ausblick der Prognoserechnung dargestellt werden. Doch zunächst werden noch einige wichtige Begriffe erläutert, die wesentlich zum Verständnis der darauffolgenden Darstellung der Bevölkerungsentwicklung und -prognose beitragen.

1 Tendenzen der Bevölkerungsentwicklung

Schrumpfung und Alterung als Zeichen der Zeit ...

Demographische Schrumpfung ist eine Bezeichnung für den Prozess des Bevölkerungsrückgangs. Dieser kann zum einen durch einen Anstieg der Sterberate oder

---

* Dieser Beitrag beruht auf einer Studie der TU Dresden, Lehrstuhl für Raumentwicklung (Prof. Dr. Bernhard Müller); Bearbeiter: B. Müller, A. Matern.

durch den Rückgang der Geburtenrate ausgelöst werden. In beiden Fällen sinkt die Geburtenrate unter die Sterberate und man spricht von einer negativen natürlichen Bevölkerungsentwicklung (Reinke 2004, 42). Zum anderen können Wanderungsbewegungen Schrumpfungsprozesse verursachen. Dies erfolgt, wenn die Abwanderung aus einer Region größer als die Zuwanderung ist. Häufiger tritt jedoch der Fall ein, dass Wanderungen Bevölkerungsrückgänge verstärken oder beschleunigen, da vor allem die Bevölkerungsgruppen abwandern, die sich im gebärfähigen Alter (15-49 Jahre) befinden. So sinkt in einer Region die Geburtenrate, wenn die Anzahl (potenzieller) Eltern in der Region durch Wanderungen abnimmt und dadurch weniger Kinder geboren werden (z. B. Scholze 2002).

Der Begriff der *Alterung* beschreibt den Prozess der relativen Verschiebung in der Bevölkerungsstruktur (Scholze 2002; Bundesinstitut für Bevölkerungsforschung 2000). Die Ursache für die Alterung ist vor allem im Rückgang der Fertilität zu suchen, der sich in sinkenden Geburtenzahlen ausdrückt und damit die Basis der Bevölkerungspyramide reduziert. Vollzieht sich diese Entwicklung stetig, verschieben sich die Proportionen zwischen den Altersklassen – eine Entwicklung, die als demographische Alterung einer Bevölkerung bezeichnet wird. Kommen die geburtenschwachen Jahrgänge in das Alter, in dem gewöhnlich Kinder geboren werden, so sinkt das Geburtenniveau weiter ab, da das Fruchtbarkeitsniveau auf die einzelne Frau bezogen meist relativ stabil bleibt. Als Ergebnis des Alterungsprozesses in Deutschland wird bereits für 2020 erwartet, dass 53 % der Bevölkerung über 60 Jahre alt sein werden (Reinke 2004, 39 ff.).

Alterungsprozesse und Schrumpfung bedingen sich gegenseitig, indem Disproportionalitäten in der Altersstruktur einer Bevölkerung zu Ungunsten der jungen und gebärfähigen Jahrgänge eine positive natürliche Bevölkerungsbewegung auch auf längere Zeit unmöglich machen. Bei demographischen Entwicklungen handelt es sich also um sehr langwierige Prozesse, die mehrere Generationen benötigen, um sich umzukehren. Einziges Mittel des Ausgleichs bzw. der Abkehr vom Schrumpfungspfad scheint momentan die Zuwanderung, wobei diese jedoch selten in jene Gebiete erfolgt, die besonders stark von Prozessen des Bevölkerungsrückgangs betroffen sind.

... und als Kennzeichen der demographischen Entwicklung in der Region

Von den demographischen Veränderungsprozessen sind gegenwärtig ostdeutsche Städte und Regionen besonders berührt. In Ostdeutschland befinden sich sechs der zehn am stärksten vom Bevölkerungsrückgang betroffenen Regionen Europas (Siedentop et al. 2002). Das liegt daran, dass die Geburteneinbrüche der frühen 1990er Jahre tiefgreifende Lücken hinterlassen haben und dass insbesondere die leistungsstarken und jungen Bevölkerungsgruppen abwandern, während die alten zurückbleiben. Wie Studien belegen (vgl. Siedentop et al. 2002; Jurzeck 2001) sind die agglomerationsfernen Gebiete Ostdeutschlands von den Bevölkerungsrückgängen betroffen. Beispielhaft sind dafür die regionalen Unterschiede der Bevölkerungsentwicklung in Sachsen 1990-2003: Der durchschnittliche Bevölkerungsrückgang betrug in Sachsen 11 %, variiert aber regional sehr stark und die Spitzenwerte von agglomerationsfernen Gebieten in Sachsen liegen um 18 % (Statistisches Landesamt Sachsen 2004, 23).

Die Region Zentrales Erzgebirge um Johanngeorgenstadt ist ein besonders deutliches Beispiel für die dargestellten, demographischen Veränderungsprozesse.

In der Region um Johanngeorgenstadt[1] lebten Ende 2001 19 000 Einwohner. Im Vergleich dazu waren es 1990 noch ca. 24 500 Einwohner. Dies ist eine Verringerung der Bevölkerung um 5 500 Einwohner bzw. 18 %. Betrachtet man den Verlauf der letzten Jahrzehnte (vgl. Abb. 1), so lässt sich ein stetiger Abwärtstrend in der Bevölkerungsentwicklung seit den 1970er Jahren beobachten. Auch die Uranbergbauvergangenheit kann anhand der Bevölkerungsentwicklung in der Region gut abgelesen werden. Sie erreichte in den 1940er/1950er Jahren ihren Höhepunkt und ist gegenwärtig die Hauptursache der besonderen Probleme der Gemeinden. Deutlich wird die Entwicklung der Bergbautätigkeit am starken Bevölkerungsanstieg in der Region in den 1950er Jahren auf ca. 60 000 Einwohner und dem ebenso schnellen Rückgang in den 60er Jahren. Seither nähert sich die Einwohnerzahl wieder dem Ausgangsniveau an.

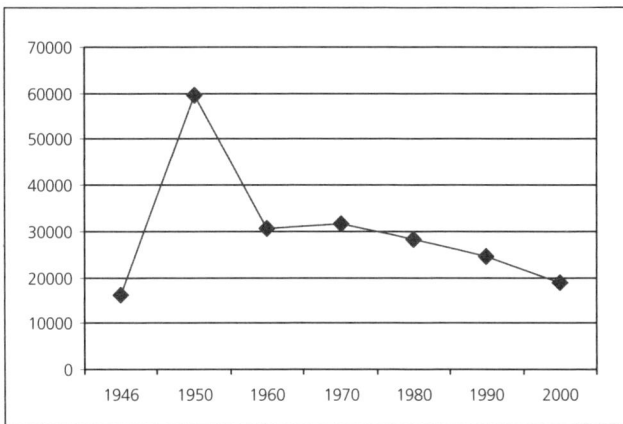

Abb. 1:
Bevölkerungsentwicklung in der Region 1946-2000
(Quelle: Eigene Darstellung)

Unabhängig von der Bergbauvergangenheit haben sich die Entwicklungschancen der Region in den 1990er Jahren bzw. nach der politischen Wende durch den wirtschaftlichen Niedergang wichtiger Industrieunternehmen und die veränderten Raumverhältnisse am Rande der (damaligen) EU-Außengrenze[2] weiter verschlechtert. Aufgrund der schwierigen wirtschaftlichen Rahmenbedingungen ist auch gegenwärtig keine Ent-

---

[1] Aus statistischen Gründen setzt sich in diesem Vergleich die Region aus allen Gemeinden abzüglich Erla und Grünstädtel zusammen.

[2] Wie eine Studie belegt, übertrifft der Bevölkerungsrückgang der Grenzkreise im sächsischen Vergleich den Durchschnitt des ländlichen Raums insgesamt und wird nur durch die Entwicklungstendenzen in einigen kreisfreien Städten übertroffen (vgl. Sächsische Landsiedlung GmbH 2003, 22).

spannung der Situation auszumachen und auffällige, demographische Schrumpfungstendenzen prägen die Region.

Die Schrumpfungsprozesse spiegeln sich in der Entwicklung der folgenden demographischen Kennziffern wider:

– Eine *negative natürliche Bevölkerungsentwicklung* als Folge des Geburtenrückgangs: Die stark negative natürliche Bevölkerungsentwicklung wurde insbesondere durch den Rückgang der Geburten verursacht. Deutlich wird dieser Rückgang in der Entwicklung der Geburtenrate[3] im Landkreis Aue-Schwarzenberg – sie fiel von 10,7 (1990) auf 5,7 (1992). Bis Ende der 1990er Jahre ist zwar ein Geburtenanstieg (2001, 6,9) zu beobachten, der aber bisher keinen deutlich mindernden Einfluss auf die Bevölkerungsentwicklung hatte (vgl. Matern, Müller 2003, 13).

– Eine *negative räumliche Bevölkerungsentwicklung* infolge hoher Abwanderungsraten bei geringem Zuwanderungsvolumen in die Region: Dabei zeigt die Region für Ostdeutschland typische Merkmale phasenhafter Wanderungsbewegungen mit hohen Abwanderungsraten Anfang bis Mitte der 90er Jahre und in den Jahren 2001-2002 sowie geringeren Außenwanderungsbewegungen Ende der 1990er Jahre (Matern, Müller 2003, 18). Zugleich kennzeichnen die Region spezifische Merkmale von ostdeutschen Regionen mit Verdichtungsansätzen. Diese Gebiete mussten – stärker als gering verdichtete Räume beispielsweise – in den 1990er Jahren hohe Bevölkerungsverluste hinnehmen und sind bis in die Gegenwart hinein von Abwanderung betroffen (vgl. auch BBR 2002; Jurczek 2002).

Einen Erklärungsansatz für die starken Bevölkerungsverluste in der Region kann die periphere Lage liefern. Wie Studien zeigen, sind insbesondere die Gemeinden in schlecht erreichbaren Lagen und entlang der deutsch-tschechischen Grenze von starken Wanderungsverlusten betroffen (Jurczek 2002, 259; Sächsische Landsiedlung GmbH 2003). Auch wirkt sich bis heute die angespannte wirtschaftliche Situation negativ auf das Wanderungsverhalten aus, das seit Anfang der 1990er Jahre durch einen deutlichen Überschuss an Fortzügen gegenüber den Zuzügen geprägt wird.

Altersstruktur

Eine Folge der natürlichen und räumlichen Bevölkerungsentwicklung ist die Veränderung der Altersstruktur in der Region. Betrachtet man den Altersaufbau (vgl. Abb. 2) der Bevölkerung, so fällt die ausgeprägte Urnenform auf, die aus einem Ungleichgewicht zwischen Kindern und Jugendlichen (der unter 18-Jährigen) gegenüber anderen Altersklassen resultiert. In Zahlen ausgedrückt heißt das, dass der Anteil der über 65-Jährigen mit 21 % im Jahr 2002 schon über dem Anteil der unter 18-Jährigen mit

---

[3] Die Geburtenrate ist definiert als die Anzahl der Lebendgeborenen eines Jahres bezogen auf 1 000 Einwohner.

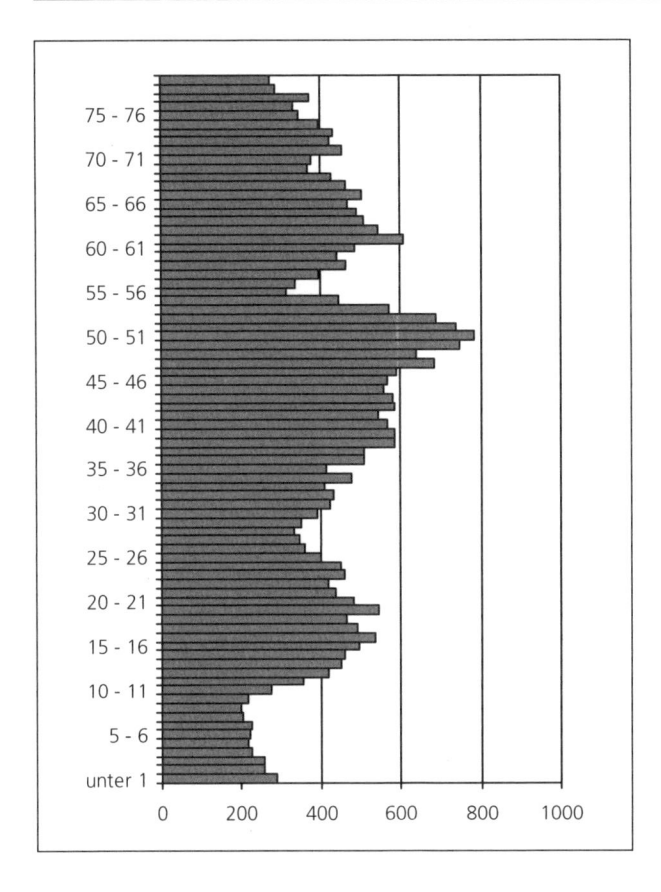

Abb. 2:
Altersstruktur in der Region
2001
(Quelle: Eigene Darstellung)

16 % lag. Auch das Billetermaß[4] von minus 0,6 spiegelt den hohen Anteil alter Menschen in der Region wider (Matern, Müller 2003).

Ursache ist neben dem Geburteneinbruch Anfang der 1990er Jahre die eingangs erwähnte selektive Abwanderung junger, leistungsstarker Bevölkerungsgruppen im gebärfähigen Alter. Die Untersuchung der Struktur der Fortgezogenen zeigt, dass vor allem die Altersgruppen zwischen 18 und 30 Jahren abwanderten. Sie stellten mit 59 % (2001) einen überdurchschnittlich hohen Anteil aller Fortgezogenen.[5] Bei den 20- bis 30-Jährigen wanderten jährlich zwischen 10 und 20 % je Altersklasse aus der Region ab (Matern, Müller 2003, 19).

---

[4] Das Billetermaß betrachtet das Verhältnis der „vorreproduktiven" (Alter 0 bis unter 15), der „reproduktiven" (Alter 15 bis unter 50) und der „nachreproduktiven" (Alter 50 und älter) Altersstufen einer Bevölkerung. Die Abgrenzungen sollen gewissermaßen den Status der Bevölkerung einer Region im Hinblick auf seine zukünftigen demographischen Entwicklungsmöglichkeiten charakterisieren. Das Billetermaß kann negative Werte annehmen, wenn die Bevölkerungsgruppe der über 50-Jährigen größer ist als die der unter 15-Jährigen. Je negativer das Maß ist, desto demographisch älter ist die Bevölkerung.

[5] Dieser regionale Wert liegt über dem sächsischen Durchschnitt von 53 % (vgl. Statistisches Landesamt 2002, 19)

Entwicklungsunterschiede zwischen den Gemeinden der Region

Die Region mit ihren sieben Kommunen ist verhältnismäßig klein – zu klein, um entscheidende Entwicklungsunterschiede zwischen den Gemeinden erwarten zu können. Aufgrund der ähnlichen Rahmenbedingungen unterscheiden sich die Städte und Gemeinden daher wenig in ihrem Fertilitätsverhalten oder in der Altersstruktur. Allerdings treten Unterschiede im Wanderungsverhalten auf, die in den Gemeinden eine unterschiedliche Betroffenheit bewirken.

Bis in die Gegenwart sind innerhalb der Region vor allem die beiden Städte Johanngeorgenstadt und Schwarzenberg sowie Kommunen mit größeren Entwicklungsherausforderungen aufgrund ihrer Uranbergbauvergangenheit (höherer Anteil an Brachflächen und Altlasten, sichtbare Mängel in der Siedlungs- und Gebäudestruktur) mit massiven Wanderungsverlusten konfrontiert. In Johanngeorgenstadt, das vom Uranbergbau am stärksten betroffen war, wurde zwischen 1990 und 2003 ein Bevölkerungsrückgang von über 36 % verzeichnet, der den Spitzenwert in der Region und zugleich unter allen sächsischen Städten darstellt. Am anderen Ende der Skala liegen dörfliche Gemeinden, wie etwa Pöhla oder Rittersgrün, deren Bevölkerungsrückgang mit unter 15 % moderater war (vgl. Matern, Müller 2003).

Fazit der bisherigen Entwicklung

In der Region um Johanngeorgenstadt verstärkte sich in den 1990er Jahren die bestehende Tendenz des Bevölkerungsrückgangs. Der Trend der demographischen Alterung schritt durch den Einbruch der Geburtenrate und die Abwanderung junger Bevölkerungsgruppen massiv voran. Mit diesen Entwicklungstendenzen ist die Region ein Spiegel für die Bevölkerungsveränderungen in einer Vielzahl kleinstädtisch-peripherer Regionen in Ostdeutschland. Die extrem hohe Dynamik des demographischen Wandels kann dabei als Resultat der Uranbergbaufolgen und der mehrfachen wirtschaftlichen Strukturbrüche des Gebietes gedeutet werden.

2   Bevölkerungsprognose für das Zentrale Erzgebirge

Prognoserechnung bis 2016

Angesichts der dargestellten Entwicklungslinien in der Region überrascht es wenig, dass auch zukünftig mit einem Bevölkerungsrückgang und einer voranschreitenden Alterung gerechnet werden muss. Im Vordergrund steht deshalb, mit welcher Dynamik diese Prozesse ablaufen werden. Denn für die Abschätzung künftiger Infrastrukturkosten, die Erschließungsplanung für den öffentlichen Verkehr oder die Planung von Versorgungseinrichtungen ist weniger die Frage nach dem „ob" als vielmehr nach dem Umfang der demographischen Schrumpfung wichtig.

Diese Abhängigkeit der unterschiedlichsten Bereiche des gesellschaftlichen Lebens von den Trends der Bevölkerungsentwicklung führt momentan zu einer Konjunktur von Bevölkerungsprognosen. Denn sie können Anhaltspunkte liefern, wie sich die Zukunft unter bestimmten Rahmenbedingungen entwickeln kann (Bucher, Kocks 1999). Sie dienen als Anstoß, sich mit möglichen Zukünften bewusst auseinanderzusetzen – die zukünftigen Entwicklungen zuverlässig vorhersagen können sie allerdings nicht. Denn die Bevölkerungsentwicklung wird durch das Wechselspiel von endogenen Faktoren und exogen wirkenden gesellschaftlichen und wirtschaftlichen Entwicklungen beeinflusst, deren Tendenzen sich nur in begrenztem Maße vorhersagen lassen. Zugleich zeigen Trendveränderungen und Trendbrüche immer wieder die Grenzen der Zukunftsaussagen auf (vgl. Bade 2003).[6]

Bevölkerungsprognosen sind Fortschreibungsverfahren. Ausgehend von dem Bestand der Bevölkerung in einem Basisjahr wird für das darauf folgende Jahr eine Prognose berechnet. Dazu werden die erwarteten Geburten und Zuzüge zum Bevölkerungsstand des Basisjahres addiert und die erwarteten Sterbefälle und Fortzüge abgezogen. Die Ergebnisse des ersten Prognosejahres bilden die Grundlage für das zweite Prognosejahr usw. Erwartete Veränderungen innerhalb des Prognosezeitraums werden mithilfe von Annahmen zu Fruchtbarkeitsraten, Sterberaten, Wegzugsraten usw. ermittelt.

Die Prognoserechnung für das Zentrale Erzgebirge um Johanngeorgenstadt wurde entsprechend diesem Verfahren als Trendfortschreibung (Status quo) durchgeführt.[7] Zugleich wurden im Rahmen der Bevölkerungsstudie weitere Szenarien einer künftigen Bevölkerungsentwicklung bis zum Jahr 2016 gerechnet. Diese Szenarien bieten die Möglichkeit, alternative Entwicklungspfade darzustellen. Damit können Entwicklungen prognostiziert werden, die auf verschiedenen Handlungsansätzen der Politik und veränderten (externen) Rahmenbedingungen beruhen.

Die Szenarien der Bevölkerungsstudie für die Region unterscheiden sich hinsichtlich der Annahmen zum Wanderungsverhalten. Für die Entwicklung der Geburten- und der Sterberate wurden in allen Szenarien die gleichen Annahmen, die des Statistischen Bundesamtes, zugrunde gelegt.[8]

---

[6] Ein gutes Beispiel für diese Trendbrüche ist die Umbruchsituation Anfang der 1990er Jahre infolge der politischen Veränderungen in Ostdeutschland, die alle demographischen Bestandteile gleichermaßen erfasste, d. h. sowohl Geburtenrate und Lebenserwartung als auch das Wanderungsverhalten veränderten sich.

[7] Auf eine genaue Beschreibung der Methodik soll an dieser Stelle verzichtet werden. Sie kann unter Matern, Müller (2003, 32 ff.) nachgelesen werden.

[8] Das Vorgehen der Anpassung der Annahmen zur natürlichen Bevölkerungsentwicklung erscheint sinnvoll, da die Verhaltensparameter der natürlichen Bevölkerungsentwicklung mittelfristig relativ geringe Veränderungen aufweisen. Regionale Unterschiede und Besonderheiten verstärken sich dabei meist aufgrund einer spezifischen Altersstruktur in der Region (vgl. Iwanow, Eichhorn 2002).

Wanderungen sind damit die Schlüsselfaktoren für die Bevölkerungsprognose, denn zum einen wirken Veränderungen in diesen Komponenten kurzfristiger, sodass erste Trends bereits bis 2016 Wirkungen zeigen können. Zum anderen sind deren Entwicklungstendenzen relativ schwer abzuschätzen, da diese stark von exogenen Faktoren beeinflusst werden.[9] Die Annahmen zum Wanderungsverhalten unterscheiden sich in den einzelnen Szenarien hinsichtlich ihres Zuwanderungsvolumens und des Anteils der Fortzüge je Altersklasse im Prognosezeitraum (vgl. Abb. 3).

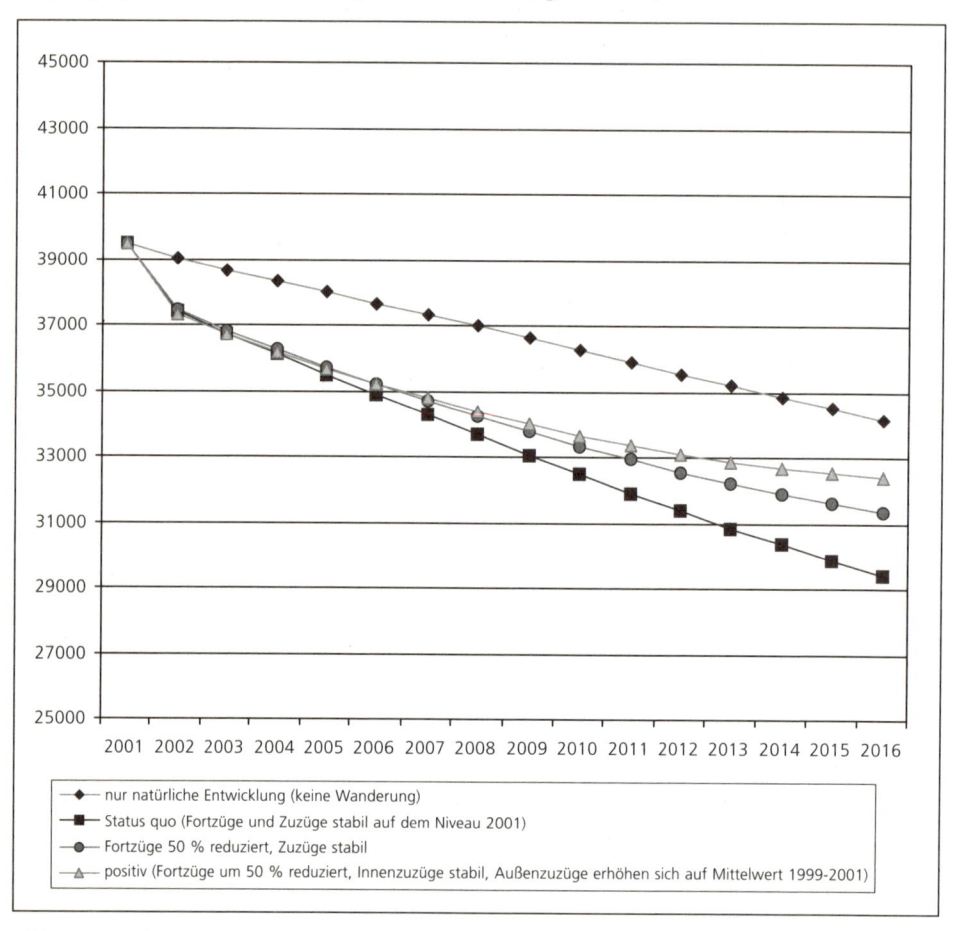

Abb. 3: Ergebnisse der Prognoserechnung für die Region, nach Szenarien
(Quelle: Eigene Darstellung)

---

[9] Das Wanderungsverhalten im Aktionsraum lässt sich schwer voraussagen, da die wirtschaftliche Situation in der Region sehr schwierig ist. So konnte sich bisher keine stabile wirtschaftliche Basis (etwa an KMU) herausbilden und die Folgen der EU-Osterweiterung sind bisher auch schwer absehbar. Zudem ist der Aktionsraum hinsichtlich seiner Größe und Einwohnerzahl kleiner als Gebietseinheiten, für die üblicherweise Prognosen aufgestellt werden. Schwankungen auf dem Arbeitsmarkt oder bei Bauvorhaben schlagen deshalb im Wanderungssaldo mehr ins Gewicht und gestalten Vorausberechnungen schwierig.

Insgesamt wird das Status-quo-Szenario als die Variante der Prognoserechnung ausgewiesen, deren Eintreffen gegenwärtig am wahrscheinlichsten ist. Denn in diesem Szenario wird von keiner Veränderung der Rahmenbedingungen in der Region ausgegangen und die Komponenten der Bevölkerungsbewegung werden einfach fortgeschrieben. Alle anderen Szenarien basieren auf Grundannahmen zur wirtschaftlichen und gesellschaftlichen Entwicklung, deren Eintreffen gegenwärtig nicht abzusehen ist. Sie wurden dennoch aufgestellt, um Entwicklungsperspektiven der Bevölkerungsentwicklung unter veränderten Rahmenbedingungen darzustellen. Im folgenden Abschnitt werden allerdings nur die Ergebnisse der Prognoserechnung Status quo als momentan wahrscheinlichste Variante vorgestellt.

Annahmen des Status-quo-Szenarios

Grundannahme des „Status-quo"-Szenarios ist, dass sich die Rahmenbedingungen in der Region bis 2016 nicht wesentlich verändern, d. h. die wirtschaftliche Situation vergleichsweise schwierig bleibt und sich in Bezug auf gesellschaftliche Rahmenbedingungen keine Veränderungen einstellen. In diesem Szenario werden deshalb die aktuellen Daten der Bevölkerungsentwicklung für den Prognosezeitraum fortgeschrieben.

Dies bedeutet im Folgenden, dass:

- außer einem leichten Anstieg der Geburtenrate keine Veränderungen in der natürlichen Bevölkerungsentwicklung erwartet werden und
- für die Wanderungen die Entwicklungstrends des Basisjahres zugrunde gelegt werden. Es wird angenommen, dass die Zuzüge im Prognosezeitraum dem Niveau von 2001 entsprechen (900 Zuzüge jährlich) und der Anteil der Fortzüge je Altersklasse konstant bleibt. Das Volumen der Fortzüge aus der Region reduziert sich jedoch im Prognosezeitraum um ca. 30 %, da die Besetzung der Altersklassen abnehmen wird (s. Abb. 2). Insgesamt würde sich unter diesen Annahmen das negative Wanderungssaldo von ca. -600 (2002) auf -200 (2016) reduzieren, was insgesamt zu einer Verbesserung der Wanderungsbilanz führt (vgl. Tab. 1).

	2002	2006	2011	2016
Zuzüge	900	900	900	900
Fortzüge	1 500	1 500	1 250	1 100
Wanderungssaldo	-600	-600	-350	-200

Tab. 1:
Annahmen zum Wanderungsverhalten im Prognosezeitraum in der Region
(Quelle: Eigene Darstellung)

Ergebnisse der Prognoserechnung

In der Region wird nach allen Varianten der Bevölkerungsprognose die Einwohnerzahl deutlich abnehmen und die Alterung der Bevölkerung wird sich fortsetzen.

Unter den Annahmen des Status-quo-Szenarios wird bis 2016 ein Bevölkerungsrückgang auf ca. zwei Drittel des Niveaus von 2001 erwartet. Die Einwohnerzahl würde in den nächsten 15 Jahren von ca. 39 500 auf ca. 29 500 absinken. Die Dynamik des Rückgangs wird voraussichtlich am Anfang des Prognosezeitraums doppelt so hoch sein wie am Ende. D. h. bis 2006 wird ein Bevölkerungsrückgang um 12 % erwartet, während er 2007 bis 2011 sowie 2012 bis 2016 nur noch sieben bzw. sechs Prozent betragen wird (s. Abb. 4).

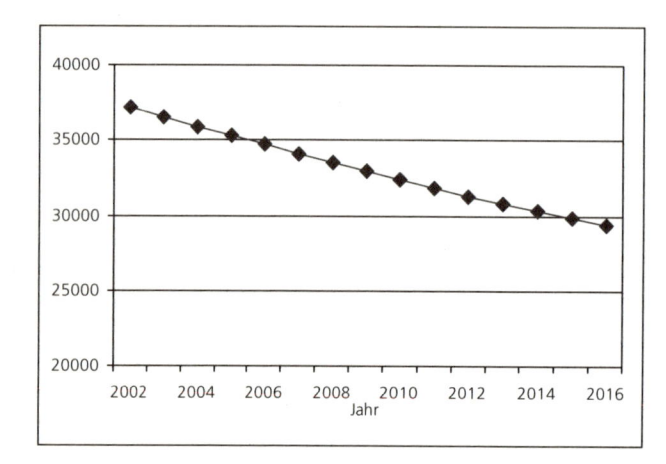

Abb. 4:
Bevölkerungsentwicklung bis
2016 nach
Status-quo-Szenario
(Quelle: Eigene Darstellung)

Neben der Entwicklung der Bevölkerungszahl werden sich unter den getroffenen Annahmen innerhalb des Prognosezeitraums auch Veränderungen in der Bevölkerungsstruktur ergeben. Diese betreffen sowohl die altersstrukturelle Zusammensetzung der Einwohnerschaft als auch das Verhältnis zwischen der erwerbstätigen und der nichterwerbstätigen Bevölkerung (s. Abb. 5).

Bevölkerungsstrukturelle Veränderungen

Innerhalb der nächsten 15 Jahre sind für die Bevölkerungsstruktur in der Region deutliche Veränderungen zu erwarten. Diese betreffen vor allem die Altersstruktur und lassen sich an der Alterspyramide (vgl. Abb. 5) ablesen.

Der deutliche Bevölkerungsrückgang wird im Prognosejahr 2016 zu einer geringeren Besetzung der Altersklassen der bis 55-Jährigen führen. Auffällig ist zugleich der gravierende Geburtenrückgang um ca. ein Drittel des Ausgangsniveaus 2001. Hintergrund dafür ist nicht der Rückgang der Fertilitätsrate, sondern der Rückgang der Bevölkerung im gebärfähigen Alter. Auch der Anteil an Kindern und Jugendlichen wird von 16 % auf 13 % zurückgehen (vgl. Abb. 6) und damit deutlich unter dem Bundesdurchschnitt liegen (vgl. Matern, Müller 2003, 42).

Das Durchschnittsalter wird entsprechend der Prognose weiter ansteigen, da der Anteil der älteren und alten Menschen an der Gesamtbevölkerung zeitgleich zur Ab-

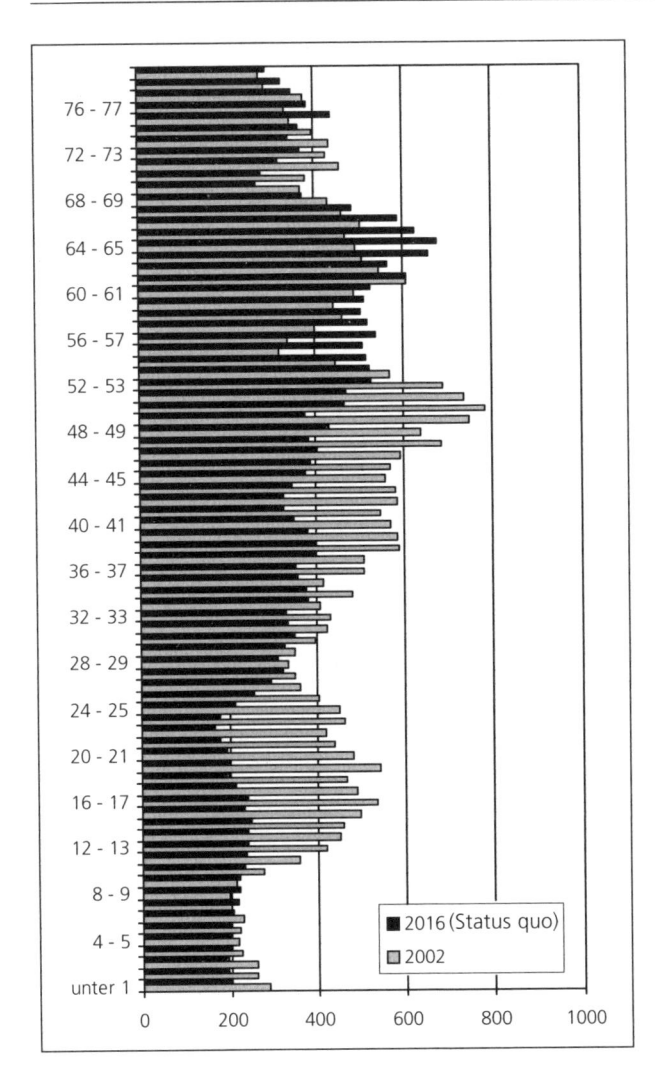

Abb. 5:
Alterspyramide 2002 und 2016
Status-quo-Szenario
(Quelle: Eigene Darstellung)

nahme der Kinder und Jugendlichen ansteigen wird. Am Ende des Prognosezeitraums 2016 wird voraussichtlich ca. die Hälfte der Bevölkerung in der Region über 50 Jahre alt sein und ca. 24 % werden das Rentenalter erreicht haben (gegenüber 21 % im Jahr 2001).

Die Alterung der Bevölkerung lässt sich auch anhand von Kennzahlen verdeutlichen. Das Billetermaß wird von -0,65 auf -1,11 (Status-quo-Szenario) ansteigen und damit ebenfalls den Alterungsprozess der Bevölkerung im Untersuchungsraum deutlich widerspiegeln.

Mit dem Alterungsprozess wird sich in der Untersuchungsregion auch das Verhältnis zwischen Erwerbspersonen und Nichterwerbspersonen verschieben. Die Soziallastquote drückt aus, wie viele Einwohner im nichterwerbsfähigen Alter auf 1 000 im erwerbsfähigen Alter kommen. Im Vergleich des Szenarios mit der Ausgangssituation 2001 ist ein deutlicher Anstieg der Personen im nichterwerbsfähigen Alter zu erkennen (vgl. Abb. 6).

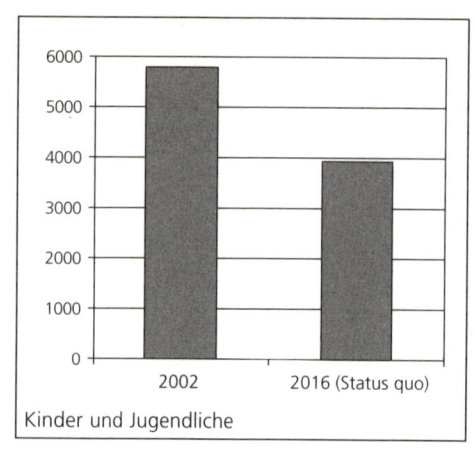

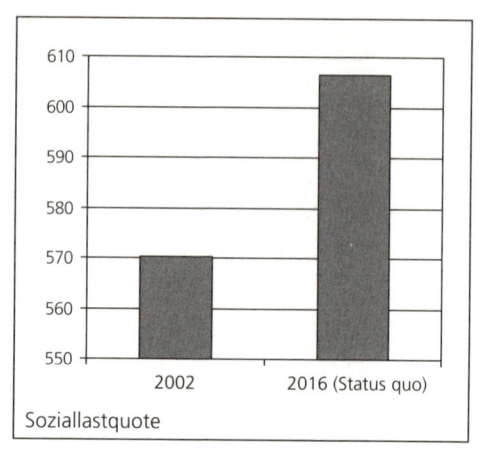

Abb. 6: Anzahl der Kinder und Jugendlichen und Soziallastquote in der Region 2002 und 2016 (Status quo)
(Quelle: Eigene Darstellung; vgl. Matern, Müller 2003, 42)

Die dargestellten Entwicklungstrends des Bevölkerungsrückgangs und der Alterung betreffen alle Gemeinden im Untersuchungsgebiet. Trotzdem sind Unterschiede in der Intensität des Eintreffens der Veränderungen zwischen den einzelnen Gemeinden zu erwarten. Die *räumliche Ausprägung des Bevölkerungsrückgangs* innerhalb der Region wird aller Voraussicht nach den Mustern seit 1990 entsprechen (vgl. Abb. 7). Dies bedeutet, dass die beiden Städte Johanngeorgenstadt und Schwarzenberg mit den stärksten Bevölkerungsverlusten konfrontiert sein werden, während Gemeinden wie Pöhla oder Rittersgrün voraussichtlich relativ ausgeglichene Entwicklungen vorweisen können (vgl. Matern, Müller 2003, 46).

3 Ausblick auf die erwarteten Auswirkungen der Bevölkerungsentwicklung

Die Bevölkerungsentwicklung ist ein wichtiger Einflussfaktor auf siedlungsstrukturelle Veränderungen. Sie beeinflusst die Entwicklung des Wohnungsbestandes, der Bautätigkeit, der sozialen Infrastruktur sowie der wirtschaftlichen Entwicklung im wesentlichen Maße.

Das „Land ohne Leute" ist eine sehr überspitzte Darstellung der zukünftigen Entwicklungsperspektiven des Gebietes und für die nächsten 20 Jahre nach allen Varianten der Prognoserechnung kein ernstzunehmendes Szenario. Trotzdem wird die Fortschreibung aktueller Entwicklungstendenzen in der Region um Johanngeorgenstadt zu deutlichen Veränderungen der Bevölkerungsdichte und der Bevölkerungsstruktur in den Gemeinden führen und die Kommunen zu Reaktionen drängen (s. Abb. 7). Zu erwarten sind insbesondere:

– der Bevölkerungsrückgang und der Rückgang in der Bevölkerungsdichte des Gebietes,

– die Verschiebung der Altersstruktur zu Ungunsten der jungen Bevölkerung sowie

– die Verringerung des Arbeitskräftepotenzials und der Anstieg der Bevölkerung im nichterwerbsfähigen Alter.

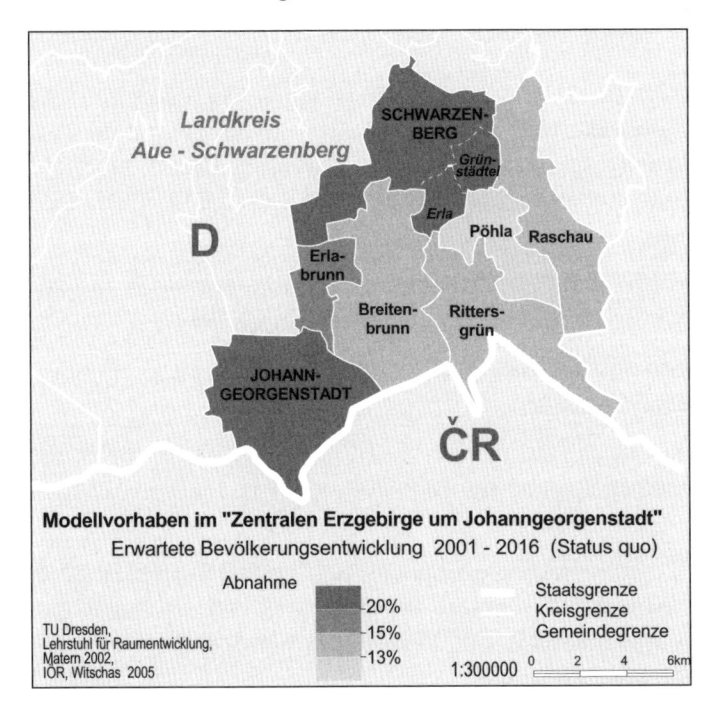

Abb. 7:
Erwartete Bevölkerungsentwicklung 2001 bis 2016 in den Gemeinden des Zentralen Erzgebirges nach Status-quo-Prognose (Quelle: Eigene Darstellung; vgl. Matern, Müller 2003)

Vom demographischen Wandel und den Alterungsprozessen werden auch der Wohnungsmarkt und der Auslastungsgrad von Einrichtungen der sozialen Infrastruktur betroffen sein, sodass eine Überarbeitung der kommunalen Angebots- und Infrastrukturplanungen – u. a. mit stärkerer Berücksichtigung der Bedürfnisse der älteren und alten Altersklassen – notwendig wird (vgl. Beitrag Killisch, Wandzik, Winkler – Wohnungsmarktentwicklung bzw. Beitrag Brandstetter, Fischer – Soziale Infrastruktur).

Neben dem infrastrukturellen Bereich werden die demographischen Veränderungen Auswirkungen auf die Wirtschaft, z. B. durch die sinkende Nachfrage nach haushaltsnahen Dienstleistungen, und die Kommunalfinanzen in der Untersuchungsregion nach sich ziehen. Diese Konsequenzen der demographischen Veränderungen in der Region müssen planerisch angegangen und von politischer Seite unterstützt werden, denn *"demographischer Wandel ist kein Schicksal, sondern muss beeinflusst werden. (...) Dabei geht es vor allem darum, auf anständige Weise älter und schwächer zu werden,* denn *"Schrumpfen ist keine Schande".* (Reinke 2004, 40).

Literatur

Bade, F.-J. (2003): Einige Überlegungen zur Bevölkerungsentwicklung und ihren regionalen Auswirkungen. In: Ritter, E.-H.; Zimmermann, H. (Hrsg.): Nachhaltige Raumentwicklung – mehr als eine Worthülse? Forschungs- und Sitzungsberichte, Hannover.

Bucher, H.; Kocks, M. (1999): Die Bevölkerung in den Regionen der Bundesrepublik Deutschland. Eine Prognose des BBR bis zum Jahr 2015. In: Bundesamt für Bauwesen und Raumordnung (Hrsg.): Perspektiven der zukünftigen Raum- und Entwicklungsplanung. Informationen zur Raumentwicklung, Heft 11/12, 1999, 755-772.

BBR (Bundesamt für Bauwesen und Raumordnung) (2002): Aktuelle Daten zur Entwicklung der Städte, Kreise und Gemeinden. Berichte, Bd. 14, Bonn.

Bundesinstitut für Bevölkerungsforschung (2000): Bevölkerung: Fakten – Trends – Ursachen – Erwartungen. Wiesbaden.

Hardt, G.; Kempe, W.; Schneider, H. (2001): Ost-West-Wanderung junger Menschen – Ausdruck für allgemeinen Anstieg der Mobilität. In: Wirtschaft im Wandel, Heft 4.

Iwanow, I.; Eichhorn, D. (2002): Vorausberechnungen zur Entwicklung der Bevölkerung und der Haushalte für die 10 Stadtteile der Stadt Pirna und der Problemgebiete Sonnenstein, Altstadt-Innenstadt, Copitz-West und Südvorstadt bis zum Jahr 2015. Dresden, unveröffentlichte Studie.

Iwanow, I.; Hutter, G.; Müller, B. (Hrsg.) (2003): Demographischer Wandel und Strategien der Bestandentwicklung in Städten und Regionen. IÖR-Schriften, Bd. 41, Dresden.

Jurczek, P. (2001): Bevölkerungsentwicklung in Sachsen 1990-1999 – Auswirkungen und Folgen. In: Kommunal- und regionalwissenschaftliche Arbeiten online (KrAo), Nummer 2, Chemnitz.

Jurczek, P. (2002): Bevölkerungsentwicklung in Südwestsachsen und daraus resultierende Konsequenzen. In: Raumordnung und Raumentwicklung, Heft 3-4, 255-263.

Matern, A.; Müller, B. (2003): Bevölkerungsentwicklung und -prognose für periphere ländliche Gebiete in Ostdeutschland am Beispiel des Aktionsraums um Johanngeorgenstadt. In: IÖR-Texte, Heft 144, Dresden.

Müller, B. (2002): Regionalentwicklung unter Schrumpfungsbedingungen. In: ARL (Hrsg.), Raumforschung und Raumordnung, Heft 1-2, 28-41.

Reinke, A. (2004): Der Letzte macht das Licht aus. In: ARL (Hrsg.), Nachrichten, Nr. 3, 39-40.

Sächsische Landsiedlung GmbH (2003): Studie zur künftigen Ausgestaltung der Strukturpolitik im Ländlichen Raum im Freistaat Sachsen für den Zeitraum 2007 bis 2013. Meißen.

Scholze, S. (2002): Demographische Alterung der Bevölkerung in Thüringen, ihre möglichen Ursachen und ihre Darstellungsformen. In: http://www.tls.thueringen.de/analysen/Aufsatz-08b-2002.pdf

Scholze, S. (2002): Demographische Alterung der Bevölkerung in Thüringen, ihre möglichen Ursachen und ihre Darstellungsformen. In: http://www.tls.thueringen.de/analysen/Aufsatz-10b-2002.pdf

Schwarz, K. (2001): Bericht 2000 über die demographische Lage in Deutschland. In: Bundesinstitut für Bevölkerungsforschung beim statistischen Bundesamt (Hrsg.), Zeitschrift für Bevölkerungswissenschaft, Heft 1.

Siedentop, St.; Kausch, St.; Einig, K.; Gössel, J. (2002): Siedlungsstrukturelle Veränderungen im Umland der Agglomerationsräume. Dresden, unveröffentlichter Abschlussbericht.

Statistisches Bundesamt (2000): Bevölkerungsentwicklung Deutschlands bis zum Jahr 2050. Ergebnisse der 9. Koordinierten Bevölkerungsvorausberechnung (www.statistik-bund.de, 23. Jan. 2003).

Statistisches Bundesamt (2003): Bevölkerung Deutschlands bis 2050. Presseexemplar (http://www.destatis.de/download/veroe/bevoe.pdf, 12. Juni 2003).

Statistisches Landesamt des Freistaates Sachsen (2004): Demographischer Wandel in Sachsen. Tagungsunterlagen für den Demographiegipfel, 21. April 2004; http://www.sachsen.de/de/bf/ITForum/-Demographiegipfel_0405.pdf

Statistisches Landesamt des Freistaates Sachsen: Statistisches Jahrbuch Sachsen, Jahrgänge 1990-2001, Kamenz.

Wohnungsmarktentwicklung unter Schrumpfungsbedingungen – Analysen und Szenarien für das Zentrale Erzgebirge um Johanngeorgenstadt*

Winfried Killisch, Carolin Wandzik, Anke Winkler

Einführung

Die anhaltenden deutlichen Bevölkerungsverluste in der Region Zentrales Erzgebirge um Johanngeorgenstadt wirken sich direkt in Form eines Nachfragerückgangs auf den Wohnungsmarkt aus. Augenscheinliche Folge ist der Leerstand von zahlreichen Wohnungen. Dieser zeigt nicht nur optisch negative Effekte, sondern bedroht in dem jetzigen Umfang bereits die wirtschaftliche Existenz der Wohnungsunternehmen. Eine detaillierte Analyse der bisherigen und die Prognose der zukünftigen Entwicklung des Wohnungsmarktes bieten die Möglichkeit, den Umgang mit der Schrumpfung auf eine fundierte Basis zu stellen.

Die Studie „Analyse und Szenarien des Wohnungsmarktes" (Killisch u. a. 2003) hatte das Ziel, diese Grundlage zu erarbeiten sowie erste Handlungsempfehlungen für die Wohnungsmarktentwicklung unter Schrumpfungsbedingungen im Untersuchungsraum abzuleiten. Sie gliedert sich in drei aufeinander aufbauende Komponenten: Problemanalyse, Entwicklung von fachlichen Szenarien sowie Formulierungen von Handlungsempfehlungen.

Die **Problemanalyse** beinhaltet die Analyse und Bewertung der Entwicklung des Wohnungsmarktes von 1990 bis 2001 hinsichtlich Angebot, Nachfrage und Wohnungsleerstand. Auf der Basis der Problemanalyse und der Teilstudie zur Bevölkerungsentwicklung (Beitrag Matern) erfolgt anhand einer Wohnungsbedarfsprognose die Entwicklung und Diskussion von **Szenarien** zur Wohnungsmarktentwicklung bis 2016. An die Szenarien geknüpft ist die Ableitung zukünftiger Folgen für die Kommunen und lokalen Wohnungsunternehmen. Die Darstellung der Konsequenzen der prognostizierten Entwicklung mündet in die Formulierung von **Handlungsempfehlungen** für die lokalen Akteure zur Einflussnahme auf die zukünftige Wohnungsmarktentwicklung.

---

* Dieser Beitrag beruht auf einer Studie der TU Dresden, Lehrstuhl für Allgemeine Wirtschafts- und Sozialgeographie (Prof. Dr. Winfried Killisch); Bearbeiter: W. Killisch, C. Wandzik, A. Winkler.

1   Die Wohnungsmarktentwicklung in der Region seit 1990

Die Bebauungsstruktur im Untersuchungsgebiet ist heterogen und reicht von der aufgelockerten Ein- und Zweifamilienhausbebauung bis zum industriell gefertigten Geschosswohnungsbau. Eine Besonderheit stellen die Wismutmassenunterkünfte aus den 1950er Jahren dar. Sie wurden im Zuge der Ausweitung des Uranbergbaus in der Region für die Beschäftigten im Bergbau errichtet. Dieser Baustrukturtyp stellt für die betroffenen Kommunen ein Problem dar, da er den heutigen Wohnansprüchen nicht entspricht und hohe Leerstände aufweist.

Das **Wohnungsangebot** ging von 1990 bis 2001 um 0,5 % zurück. In der ersten Hälfte der 1990er Jahre nahm die Zahl der Wohnungen aufgrund von Wohnungszusammenlegungen und ersten Abrissen der Wohnungsbestände aus der Wismutzeit deutlich ab. Eine verstärkte Neubautätigkeit und die Wiederherstellung der Bewohnbarkeit von Immobilien aufgrund von Sanierungsmaßnahmen führten in der zweiten Hälfte der 1990er Jahre zu einem vorübergehenden Anstieg des Wohnungsbestandes. Im Jahr 2001 kam es durch verstärkten Abriss wieder zu einem leichten Rückgang des Wohnungsangebotes (s. Abb. 1).

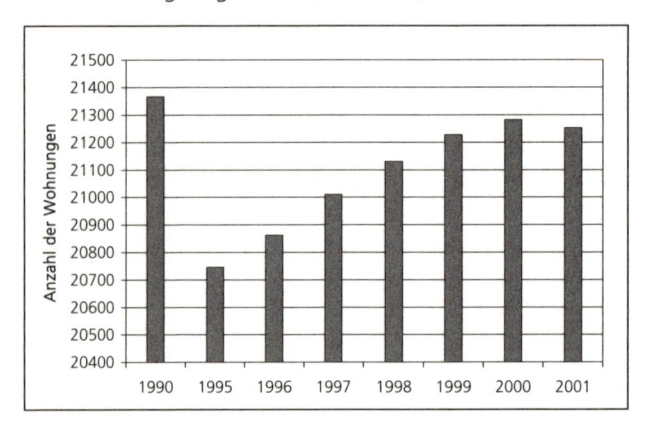

*Abb. 1:
Entwicklung des Wohnungsbestandes im Untersuchungsgebiet im Zeitraum von 1990 bis 2001*

Das Wohnungsangebot im Untersuchungsraum ist durch einen sehr hohen Anteil an Mietwohnungen und einen geringen Anteil an selbst genutztem Wohneigentum geprägt. Der Anteil des Mietwohnungsbestandes ist in den Kommunen unterschiedlich hoch, er liegt zwischen 44 % in Pöhla und 74 % in Erlabrunn (IÖR 2000, 17). Bereits an diesem Befund wird deutlich, dass es innerhalb des Untersuchungsraumes starke Kontraste zwischen den in der Uranbergbauzeit stark überprägten Kommunen und den wenig beeinflussten Kommunen gibt. Der Gesamtwohnungsbestand wird zwischen 1990 und 2001 von 3- und 4-Raumwohnungen bestimmt. Der Anteil der Wohnungen mit fünf und mehr Räumen nahm deutlich zu, während der Anteil von Kleinwohnungen mit ein und zwei Räumen zurückging. Die Gebäudestruktur hat sich nur unwesentlich verändert. Im Jahr 2001 befanden sich 10 % der Wohnungen in Einfamilienhäusern, 16 % in Zweifamilienhäusern und 74 % in Mehrfamilienhäusern.

Die Träger der **Wohnungsnachfrage** sind die Haushalte. Ihre Zahl ging im gesamten Untersuchungsraum zwischen 1995 und 2001 um 8 % zurück. Dieser Durchschnittswert verdeckt jedoch die großen Unterschiede zwischen den städtisch und ländlich geprägten Kommunen (Abb. 2). Die eher städtisch geprägten Kommunen Erlabrunn, Raschau, Johanngeorgenstadt und Schwarzenberg mit einer geringen Eigentumsquote sowie einer Dominanz von mehrgeschossigen Gebäuden aus den 1950er/1960er Jahren und in industrieller Bauweise errichteten Plattenbauten waren von teilweise drastischen Rückgängen der Zahl der Haushalte betroffen. In den ländlich geprägten Gemeinden Breitenbrunn, Pöhla und Rittersgrün sowie den beiden Schwarzenberger Ortsteilen Grünstädtel und Erla, die durch eine offene Bebauung mit hauptsächlich Ein- und Zweifamilienhäusern und eine hohe Eigentumsquote gekennzeichnet sind, stieg dagegen die Zahl der Haushalte leicht an.

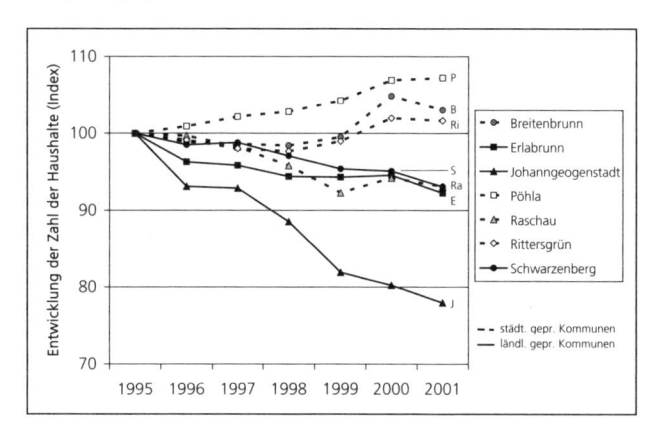

Abb. 2:
Index zur Entwicklung der Zahl der Haushalte in den Kommunen im Untersuchungsgebiet im Zeitraum von 1995 bis 2001 (1995 = 100)

Das Verhältnis von Wohnungsangebot und -nachfrage im Untersuchungsraum entspricht zwischen 1995 und 2001 der Situation eines Mietermarktes. Einem Rückgang der Zahl der Haushalte stand eine Zunahme der Zahl der Wohnungen gegenüber. Dies führte zur Vergrößerung des Wohnungsüberhangs (Abb. 3). Im Jahr 2001 betrug der **Leerstand** für den Gesamtraum 17,7 %.

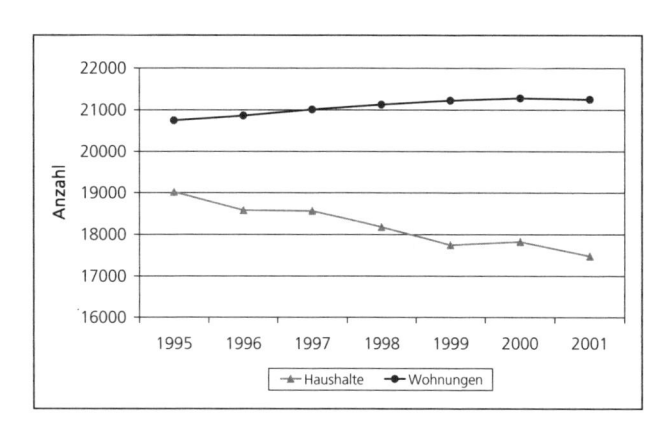

Abb. 3:
Die Wohnungsmarktsituation im Untersuchungsgebiet von 1995 bis 2001

Dabei variiert die Leerstandsquote zwischen den ländlich und städtisch geprägten Kommunen deutlich. Die Quoten in den ländlich geprägten Kommunen lagen zwischen 3,7 und 11,5 % und damit deutlich unter denen der städtisch geprägten Kommunen mit 14,5 bis 34 %. Der hohe Durchschnittswert des Leerstandes für den Gesamtraum resultiert also vor allem aus den extrem hohen Wohnungsleerständen in Johanngeorgenstadt (34 %) und Erlabrunn (32,8 %). In diesen beiden Kommunen befindet sich ein hoher Anteil des Baustrukturtyps der Wismut-Massenunterkünfte (s. Abb. 4). Ein Ausgleich der Wohnungsmarktlage ist in diesen Fällen nur durch Abriss zu erreichen.

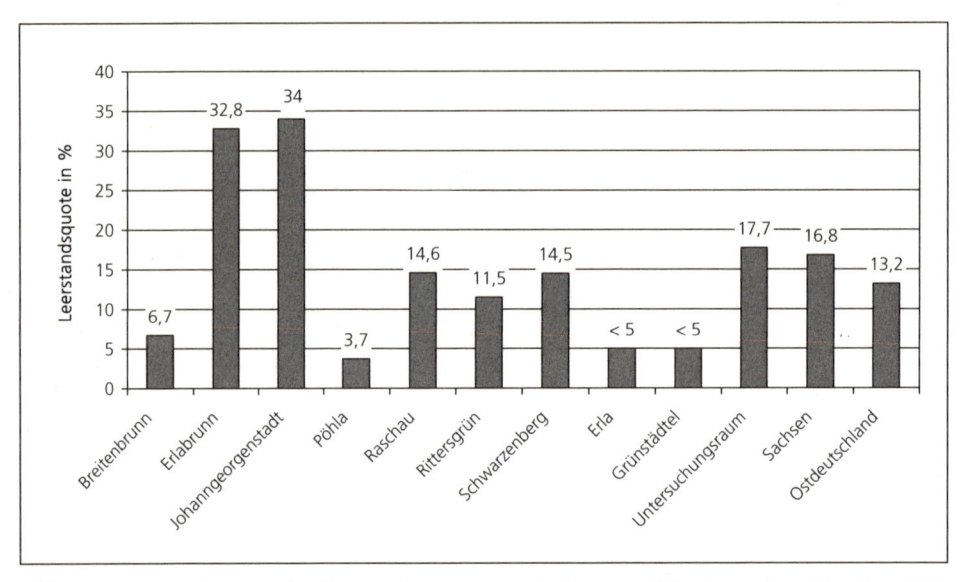

Abb. 4: Leerstandsquoten im Untersuchungsraum, Sachsen und Ostdeutschland im Vergleich für das Jahr 2001

Im Untersuchungsraum haben bereits erste bestandsreduzierende Maßnahmen in Form von Komplettabrissen von Wohnhäusern stattgefunden. Von 1990 bis 2001 betraf dies insgesamt 1 399 Wohneinheiten. Ziel war die Anpassung der Bestände an aktuelle Wohnansprüche sowie die Beseitigung von Wohnungsüberhängen. Die Abrisse konzentrierten sich vor allem auf die typischen Wismutgebäude aus den 1950er Jahren. Für die einzelnen Städte und Gemeinden zeigten sich dabei, abhängig von der jeweiligen Problembetroffenheit, sehr unterschiedlich große Abrissaktivitäten. 56 % der Wohnungsabrisse wurden in Johanngeorgenstadt vorgenommen, 26,9 % in Raschau, 12,9 % in Breitenbrunn und 4,2 % im Gemeindegebiet Erlabrunn. Im Ergebnis führten diese Abrisse bisher nicht zu einem Ausgleich des Wohnungsmarktes.

2 Szenarien der zukünftigen Wohnungsmarktentwicklung im Untersuchungsraum

Für die Prognose der Wohnungsmarktentwicklung des gesamten Untersuchungsgebietes bis 2016 war eine Berechnung des Wohnungsbedarfs und eine Abschätzung des zukünftigen Wohnungsbestandes erforderlich. Die Berechnung des zukünftigen Wohnungsbedarfs erfolgte anhand eines vom IÖR entwickelten Modells (IÖR 2003) zur Bestimmung der Wohnungsnachfrage. Die Ergebnisse lassen sowohl Aussagen zur Entwicklung der Haushaltszahlen im Prognosezeitraum als auch eine differenzierte Betrachtung der zukünftigen Haushaltsstruktur nach verschiedenen Haushaltstypen zu. Die vereinfachte Wohnungsbedarfsprognose basiert auf den Daten der Teilstudie „Bevölkerungsprognose im Untersuchungsgebiet" (Beitrag Matern) und beinhaltet verschiedene Szenarien zur Entwicklung der durchschnittlichen Haushaltsgröße.

Szenario A „Abnahme der durchschnittlichen Haushaltsgröße mit sinkender Dynamik"

Im Szenario A verkleinert sich für den ersten Prognoseabschnitt bis 2006 die durchschnittliche Haushaltsgröße um -0,1 bzw. -0,07 für Johanngeorgenstadt und -0,08 für Schwarzenberg. Im zweiten Abschnitt bis 2011 erfolgt eine starke Reduzierung der durchschnittlichen Haushaltsgröße um -0,06 und im dritten Abschnitt bis 2016 wird eine leichte Abnahme der durchschnittlichen Haushaltsgröße um -0,03 angenommen.

Szenario B „Leichte konstante Abnahme der durchschnittlichen Haushaltsgröße"

Für das Szenario B wird von einer konstanten Reduzierung der durchschnittlichen Haushaltsgröße um -0,03 innerhalb jeden Prognoseabschnittes ausgegangen.

Szenario C „Starke konstante Abnahme der durchschnittlichen Haushaltsgröße"

Für das Szenario C wird eine konstante Reduzierung der Haushaltsgröße um -0,06 innerhalb jeden Prognoseabschnittes angenommen.

Die Berechnungen ergaben, dass die Zahl der Haushalte im gesamten Untersuchungsgebiet in allen drei Szenarien um mehr als 15 % zurückgehen wird. Der Rückgang ist damit deutlich höher als in Sachsen insgesamt (Verringerung der Zahl der Haushalte bis zum Jahr 2015 um 4,4 % (Iwanow 2001, 64). Die prognostizierten Haushaltszahlen der drei Szenarien weichen, trotz unterschiedlicher Annahmen der Entwicklung der durchschnittlichen Haushaltsgröße, nur geringfügig voneinander ab (Abb. 5).

Im Szenario A verringern sich die Haushaltszahlen von 17 425 im Jahr 2001 um 2 948 auf 14 477 Haushalte im Jahr 2016. Dies entspricht einem Rückgang um 16,9 %. Im Szenario B ist der Rückgang der Zahl der Haushalte mit 3 497 Haushalten (-20,1 %) noch gravierender. Im Szenario C ergibt sich ein Rückgang der Haushalte um 16,5 %. Im Jahr 2016 gibt es somit im günstigen Fall 14 548 Haushalte im gesamten Untersuchungsraum, im ungünstigen Fall ist von 13 928 Haushalten auszugehen.

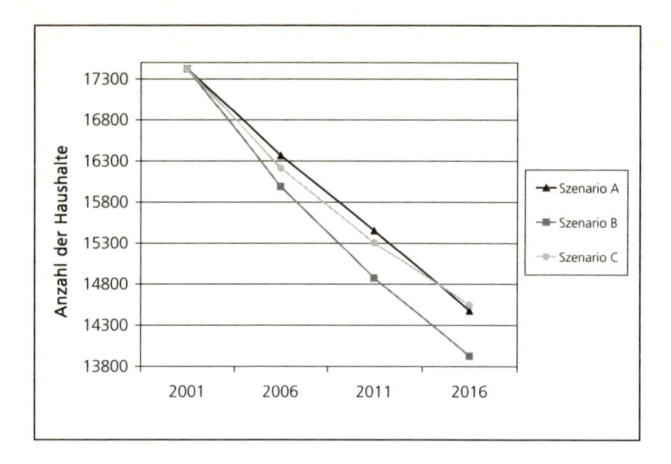

Abb. 5:
Szenarien der zukünftigen Entwicklung der Haushaltszahlen für das gesamte Untersuchungsgebiet für den Zeitraum 2001 bis 2016

Die negative Haushaltsentwicklung trifft auch zukünftig nicht auf alle Kommunen im Untersuchungsraum gleichermaßen zu. Unterschiede zwischen den ländlich und städtisch strukturierten Kommunen sind auch hier erkennbar. Die stärksten Haushaltsrückgänge ergeben sich für die städtisch geprägten Kommunen Johanngeorgenstadt, Schwarzenberg und Erlabrunn. Für die ländlich geprägten Kommunen mit einer überwiegend aufgelockerten Bebauungsstruktur werden moderate Rückgänge der Zahl der Haushalte oder sogar leichte Gewinne prognostiziert (Abb. 6).

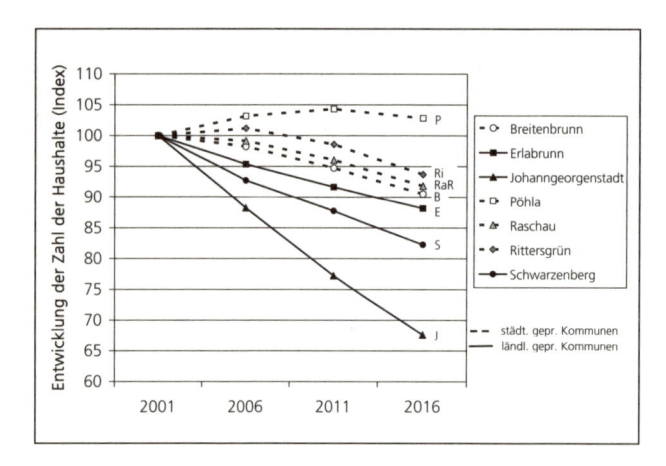

Abb. 6:
Index zur Entwicklung der Zahl der Haushalte in den Kommunen im Untersuchungsgebiet nach Szenario A (2001 = 100)

Für die Ermittlung des Wohnungsbedarfes ist, neben der absoluten Zahl der Haushalte, die Struktur der Nachfrager wichtig, da unterschiedliche Bedarfe hinsichtlich der Wohnungsstruktur (Größe, Zuschnitt usw.) bestehen.

In der Untersuchungsregion stellen die älteren Ein- und Zweipersonenhaushalte (ab 45 Jahre) über den gesamten Prognosezeitraum die stärkste Gruppe dar, gefolgt von den Haushalten mit mindestens drei Personen. Die jungen Ein- und Zweipersonenhaushalte (15-45 Jahre) sind am schwächsten vertreten (Abb. 7).

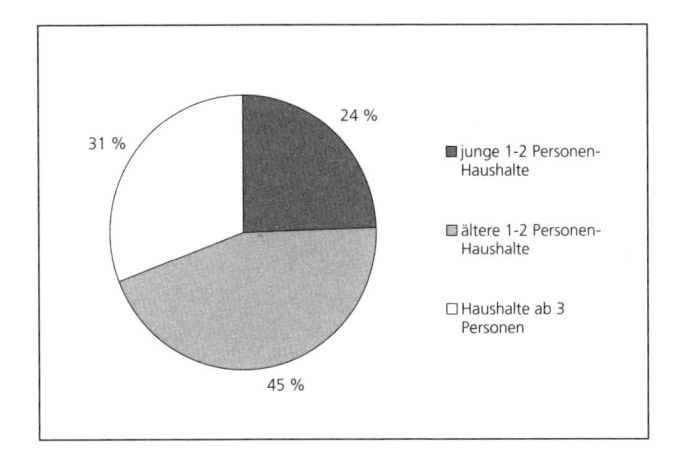

Wohnungsmarktentwicklung unter Schrumpfungsbedingungen   **47**

Abb. 7:
Verteilung der Haushalts-
typen im Jahr 2001 im
Untersuchungsraum

In Zukunft werden in der Untersuchungsregion die älteren Ein- und Zweipersonenhaushalte weiterhin vorherrschen und im Jahr 2016 sogar mehr als die Hälfte aller Haushalte ausmachen. Die Entwicklung der Altersstruktur hat Auswirkungen auf die Nachfrage nach einer gehobenen und zum Teil altengerechten Wohnungsausstattung sowie erweiterten Service-Angeboten und Dienstleistungen. Zugleich hat diese Entwicklung einen erhöhten Bedarf an kleinen Wohnungen zur Folge (Abb. 8).

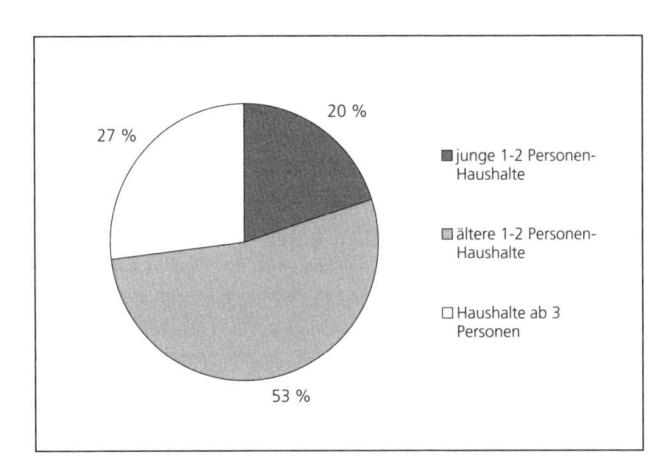

Abb. 8:
Prognostizierte Verteilung
der Haushaltstypen für das
Jahr 2016 im Untersuchungs-
raum

Die Entwicklung des zukünftigen Wohnungsbestandes im Untersuchungsgebiet hängt von verschiedenen Faktoren ab und kann daher nur bedingt prognostiziert werden. Der zukünftige Wohnungsbestand einer Gemeinde wird beeinflusst vom Umfang der Neubauten und Rückbaumaßnahmen. Aufgrund der bisherigen Entwicklung in der Region um Johanngeorgenstadt wird der Neubaubedarf zurückgehen und größtenteils in Form von Ein- und Zweifamilienhäusern erfolgen. Reduzierungen des Wohnungsbestandes werden sich durch Abrisse seitens der Wohnungsunternehmen ergeben.

Setzt man die Zahl der Wohneinheiten im Untersuchungsgebiet (Wohnungsbestand 2001 abzüglich geplanter Abrisse, ohne Einbeziehung von Neubau) zu den zukünftigen Haushaltszahlen für den Zeitraum bis 2016 ins Verhältnis, wird deutlich, dass der Wohnungsüberschuss keinesfalls abnimmt, sondern weiter ansteigt. Berücksichtigt man, dass trotz geringer Nachfrage eine Neubautätigkeit im Ein- und Zweifamilienhaussektor erfolgen wird, so zeigt sich: Je mehr Wohneinheiten in der Untersuchungsregion neu errichtet werden, desto weiter wird sich die Schere zwischen Wohnungsangebot und -nachfrage öffnen (Abb. 9).

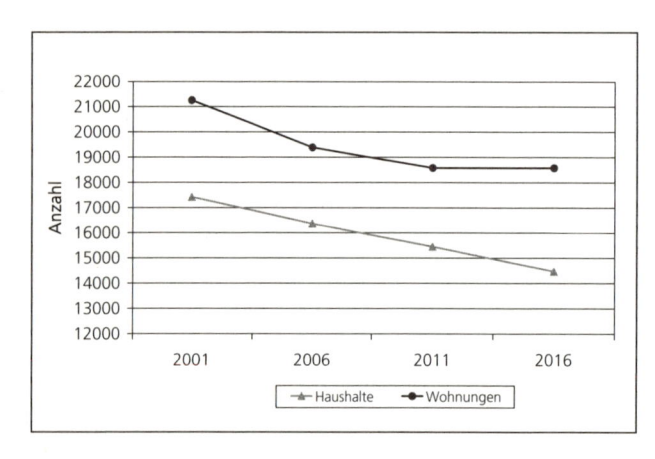

Abb. 9:
Entwicklung von Angebot und Nachfrage auf dem Wohnungsmarkt im Untersuchungsgebiet von 2001 bis 2016

Dies führt zu einem Anstieg des Leerstandes im gesamten Untersuchungsraum. Die durchschnittliche Leerstandsquote steigt – ungeachtet bereits geplanter Abrissmaßnahmen – von 17,7 % im Jahr 2001 auf 22,1 % im Jahr 2016.

Der Anstieg der Leerstände wird bis zum Jahr 2016 sowohl in den städtisch als auch in den ländlich geprägten Kommunen stattfinden. Allerdings liegen die Leerstände in den städtisch geprägten Kommunen weiterhin über denen der ländlich geprägten Gemeinden. In den städtisch geprägten Kommunen ergeben sich Leerstandsquoten zwischen 17,7 und 40,6 %. Die ländlich geprägten Kommunen weisen Leerstände zwischen 14,3 und 17,1 % auf. In der Gemeinde Pöhla wird sich die Zahl der Haushalte kaum verändern, sodass von einem nahezu ausgeglichenen Wohnungsmarkt ausgegangen werden kann (Abb. 10).

Der teilweise erhebliche Rückgang der Haushaltszahlen hat tiefgreifende **Folgen** für die Entwicklung der betrachteten Städte und Gemeinden sowie die ortsansässigen Wohnungsunternehmen. Die schwerwiegendste Folge für den Wohnungsmarkt ist der fortschreitende bzw. wachsende Wohnungsleerstand. Besonders betroffen davon sind die Bestände der Wohnungsunternehmen, vornehmlich die unsanierten Wismutmassenunterkünfte aus den 1950er Jahren und die Plattenbaugebiete aus den 1960er/1970er Jahren. Aber auch die privaten Mehrfamilienhäuser werden zunehmend Leerstände aufweisen.

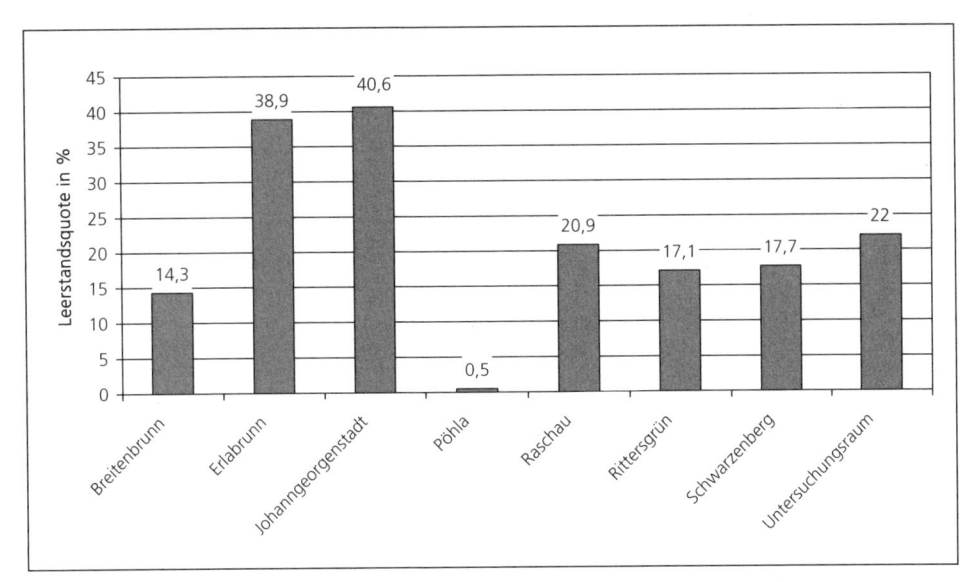

Abb. 10: Leerstandsquoten im Untersuchungsraum im Vergleich für das Jahr 2016

Für die ortsansässigen **Wohnungsunternehmen** in der Region Johanngeorgenstadt bedeutet der Wohnungsleerstand eklatante Mietausfälle sowie hohe Folgekosten. Dazu zählen Heiz- und Betriebskosten, Instandhaltungskosten, Verwaltungskosten sowie Belastungen aus der zu entrichtenden Grundsteuer. In konkreten Zahlen ausgedrückt bedeutet das für eine leer stehende Wohnung mit einer Größe von 60 m² eine durchschnittliche Gesamtbelastung pro Jahr von ca. 1.890 EUR (Effenberger 2001, 41). Den Unternehmen fehlen dadurch finanzielle Mittel für Rückbau, Umzugsmanagement und Investitionen, die zur Anpassung der Bestände an moderne Wohnwünsche erforderlich wären.

Die **Kommunen** sind mit der unzureichenden Auslastung von Infrastruktureinrichtungen und den damit verbundenen hohen Kosten für deren Erhalt und Bewirtschaftung konfrontiert. Schon allein aus Kostengründen werden die Kommunen gezwungen sein, einen Teil der Einrichtungen zu schließen. Ein ausgedünntes Angebot kann zu weiteren Abwanderungen von Haushalten führen. Um eine negative Beeinträchtigung des Stadtbildes und der Funktionsfähigkeit der Stadt sowie die Auflösung der bestehenden Siedlungsstruktur zu vermeiden, ist es notwendig, dass die Kommunen siedlungsstrukturelle Leitbilder für den Abriss bzw. Rückbau erstellen.

Auch die Veränderungen der Altersstruktur haben Konsequenzen für die Wohnungswirtschaft. Die derzeitige Entwicklung wird durch die negative natürliche Bevölkerungsentwicklung und die selektiven Abwanderungen von jungen Menschen aus der Region verschärft. Die Folge davon ist eine Verschiebung zu Gunsten der älteren Ein- und Zweipersonenhaushalte. Dies zieht nicht nur eine erhöhte Nachfrage nach altengerechten Wohnungen nach sich, sondern auch nach einer ansprechenden Wohnumfeldgestaltung und Versorgung mit speziellen Service- und Dienstleistungen. Im Hinblick auf die weitere Bevölkerungs- und Haushaltsentwicklung wird es aufgrund der oben genannten Entwicklungen zwischen den Kommunen im Untersuchungsgebiet zu einem verstärkten Wettbewerb um Einwohner und Infrastruktureinrichtungen kommen. Insbesondere die städtisch geprägten Kommunen im Untersuchungsraum werden – im Falle des Zutreffens der Prognoseannahmen – eine Fortsetzung, wenn nicht sogar eine Verschärfung der negativen Entwicklung erfahren.

3 Handlungsempfehlungen für die lokalen Akteure

Aufgrund der Analyseergebnisse müssen sich die lokalen Akteure in der Region im Wesentlichen mit drei für den Wohnungsmarkt relevanten Entwicklungstrends auseinandersetzen: der negativen Haushaltsentwicklung, der demographischen Alterung und den steigenden Wohnungsleerständen. Die Untersuchungen haben fünf Handlungsfelder ergeben, die eine Einflussnahme auf die zukünftige Wohnungsmarktentwicklung ermöglichen.

➔ **Handlungsfeld 1: Siedlungsstrukturelle Leitbilder**

Um eine gezielte Entwicklung der Region zu erreichen, sollten für die einzelnen Gemeinden siedlungsstrukturelle Leitbilder entwickelt werden. Dabei erscheint es sinnvoll, eine räumliche Konzentration statt eine Zersiedelung des Siedlungskörpers anzustreben. Dadurch kann eine effektivere Ausnutzung vorhandener Infrastruktureinrichtungen (z. B. Schulen, Straßenbeleuchtung, Winterdienst etc.) erreicht werden. Die Effektivität und damit Kostensenkung kommunaler Ausgaben spielt gerade vor dem Hintergrund immer geringer werdender finanzieller Ressourcen eine wichtige Rolle. Die kommunalen Leitbilder sollten innerhalb der Region abgestimmt werden, um negative Effekte auszuschließen und Synergien zu schaffen.

Ebenso sollte eine Koordination der kommunalen Planungen bezüglich der Wohnungsbestandsentwicklung erfolgen. Sowohl der Abriss von Wohnungen als auch Neubauplanungen sollten regional koordiniert werden. In den Leitbildern der städtisch geprägten Kommunen des Untersuchungsraumes sollte die Stärkung bzw. Wiederherstellung des ländlichen Siedlungscharakters in den Leitbildern verankert werden. Der Neubau von Wohnungen sollte auf den Ein- und Zweifamilienhaussektor beschränkt werden, ein Neubaubedarf an Mehrfamilienhäusern besteht für den Prognosezeitraum nicht. Neue Bauplätze sollten auf durch Abriss frei werdenden Flächen ermöglicht und gefördert werden. Dadurch kann eine zusätzliche Flächeninanspruchnahme durch neue Siedlungsflächen vermieden werden.

→ **Handlungsfeld 2: Wohnungsbestandsentwicklung**

Reduzierung der Wohnungsleerstände

Aufgrund des anhaltenden Wohnungsüberschusses sollte – in Einklang mit den siedlungsstrukturellen Leitbildern – gezielt der Abriss von vollständig leer stehenden Gebäuden vorgenommen werden. Daneben sollten Teilleerstände verringert werden. Das setzt ein Umzugsmanagement voraus, welches neben einer Informationspolitik die Finanzierung und Realisierung des Umzugs beinhaltet. Aufgrund hoher Investitionskosten und der geringeren Nachfrage nach großen Wohnungen sollten nur in direkter Absprache mit den zukünftigen Mietern Wohnungszusammenlegungen zur Reduzierung des Wohnungsüberhanges erfolgen. Der Abriss sollte sich zunächst auf unsanierte Wismutbestände und industrielle Plattenbauten konzentrieren.

Anpassung des Wohnungsbestandes an moderne Wohnbedürfnisse

Die Sanierung und Modernisierung im Untersuchungsraum ist schon fortgeschritten, dennoch ist die Qualität des Wohnungsbestandes bezüglich der Ausstattung des Wohnraumes z. T. mangelhaft. Ein großes Problem stellen Bäder und Küchen ohne Fenster sowie z. T. sehr kleine Räume dar. Möglichkeiten, diese Mängel zu beheben, stellen Grundrissänderungen dar. Wohnungszusammenlegungen sollten nur in Einzelfällen und in direkter Absprache mit den Mietern realisiert werden, da sich die Wohnungsnachfrage im Untersuchungsraum im Mietwohnungsbestand insbesondere auf 1- und 2-Raumwohnungen konzentriert.

Die Eigentumsbildung sollte weiterhin ermöglicht werden, da sie ein Instrument zur dauerhaften Bindung der Bewohner an die Region darstellt. Dabei sollte eine Inanspruchnahme neuer Flächen vermieden werden.

Schaffung altengerechter Wohnformen

Insgesamt ist aufgrund der Zunahme älterer Ein- und Zwei-Personen-Haushalte damit zu rechnen, dass zukünftig insbesondere ein Bedarf an Wohnungen mit ein und zwei Räumen besteht. Diese Nachfrage kann über den vorhandenen Bestand gedeckt werden, Neubauten sind nicht erforderlich.

Aufgrund der demographischen Alterung wird die Nachfrage nach einer altengerechten Ausstattung der Wohnungen steigen. Dies bedeutet aber nicht, dass vermehrt Altenheime einzurichten sind; vielmehr sollten die Wohnungen und das Wohnumfeld attraktiv gestaltet werden. Um den Verbleib in einer „normalen" Wohnung im Alter zu ermöglichen, sollte die barrierefreie Gestaltung von Zugängen, die Installation von Fahrstühlen und eine entsprechende Badausstattung vorgenommen werden. Diese Maßnahmen sind im Rahmen von Sanierungen häufig nur mit relativ geringen Mehrkosten verbunden und kommen auch anderen Nutzergruppen, insbesondere Familien mit kleinen Kindern, zugute.

→ **Handlungsfeld 3: Bereitstellung eines flächendeckenden Versorgungs- und Dienstleistungsangebotes**

Aufgrund der Verringerung der Bevölkerungsdichte und des absoluten Nachfragerückgangs ist ein flächendeckendes Versorgungs- und Dienstleistungsangebot nicht zu gewährleisten. Deshalb sollten in der Region alternative Versorgungsangebote entwickelt und gefördert werden. Denkbar wären zum Beispiel die Etablierung eines Einkaufsservice oder die Organisation von Einkaufsfahrten in die umliegenden größeren Versorgungszentren. Derartige Angebote bedürfen einer erhöhten Kooperation zwischen Kommunen, Wohnungsunternehmen und privaten Anbietern von Dienstleistungen. Neben wohnungsbezogenen Dienstleistungen (Reinigung, Wartung, Reparaturservice etc.) sind auch Dienstleistungen (Einkaufsfahrten, Bringdienste, Wäscheservice, Hausbesuche von Friseuren, Gesundheitsservice u. v. m.), welche die Versorgung ohne Pkw sicherstellen, vorstellbar. Derartige Leistungen, die von den Mietern bezahlt werden, führen zur deutlichen Qualitätssteigerung insbesondere für Senioren. Ohne ein Angebot derartiger Leistungen würde in vielen Fällen ein Umzug der Senioren zur Familie oder in ein Altenheim erforderlich werden, was zumeist gleichbedeutend mit einem Mieterverlust für die Wohnungsgesellschaften wäre. Initiiert und begleitet durch die Kommunen und Wohnungsunternehmen sollte ein Netzwerk „Service-Wohnen" von Dienstleistungsunternehmen (Frisör, Krankengymnastik, Personenbeförderung etc.) aufgebaut werden. Die Entwicklung von Servicepaketen und deren Vermittlung an die Bewohner stellen die Hauptaufgaben des Netzwerkes dar.

→ **Handlungsfeld 4: Wohnumfeldgestaltung**

Wiedernutzung der Abrissflächen

Mögliche Maßnahmen im Bereich der Wohnumfeldaufwertung sind z. B. die Umgestaltung von Abrissflächen zu öffentlichen Grünanlagen sowie die Sicherstellung der wohnungsnahen Infrastruktur, die insbesondere vor dem Hintergrund der demographischen Alterung an Bedeutung gewinnt. Hier sollte neben einer generell ansprechenden Gestaltung auf bestehende Mieterwünsche eingegangen werden. Maßnahmen wie die Einrichtung von Mietergärten könnten die Identifikation der Mieter mit ihrem Wohnort erhöhen. Leer stehende Wohnungen, insbesondere im Erdgeschoss, könnten, soweit in saniertem Zustand, anderen Nutzungen zugeführt werden. Zum einen wären hier Einrichtungen denkbar, welche der wohnungsnahen Versorgung und gesundheitlichen Betreuung dienen, die mit Zunahme der älteren, weniger mobilen Bevölkerung an Bedeutung gewinnen. Zum anderen könnten diese Räume kostengünstig, zur Verringerung der Ausgaben für leer stehende Wohnungen seitens der Unternehmen, als Vereinsräume, Seniorentreffs oder auch als Mieterräume ausgestaltet werden. In Einzelfällen ist eine Bebauung mit Eigenheimen oder eine Nutzung für alternative altengerechte Wohnformen auf diesen Flächen denkbar.

→ **Handlungsfeld 5: Kooperation der Wohnungsmarktakteure in der Region**

Wohnungsmarktstammtisch

Unter den gegebenen Schrumpfungsbedingungen in der Region sollte eine verstärkte Bürgerorientierung stattfinden. Zur Verwirklichung des Austausches zwischen Bewohnern und Wohnungsmarktakteuren erscheint die Einführung eines regelmäßig stattfindenden „Wohnungsmarktstammtisches" sinnvoll. Folgende Themen bieten sich als Inhalte des Stammtisches an: geplante Stadtumbaumaßnahmen, Fördermöglichkeiten für Eigentumserwerb und Sanierung im Bestand, Netzwerk „Service-Wohnen" usw. Eine Erweiterung des Erfahrungshorizontes könnte durch Beiträge von externen Experten gewährleistet werden.

Fazit

Der Untersuchungsraum Region Zentrales Erzgebirge um Joahnngeorgenstadt ist schon seit dem Ende des Uranbergbaus Anfang der 1960er Jahre mit Schrumpfungserscheinungen konfrontiert. Die veränderten Rahmenbedingungen nach der politischen Wende 1990 wirkten sich nachhaltig auf die Wohnungsmärkte der Region aus.

Die Wohnungsmärkte der untersuchten Kommunen sind im Zeitraum von 1990 bis 2001 durch gegenläufige Entwicklungen gekennzeichnet: eine rückläufige Entwicklung der Zahl der Haushalte und ein stagnierendes bzw. leicht ansteigendes Wohnungsangebot. Die Folge davon ist ein steigender struktureller Wohnungsleerstand. Bisher vorgenommene Abrisse und die für die Zukunft geplanten Maßnahmen werden diesen Wohnungsüberhang nicht beseitigen. Auch der Trend zur Verringerung der durchschnittlichen Haushaltsgröße kann die negative Haushaltsentwicklung nicht kompensieren.

Je nach Bebauungs- und Siedlungsstruktur sind die Kommunen von dieser Entwicklung unterschiedlich betroffen. Die städtisch geprägten Kommunen mit einer negativen Entwicklungsperspektive sind einem hohen Handlungsdruck ausgesetzt. Vor diesem Hintergrund sollten in Zukunft die vorhandenen ländlichen Strukturen erhalten bleiben bzw. in den von der Wismut besonders überprägten Kommunen wieder hergestellt werden. Die ländlichen Kommunen sind aufgrund der moderaten zukünftigen Entwicklung einem geringeren Handlungsdruck ausgesetzt.

Die Ergebnisse der Studie ermöglichen folgende allgemeine Aussagen:

1. Die Siedlungsstruktur ist ein entscheidender Faktor für die Entwicklung regionaler Wohnungsmärkte.
2. Die demographischen Entwicklungen (Schrumpfung wie auch Alterung der Bevölkerung) vollziehen sich räumlich nicht gleichmäßig. Unterschiedliche Ent-

wicklungen ergeben sich vor allem im Vergleich zwischen städtisch und ländlich geprägten Kommunen.

3. Neben der ländlichen Siedlungsstruktur hat sich die Eigentumsbildung als stabilisierender Faktor für die Wohnungsmarktentwicklung erwiesen. Die Bleibebereitschaft der Bewohner ist umso höher, je größer die private Wohneigentumsquote in einer Kommune ist.

4. Die Zahl der privaten Haushalte wird abnehmen, der Anteil älterer und kleiner Haushalte wird zunehmen. Damit wird sich die Nachfrage nach Wohnraum in quantitativer wie in qualitativer Hinsicht ändern.

5. Mit abnehmender Bevölkerungszahl und Alterung der Bevölkerung ändern sich die Bedarfe an sozialer und technischer Infrastruktur in quantitativer und qualitativer Hinsicht. Damit verbunden sind sowohl finanzielle als auch betriebliche sowie bauliche Herausforderungen.

6. Viele Kommunen gehen davon aus, dass die negative Haushaltsentwicklung zumindest teilweise durch die Verkleinerung der durchschnittlichen Haushaltsgröße kompensiert wird. Diese Auffassung ist jedoch nicht haltbar, da die Verringerung der durchschnittlichen Haushaltsgröße nur marginale Effekte auf die Entwicklung der Zahl der Haushalte hat.

7. Die Folgen der Bevölkerungsschrumpfung und des Haushaltsrückgangs bedürfen einer innerhalb der Region abgestimmten Strategie für die zukünftige Wohnungsmarktentwicklung. Eine Konkurrenz zwischen den Kommunen um Einwohner ist kontraproduktiv. Formen der regionalen Kooperation, wie z. B. ein Wohnungsmarktstammtisch begünstigen die Konzeption abgestimmter Strategien.

Literatur

Effenberger, K.-H. (2001): Wohnungsleerstand und Wohnungsversorgung. In: Petzold, H.; Reichart, Th. (Hrsg.): Wohnungsmarkt in Sachsen im Spannungsfeld zwischen Schrumpfung und Wachstum. IÖR-Schriften, Band 35. Dresden.

Iwanow, I. (2001): Entwicklungsperspektiven der zukünftigen Wohnungsnachfrage. In: Petzold, H.; Reichart, Th. (Hrsg.): Wohnungsmarkt in Sachsen im Spannungsfeld zwischen Schrumpfung und Wachstum. IÖR-Schriften, Band 35. Dresden

IÖR (2003): Wohnungsprognoseprogramm. In: http://www.ioer.de/wohnprog.htm, abgerufen am 12.02.2003.

IÖR (2000): Sanierungs- und Entwicklungsgebiet Uranbergbau. Teil 2: Empirische Untersuchungen im Sanierungs- und Entwicklungsgebiet Uranbergbau (Südwestsachsen). Dresden.

Killisch, W.; Wandzik, C.; Winkler, A. (2003): Analyse und Szenarien der Wohnungsmarktentwicklung im Untersuchungsgebiet. Endbericht. Teilstudie im Rahmen des Forschungsvorhabens „Umbau von Siedlungsstrukturen unter Schrumpfungsbedingungen als Grundlage einer nachhaltigen Entwicklung". Dresden.

Matern, A. (2003): Bevölkerungsprognose im Untersuchungsgebiet. Teilstudie im Rahmen des Forschungsvorhabens „Umbau von Siedlungsstrukturen unter Schrumpfungsbedingungen als Grundlage einer nachhaltigen Entwicklung". Dresden.

Soziale Infrastruktur in peripheren Regionen – am Beispiel Zentrales Erzgebirge um Johanngeorgenstadt*

Benno Brandstetter, Alexander Fischer, Rainer Winkel

Einführung

Das Hauptaugenmerk der bisher geführten Debatte über Schrumpfungstendenzen in Ostdeutschland ist vor allem auf wohnungswirtschaftliche Fragen, insbesondere die Bewältigung des Wohnungsleerstandes gerichtet. Das gilt nicht nur für die öffentlich geführte Diskussion, sondern spiegelt sich auch in den aktuellen, für den Stadtumbau aufgelegten Programmen wider (vgl. u. a. Winkel 2002). Dabei verdeutlichen nicht nur die zahlreichen Schulschließungen der letzten Jahren, dass im Bereich der sozialen Infrastruktur neben Bedarfsanpassungen auch neue Nutzungskonzepte unumgänglich sind (vgl. Steiniger 2004, 35).

Gerade bei geplanten Schulschließungen oder bei der Einführung von Zugangsbeschränkungen für Kindertageseinrichtungen verdeutlichen zahlreiche Elternproteste das Konfliktpotenzial von Anpassungen im sozialen Bereich (vgl. Maekler 2003). Für die Kommunen bedeutet dies in der Regel einen Spagat zwischen finanzierbarer und heutigen Ansprüchen und Anforderungen Rechnung tragender Infrastruktur. Ziel der Kommunen sollte es sein, sich unter Schrumpfungsbedingungen quantitativ auf die veränderten Rahmenbedingungen einzustellen, gleichzeitig jedoch die Qualität der verbleibenden Einrichtungen zu sichern und wenn möglich zu erhöhen, z. B. durch flexiblere, multifunktionale Einrichtungen mit einem breiteren Angebot (vgl. Winkel, Fischer 2004, 28).

Für den peripheren Raum ist die Relation zwischen qualitativem Angebot und günstiger Erreichbarkeit von wesentlicher Bedeutung. Eine Schließung sozialer Einrichtungen in ländlich-peripheren Räumen verschlechtert die Versorgungssituation vielfach enorm. Hinzu kommt, dass mit zunehmender Entfernung der Angebote vom Nachfragenden die Relation zwischen Zeitaufwand und Nutzen ungünstiger wird. Wenn sich die Schere weiter auseinander bewegt, kann dies dazu führen, dass die entfernten Angebote nicht mehr genutzt werden und damit die Nachfrage kontinuierlich weiter sinkt.

Exemplarisch wurden die Auswirkungen der Schrumpfung auf die soziale Infrastruktur am Beispiel der Region um Johanngeorgenstadt im Erzgebirge untersucht. Die Grund-

---

* Dieser Beitrag beruht auf einer Studie der TU Dresden, Lehrstuhl für Landesplanung und Siedlungswesen (Prof. Dr. Rainer Winkel); Bearbeiter: R. Winkel, A. Fischer, B. Brandstetter.

lage dafür war die ebenfalls in diesem Band vorgestellte Bevölkerungsprognose (vgl. Beitrag Matern), aus der die altersbedingte Nachfrageentwicklung bis 2016 abgeleitet wurde. Grundsätzlich sind bei der Inanspruchnahme der sozialen Infrastruktur zwei Gruppen von sozialen Infrastrukturen zu unterscheiden. Zum einen nicht oder nur bedingt altersabhängige Einrichtungen wie z. B. Kulturhäuser, Museen oder Schwimmhallen und zum anderen alterspezifische Infrastrukturen wie Kinderkrippen, Kindertagesstätten, Horte, Schulen, Jugendtreffs, Seniorenheime usw.

Für die Betrachtung der sozialen Infrastruktur war aufgrund der unterschiedlichen Nutzer- bzw. Altersgruppen für die einzelnen Infrastruktureinrichtungen sowie spezifischen Einzugsbereiche eine Differenzierung der erstellten Bevölkerungsprognose notwendig.

Die wesentlichen Erkenntnisse der Bevölkerungsprognose im Hinblick auf die zu erwartende Nachfrageentwicklung für die Einrichtungen der sozialen Infrastruktur sind:

1. Die Gesamtbevölkerungzahl geht weiter zurück.
2. Die altersstrukturellen Veränderungen der Gesamtbevölkerung verstärken sich.
3. In den einzelnen Altersgruppen verläuft die Nachfrage wellenförmig, mit im Zeitverlauf tendenziell abnehmenden Nutzerzahlen.
4. Die Einwohnerentwicklung kann in den einzelnen Gemeinden des Untersuchungsraumes sehr stark von der Gesamtentwicklung abweichen.

Nachfolgend wird zunächst auf die Entwicklungen in einigen Schwerpunktbereichen der sozialen Infrastruktur in der Region eingegangen um danach Umsetzungsstrategien für deren Erhalt bzw. die Anpassung in diesem peripheren Raum zu diskutieren (ausführlich siehe Winkel, Fischer, Brandstetter 2003).

1 Analyseergebnisse

Infrastruktur für Kinder

Die untersuchte Infrastruktur umfasst mit den Einrichtungsformen Kinderkrippen, Kindertageseinrichtungen (Kindergärten) sowie Schulhorte die Angebote für die Betreuung bzw. die Versorgung von Kindern im Alter von 0 bis 10 Jahren. Die für die entsprechenden Einrichtungen relevanten drei Bedarfsgruppen sind:

- Kinderkrippe   0 bis 3 Jahre
- Kindergarten   3 bis 6,5 Jahre
- Schulhort   6,5 bis 10 Jahre

Wegen des vereinigungsbedingten Einbruchs der Geburtenrate und der Überlagerung mit massiven Wanderungsverlusten sind in ganz Ostdeutschland in diesem Infrastrukturbereich bereits massive Kapazitätsanpassungen vorgenommen worden. Für die künftige Bedarfsentwicklung in der Untersuchungsregion wurden den vorhandenen Kapazitäten die prognostizierte Anzahl der Kinder in der jeweiligen Altersgruppe gegenübergestellt. Nach den gesetzlichen Vorgaben sind die Gemeinden verpflichtet, für jedes Kind im Kindergartenalter einen Betreuungsplatz zur Verfügung zu stellen und bestehende Kapazitäten gegebenenfalls auszubauen[1]. Anders sieht es mit den Kinderkrippen- und Schulhortplätzen aus, da für sie keine gesetzlichen Vorgaben, Richtwerte o. ä. existieren. Daher ist es von den kommunalen Prioritätensetzungen, den zur Verfügung stehenden Räumlichkeiten und nicht zuletzt den finanziellen Möglichkeiten der Gemeinden abhängig, in welchem Umfang Betreuungsmöglichkeiten geschaffen werden.[2] Bei der Inanspruchnahme von Kinderkrippen- und Schulhortplätzen wurde daher auf sächsische Erfahrungswerte zurückgegriffen.[3]

In allen Gemeinden werden soziale Infrastruktureinrichtungen für Kinder der untersuchten Altersgruppen von 0 bis 10 Jahren angeboten (Tab. 1).[4] Die meisten Einrichtungen der untersuchten Region werden altersübergreifend genutzt, d. h. sie bieten Plätze für mehrere Bedarfsgruppen an und sind dadurch deutlich flexibler gegenüber möglichen Nachfrageschwankungen als nur auf eine begrenzte Altersgruppe ausgerichtete Einrichtung.

Tab. 1: Kindereinrichtungen im Untersuchungsgebiet
(Quelle: Angaben der Gemeinden im Untersuchungsgebiet, Frühjahr 2003)

Gemeinde	Anzahl der Einrichtungen	Angebotene Plätze	Belegte Plätze	Auslastung %
Johanngeorgenstadt	4	335	203	60,6
Breitenbrunn	3	161	123	76,4
Rittersgrün	1	86	75	87,2
Erlabrunn	1	62	54	87,1
Raschau	4	185	177	95,7
Pöhla	1	60	50	83,3
OT Schwarzenberg	2	88	86	97,7
Insgesamt	16	977	768	78,6

---

[1] Siehe Gesetz über Kindertageseinrichtungen (SäKitaG § 3 (2) – Fassung vom 24.08.1996).

[2] Seit den Jahren 2003 und 2004 versuchen Landkreise und kreisfreie Städte zunehmend durch Zugangsbeschränkungen (keine Betreuung von Kindern, deren Eltern nicht erwerbstätig sind) die Kosten zu reduzieren.

[3] Nach Auskunft des sächsischen Sozialministeriums (Juni 2003) nutzen ca. 55 % der entsprechenden Altersgruppe den Schulhort und ca. 35 % bis 40 % eine Kinderkrippe.

[4] Allerdings beinhalten diese Aussagen keine Angaben über Erreichbarkeit, baulichen Zustand, räumlichen Zuschnitt, Investitionsnotwendigkeiten etc.

Die Prognose für die drei relevanten Altersgruppen zeigt für die Entwicklung der Nachfrage der Versorgungseinrichtungen folgende Tendenzen (Tab. 2).

Tab. 2: Entwicklung des Nachfragepotenzials für Kindereinrichtungen relevanter Altersgruppen (0 bis 10 Jahre) im Untersuchungsgebiet
(Quelle: Bevölkerungsprognose des Lehrstuhls Raumentwicklung der TU Dresden, eigene Bearbeitung)

Alters-gruppe	2001	Prognosejahre			Veränderung zu 2001 in %		
		2006	2011	2016	2001-2006	2001-2011	2001-2016
Kinder-krippe	365	340-347	297-316	260-295	-6,8 bis -4,9	-18,6 bis -13,4	-28,8 bis -19,2
Kinder-garten	368	396-405	368-396	322-371	7,6 bis 10,1	0,0 bis 7,6	-12,5 bis 0,8
Schul-hort	422	369-391	399-424	356-406	-12,6 bis -7,3	-5,5 bis 0,5	-15,6 bis -3,8
Insgesamt	1155	1105-1143	1064-1136	938-1072	-4,3 bis -1,1	-7,9 bis -1,7	-18,8 bis -7,2

In der Altersgruppe der 0- bis 3-Jährigen ist in beiden Prognosevarianten von einem starken, im Zeitverlauf ansteigenden Rückgang auszugehen, welcher bis zum Jahr 2016 -19 % bis -29 % beträgt (Abb. 1). Sollte der Verlauf so eintreten, sind aufgrund dieser Abnahmetendenz weitere Unterauslastungen in den noch vorhandenen Einrichtungen zu erwarten.

Die Altersgruppe der 3- bis 6,5-Jährigen zeigt dagegen zunächst für die kommenden Jahre bis 2006 eine Zunahme bis zu 10 %, welche sich im Folgezeitraum bis 2011 wieder verringert, aber immer noch positiv verläuft (Abb. 2). Erst gegen Ende des Prognosezeitraumes ist eine negative Entwicklung gegenüber 2001 im einstelligen Bereich zu erwarten.

Die Entwicklung der Bevölkerungsgruppe der 6,5- bis 10-Jährigen zeigt einen für Ostdeutschland typischen, durch den Geburtenknick der Wende gekennzeichneten, wellenförmigen Verlauf (Abb. 3). Zunächst kommt es zu einer Abnahme bis ca. -7 % bzw. -12 %, im mittleren Prognosehorizont bis 2011 ist dann eine Zunahme der Kinderzahl zu erwarten, welche jedoch das Ausgangsniveau nicht wieder erreicht und bis 2016 wieder um ca. -4 % bzw. -15 % gegenüber dem Jahr 2001 abfällt.

Die Summe der Kinderzahlen für die drei Einrichtungsarten (vgl. Tab. 2) weist über den Zeitverlauf eine rückläufige Entwicklung auf. Prinzipiell ist davon auszugehen, dass innerhalb des Untersuchungsgebietes genügend Potenzial an Plätzen der drei Versorgungseinrichtungen vorhanden ist, auch bei eventuellen Änderungen im Nachfrageverhalten der einzelnen Altersgruppen. Ein Fazit aus diesen Angaben auf der Re-

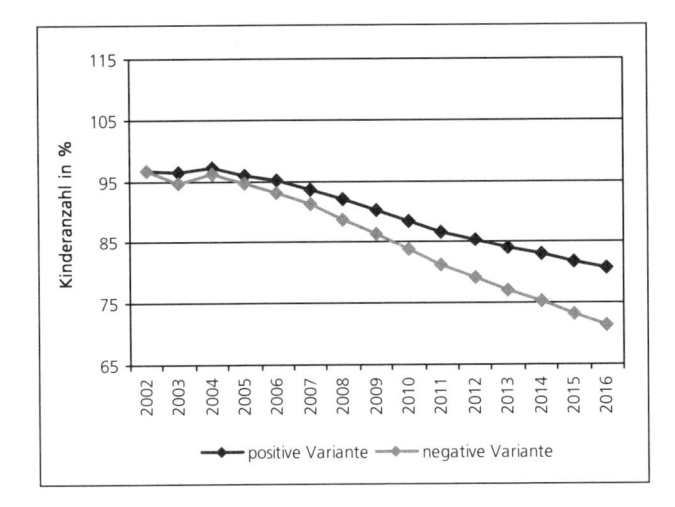

Abb. 1:
Entwicklung der Altersgruppe 0- bis unter 3-Jährige in der Region
(Quelle: Bevölkerungsprognose, eigene Bearbeitung)

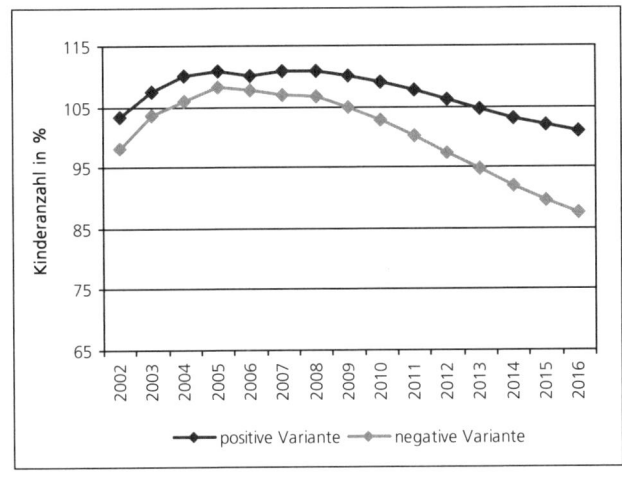

Abb. 2:
Entwicklung der Altersgruppe 3- bis unter 6,5-Jährige in der Region
(Quelle: Bevölkerungsprognose, eigene Bearbeitung)

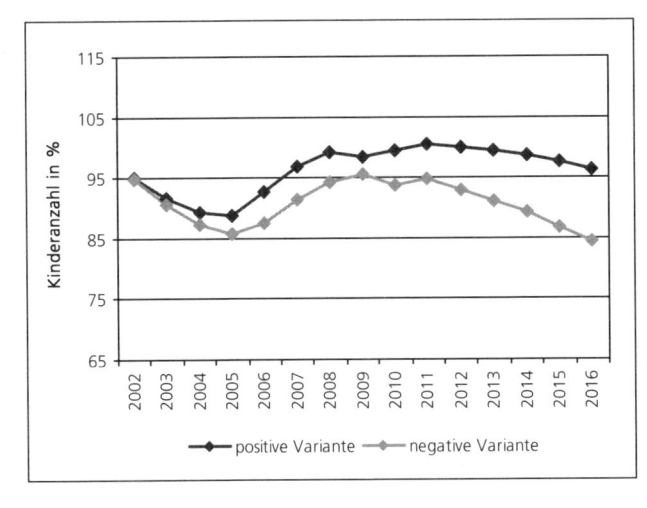

Abb. 3:
Entwicklung der Altersgruppe 6,5- bis unter 10-Jährige in der Region
(Quelle: Bevölkerungsprognose, eigene Bearbeitung)

gionsebene zu ziehen, erscheint wenig sinnvoll, da die zusammengefassten Daten die Entwicklungen in den einzelnen Gemeinden nivellieren. Außerdem zeichnet sich ein qualitativ und quantitativ hochwertiges Angebot von Kindereinrichtungen dadurch aus, dass sie sich möglichst in Wohnortnähe befinden. Im Rahmen der Studie erfolgte deshalb eine Betrachtung auf Gemeindeebene anhand der vorhandenen Einrichtungen und den spezifischen Entwicklungsverläufen der Altersgruppen. Hier sollen nur einige Tendenzen zusammengefasst dargestellt werden.

- Die Gemeinden Breitenbrunn und Erlabrunn können mit ihren Einrichtungen und den derzeit vorhandenen Überkapazitäten eventuelle Nachfrageanstiege abfangen, sollten allerdings entsprechend der sich verändernden Altersstrukturen ihre räumlichen und personellen Angebote rechtzeitig anpassen.
- In Johanngeorgenstadt und Raschau ist langfristig mit einer zurückgehenden Nachfrage und einem Überangebot an Betreuungsplätzen zu rechnen. In beiden Kommunen scheint der Abbau von Betreuungskapazitäten unvermeidlich, um den entstehenden Angebotsüberhang zu reduzieren. Diese Tendenz sollte bei aktuellen Investitionsentscheidungen berücksichtigt werden.
- In Rittersgrün könnte eine Annäherung der Nutzung an sächsische Erfahrungswerte, verbunden mit den aufgezeigten Nachfrageschwankungen dazu führen, dass die derzeit vorhandenen Kapazitäten mittelfristig nicht ausreichend sind. Langfristig ist jedoch wieder von einer Angleichung an heutige Werte auszugehen, sodass lediglich eine sinnvolle Übergangslösung erforderlich ist.
- Die deutlich positivere Entwicklung der betrachteten Altersgruppen in der Gemeinde Pöhla wird im mittleren und längeren Planungshorizont dazu führen, dass die vorhandenen Betreuungskapazitäten nicht ausreichen. Hier ist die Suche nach einer praktikablen Erweiterung der Einrichtung notwendig.

Zwischenfazit

Im Bereich der sozialen Infrastruktureinrichtungen für Kinder wurden bereits in den letzten Jahren aufgrund der rückläufigen demographischen Entwicklung massive Veränderungen vorgenommen. Die vorliegenden Prognosen zeigen für die drei Einrichtungsarten Kinderkrippe, Kindergarten und Schulhort in den einzelnen Gemeinden bzw. Städten unterschiedliche, zumeist wellenförmige und entsprechend zeitlich versetzte Entwicklungsverläufe auf.

Die meisten Einrichtungen der untersuchten Region werden altersübergreifend genutzt und decken zugleich mehrere Versorgungsbereiche ab. Diese Einrichtungen sind deutlich flexibler gegenüber möglichen Nachfrageschwankungen einer Altersgruppe. Bis auf wenige Ausnahmen scheinen die vorhandenen Betreuungsplätze in den Kommunen auch für die künftige Entwicklung in ausreichendem Maße vorhanden zu sein.

Schulinfrastruktur

Ein besonders emotionales Thema bei der Anpassung von sozialer Infrastruktur stellt der Schulsektor dar. Die Kommunen sind bestrebt, so viele Schulen wie möglich zu erhalten, da sie in peripheren Räumen oft einen wichtigen Standortfaktor darstellen. Die kommunalen Entscheidungsspielräume sind dabei jedoch gering, aufgrund des förderalen Bildungssystems in Deutschland. Die Bundesländer besitzen die Bildungshoheit, finanzieren Lehrkräfte und bestimmen die Grundlagen der Bildungspolitik. In vielen ländlichen Regionen ist es unter Schrumpfungsbedingungen schwer, entsprechende Vorgaben der Bundesländer wie Mindestschülerzahl oder Mehrzügigkeit zu erreichen. Gewisse Spielräume für die kommunale Ebene ergeben sich zwar dadurch, dass die Schulnetzplanung Aufgabe der Landkreise ist. Allerdings lassen sich bei einem gravierenden Einbruch der Schülerzahlen Schulschließungen langfristig selbst mit alternativen Schulkonzepten kaum vermeiden.

Grundschulen (GS)

Die Grundschulversorgung wird durch einen festen Einzugsbereich gekennzeichnet. Als Rahmenfaktor für Grundschulstandorte gilt in Sachsen das Erreichen von mindestens einzügigen Klassenstufen, wobei die Mindestschülerzahl bei 15 und der Klassenteiler bei 33 lag.[5] Für den Bereich der Grundschulen wurde die Entwicklung der relevanten Altersgruppe analysiert.

Nach dem Geburtenknick in der Nachwendezeit kam es bereits ab den Jahren 1995/96 zu dramatisch abnehmenden Schülerzahlen, die zur Reduzierung der bis dahin vorhandenen Schulstandorte führte. In der Prognose (vgl. Abb. 3) ist ein wellenförmiger Verlauf ersichtlich, der deutlich macht, dass zwar kurzfristig noch mit weiter abnehmenden Schülerzahlen zu rechnen ist, mittelfristig jedoch wieder eine erhöhte Nachfrage besteht. Langfristig muss dann wieder von in der Tendenz abnehmenden Schülerzahlen (-5 % bis -16 % Rückgang) ausgegangen werden.

Räumlich differenziert für die Untersuchungsregion und auf Basis des Schulnetzkonzeptes des Landkreises stellen sich die Rahmenbedingungen wie folgt dar:

- der Bestand der GS Johanngeorgenstadt ist im Bereich der Zweizügigkeit langfristig gesichert,
- die GS Raschau ist im Bereich der Richtschülerzahl von 25 Schülern je Jahrgang langfristig gesichert,

---

[5] Nach Abschluss der Studie wurde im Juli 2004 im Freistaat Sachsen der Klassenteiler auf 28 Kinder herabgesetzt (vgl. Schulgesetz für den Freistaat Sachsen in der Fassung vom 16. Juli 2004).

- die GS Pöhla und GS Rittersgrün sind als gesichert eingestuft, jedoch ist langfristig eine Gefährdung möglich, da die Schülerzahlen sich nur im Bereich der Mindestanforderungen von 15 Kindern je Jahrgang bewegen,
- dagegen sind die GS Breitenbrunn und GS Antonsthal in ihrem Bestand aufgrund zu geringer Schülerzahlen gefährdet.

Daraus geht hervor, dass eine Schließung entweder des Standortes Breitenbrunn oder Antonsthal zu erwarten ist. Alternativen dazu bieten sich z. B. in der Bildung von Filialschulen, indem etwa saisonweise oder jeweils zwei Klassenstufen an einem Standort unterrichtet werden. Darüber hinaus bestünde die Möglichkeit, einen jahrgangsübergreifenden Unterricht zu etablieren (vgl. Fischer 2003). Letztendlich könnte eine neue Zuschneidung der Einzugsbereiche oder die Senkung des Klassenteilers bzw. der Mindestschülerzahl in ländlich peripheren Regionen ebenfalls zu einem Erhalt beider Einrichtungen führen. Alle Varianten sind jedoch mit erhöhten Kosten je Schüler sowohl im Unterhalt der Einrichtungen als auch bei den Lehrkräften verbunden. Die Entscheidungen werden auf Kreis- bzw. Landesebene zu fällen sein, und liegen nicht in der Planungshoheit der Kommunen.

Seitens des Gesetzgebers in Sachsen besteht die Möglichkeit, jahrgangsübergreifenden Unterricht zu entwickeln, jedoch ist er an strikte Vorgaben wie z. B. ausgebildete Fachkräfte für die Unterrichtsform gebunden. Außerdem wird diese Unterrichtsform nicht als Alllternative gesehen, um fehlende Schülerzahlen zu kompensieren. Zahlreiche Modellprojekte in anderen Bundesländern, z. B. Thüringen (vgl. Thüringer Kultusministerium 1998 und 2001), zeigen jedoch, dass auf diesem Wege gerade für periphere Räume ein wohnortnahes Angebot aufrechterhalten werden kann (vgl. Cottbuser Erklärung 2004, 2 ff.). Die Lernergebnisse seien bei jahrgangsübergreifendem Unterricht nicht schlechter als in den gewohnten Bildungsformen. Darüber hinaus würden sie die Möglichkeit schaffen, durch Überspringen oder Wiederholen von Klassenstufen (Grundschulzeit von 3 bis 5 Jahren) individueller auf die Fähigkeiten und Vorkenntnisse der Schüler einzugehen.

Mittelschulen (MS)

Differenzierter stellt sich die Situation bei den Mittelschulen dar, für welche die Altersgruppe der 10- bis 16-Jährigen betrachtet wurde. Hier steht die freie Schulwahl aufgrund unterschiedlich angebotener Profile im Vordergrund, was eine Nachfrageprognose bezüglich einzelner Standorte erschwert. Eine Mittelschule muss nach gesetzlichen Vorgaben in Sachsen mindestens eine Zweizügigkeit aufweisen, damit entsprechende Schulprofile etabliert werden können. Erschwerend für die Schülerzahlprognose kommt hinzu, dass der Besuch von Gymnasien oder der Abschluss nach 9 Jahren Schulzeit (Hauptschule) berücksichtigt werden müssen.

Bei den Mittelschulen stellt sich der Rückgang des Schülerpotenzials in der Untersuchungsregion als gravierend dar. Hier muss langfristig mit Rückgängen von ca. -44 % bis -37 % gerechnet werden. Dieser starke Rückgang wird sich schon bis zum Jahre 2008 einstellen und dann auf diesem Niveau verharren. Eine solche Entwicklung muss erhebliche Auswirkungen auf das Schulnetz haben. Sofern keine alternativen Lösungen gefunden und dann auch umgesetzt werden können, müssen Standorte geschlossen werden. Fraglich bleibt, inwieweit eine Veränderung der Bildungspräferenz, z. B. verstärkter Besuch der Mittelschulen im Verhältnis zum Gymnasium, diese Entwicklung beeinflussen könnte. Sollte eine Verschiebung der Bildungspräferenz dadurch eintreten, dass z. B. der gymnasiale Bildungsweg aufgrund schlechter Erreichbarkeit nicht eingeschlagen wird, würde das letztlich einer Verschlechterung der Chancengleichheit der Bevölkerung von peripheren und verdichteten Räumen gleichkommen.

Für die untersuchte Region bedeutet der Rückgang der Schülerzahlen, dass von den fünf Mittelschulstandorten nur zwei erhalten bleiben werden. Im Juni 2005 beschloss das Sächsische Kultusministerium die Schließung der Mittelschule Raschau, Johanngeorgenstadt und Schwarzenberg-Sonnenleithe, wovon die Mittelschule Raschau bereits zum Schuljahr 2005/06 geschlossen wurde. Für eine Vielzahl von Schülern kommt es hierdurch zu wesentlich weiteren Wegen. Dagegen kann in der Stadt Schwarzenberg mit der Zusammenlegung der beiden Mittelschulen (eine ist ohnehin schon Filialstandort) der andere Standort gesichert werden.

Gymnasien

Im Landkreis Aue-Schwarzenberg gab es 2002 vier Gymnasien, davon eins im Untersuchungsraum am Standort Johanngeorgenstadt. Die geringen Einschulungszahlen führten im Sommer 2004 nach Abschluss der Studie zur Schließung des Gymnasiums in Johanngeorgenstadt. Die Konsequenzen einer Ausdünnung des Netzes von Gymnasien für ländlich-periphere Regionen sind schwer abzuschätzen. Es muss damit gerechnet werden, dass die in ländlich peripheren Regionen ohnehin geringere Bildungspräferenz zugunsten des gymnasialen Bildungsweges weiter sinkt.

Zwischenfazit

Das Angebot an schulischer Infrastruktur wurde und wird in den kommenden Jahren weiter der zumeist rückläufigen Nachfrage angepasst. Im Worst-case-Szenario kommt es für das Untersuchungsgebiet zum Verlust einer weiteren Grundschule (Rittersgrün) und der Mittelschulen Raschau, Schwarzenberg-Sonnenleithe und Johanngeorgenstadt. Aufgrund der drohenden Schließung des Gymnasiums Johanngeorgenstadt würde es dazu führen, dass nur noch eine Mittelschule (Breitenbrunn) ein Angebot für die Sekundarstufe II abdeckt. Die derzeitige Praxis einer Zentralisierung der Schulstandorte führt im ländlichen Raum zu einer Verschlechterung des wohnortnahen Angebotes. Hier gilt es Vorraussetzungen zu schaffen, diese Entwicklung abzumildern, indem Alternativen wie z. B. jahrgangsübergreifender Unterricht eingeführt oder eine Senkung der Mindestschülerzahlen für diese Regionen vorgenommen wird. Mit einer Überführung der Schulstandorte an freie Träger lässt sich das regionale Problem begrenzter Schülerzahlen nicht lösen. Eine Profilierung z. B. im Sprachbereich (grenzübergreifende Schulstrukturen mit Tschechien) könnte vorhandene Standorte stärken.[6]

Für die Kommunen ergibt sich neben dem reduzierten Bildungsangebot vor Ort ein Verlust der Attraktivität als Wohnstandort, auch die Suche nach einer geeigneten Nutzung bzw. Verwertung der nicht mehr benötigten Gebäude (Speichert 2004, 37).

Infrastruktur für Jugendliche

Die Infrastruktur für Jugendliche wird für die Kommunen zukünftig nur bedingt auf dem heutigem Niveau erhalten werden können. Natürliche demographische Entwicklung und Abwanderung führen zu starken Nachfragerückgängen. Die Kommunen müssen mit stark steigenden Kosten pro Nutzer rechnen, wenn die dezentralen Strukturen erhalten bleiben sollen. Neben der rein quantitativen Betrachtung der Ausstattung wird das Angebot vor allem durch die Art und den Inhalt der Veranstaltungen geprägt, welche sich an den individuellen Freizeitpräferenzen der Jugendlichen orientieren sollten. In Anbetracht der Finanzlage der Kommunen wird es immer stärker auf ehrenamtliches Engagement ankommen, um in peripheren Räumen sowohl ein quantitatives sowie qualitatives hochwertiges Angebot zu unterhalten.

Als Bestand gaben die Gemeinden acht Jugendeinrichtungen in Breitenbrunn, Johanngeorgenstadt, Raschau und Rittersgrün an, wobei Vereine nicht aufgeführt wurden.[7] Die genannten Einrichtungen bieten Kapazitäten für etwa 150 Jugendliche und verzeichnen einen sehr hohen Auslastungsgrad. Das Angebotsspektrum ist breit gefächert und umfasst u. a. Computerplätze, Fitness, Veranstaltungen, Seminare, Vorträge, Konzerte, Tischtennis & Fußball, Ergotherapie, Kunsttherapie, Antiaggressionstraining und Reiten.

Nachfolgend soll anhand der Entwicklung der Nachfragegruppen keine quantitative Beurteilung der Angebote in der Region erfolgen, sondern lediglich abgeschätzt werden, welche Konsequenzen sich entsprechend der Veränderungen im Bevölkerungsaufbau für die betreffenden Angebote abzeichnen könnten (Tab. 3).

---

[6] Seit Beginn des Schuljahres 2003 bietet die Mittelschule Breitenbrunn mit der „Freitagsschule" ein grenzüberschreitendes Bildungsangebot an, welches weiter ausgebaut werden könnte (Freie Presse, 2003).

[7] Die von den Kommunen des Untersuchungsgebietes zugearbeiteten Daten differenzierten sich in der Detailliertheit der Angaben sehr deutlich.

Tab. 3: *Prognose des Nachfragepotenzials für Jugendeinrichtungen der Altersgruppen 10 bis unter 18 Jahre im Untersuchungsgebiet*
(Quelle: Bevölkerungsprognose des Lehrstuhls Raumentwicklung der TU Dresden, eigene Bearbeitung)

Alters-gruppe	2001	Prognosejahre			Veränderung zu 2001 in %		
		2006	2011	2016	2001-2006	2001-2011	2001-2016
10-15 Jahre	1045	594-610	558-603	589-656	-43,2 bis -41,6	-46,6 bis -42,3	-43,6 bis -37,2
15-18 Jahre	744	588-633	349-369	368-415	-21,0 bis -14,9	-53,1 bis -50,4	-50,5 bis -44,2
Insgesamt	1789	1182-1243	907-972	957-1071	-33,9 bis -30,5	-49,3 bis -45,7	-46,5 bis -40,1

Die prognostizierte Entwicklung zeigt für die betrachteten Altersgruppen der Jugendlichen im Zeitraum von nicht einmal 10 Jahren eine Reduzierung der 10- bis 18-Jährigen etwa um ein Drittel bis fast die Hälfte auf. Eine deutliche Verschiebung des Altersaufbaus in den Gemeinden ist daher absehbar.

Eine differenzierte Betrachtung der Jugendlichen in zwei Altersgruppen (10- bis unter 15- und 15- bis unter 18-Jährige) erscheint sinnvoll. Bei den Jugendlichen im Alter von 10 bis 15 Jahren zeigt die Prognose deutliche Entwicklungsunterschiede auf. Während in Rittersgrün eine deutlich positive, ansteigende Tendenz (bis ca. 20 % bis 2016) zu erwarten ist, geht in den Gemeinden Raschau und Pöhla im mittleren Planungshorizont die Altersgruppe um etwa -30 % zurück. Deutlich problematischer stellt sich die prognostizierte Entwicklung in Breitenbrunn und Johanngeorgenstadt dar, welche für die Altersgruppe mit etwa -50 % eine sehr hohe Reduzierung vorhersagt.

Während in der Altersgruppe der 10- bis 15-Jährigen teilweise noch positive Entwicklungsverläufe zu erkennen sind, wird die Entwicklung der Altersgruppe der 15- bis 18-Jährigen mittel- und langfristig durchweg negativ verlaufen. Besonders dramatisch sind die Rückgänge in Johanngeorgenstadt, wo bereits mittelfristig die Altersgruppe um -70 % zurückgeht. In den anderen Gemeinden ist mit einem Rückgang zwischen -10 % (Erlabrunn), -30 % (Pöhla, Raschau, Rittersgrün) und um -40 % (Breitenbrunn) zu rechnen.

Zwischenfazit

Die für die Region um Johanngeorgenstadt prognostizierte demographische Entwicklung ist gekennzeichnet durch einen Rückgang der Anzahl der Jugendlichen zwischen -40 % und über -50 %. Diese Entwicklung wird die einzelnen Kommunen unterschiedlich schnell und verschieden stark ausgeprägt treffen. Die Gemeinden müssen neben dem Rückgang der potenziellen Nutzerzahlen auch die räumliche Verschiebung der Nachfrage berücksichtigen. Die räumliche Differenzierung könnte dazu führen, dass Angebote, welche zwar quantitativ ausreichend in der Region vorhanden sind, de facto aufgrund räumlicher Entfernungen kaum mehr in Anspruch genommen werden. Hier sollten gemeindeübergreifende Konzepte in Verbindung mit anderen Bevölkerungsgruppen, wie z. B. den Senioren in Erwägung gezogen werden, u. a. generationenübergreifende Nutzung bereitgestellter Kleinbusse.

Ein ansprechendes Angebot für Jugendliche ist für ihre regionale und lokale Bindung, für die Entwicklung von Sozialbeziehungen und -bindungen, sowie die Identifikation mit der Heimatregion von größter Bedeutung. Im Hinblick auf die in naher Zukunft bevorstehenden Probleme ein ausreichendes Arbeitskräftepotenzial vorzuhalten und um die Bevölkerungszahl in dünn besiedelten Räumen zu stabilisieren, kommt gerade dieser Bindung eine hohe Bedeutung zu. Deshalb sollten die vorhandenen Kapazitäten zumindest quantitativ erhalten und qualitativ verbessert werden, wobei künftig verstärkt flexible und generationenübergreifende Konzeptionen anzustreben sind (z. B. Bürgerzentren, mit vielfältigen integrierten Angeboten und optimierten Unterhaltskosten).

Infrastruktur für Senioren

Im Gegensatz zum Rückgang der Gesamtbevölkerung in peripheren Räumen wird für die Altersgruppe der Senioren (65 Jahre und älter) sowohl eine absolute als auch verhältnismäßige Zunahme prognostiziert (vgl. Cottbuser Erklärung 2004, 1). Insbesondere ist von einem Anstieg der hochbetagten Senioren (über 80 Jahre) auszugehen. Für die Untersuchungsregion um Johanngeorgenstadt muss ein anderer Entwicklungsverlauf festgestellt werden (siehe Abb. 4, 5 und Tab. 4). Zwar steigt auch hier der prozentuale Anteil dieser Altersgruppe im Verhältnis zur Gesamtbevölkerung, aber die absolute Zahl der Bevölkerung im Alter von 65 bis unter 80 Jahren wird geringfügig zurückgehen bzw. im günstigsten Fall stagnieren. Dagegen ist bei den hochbetagten Senioren von einem Rückgang um ca. -12 bis -18 % auszugehen.

Tab. 4: Entwicklung des Nachfragepotenzials für Senioreneinrichtungen der Altersgruppe 65 bis über 80 Jahre im Untersuchungsgebiet
(Quelle: Bevölkerungsprognose des Lehrstuhles Raumentwicklung der TU Dresden, eigene Bearbeitung)

Altersgruppe	2001	Prognosejahre			Veränderung zu 2001 in %		
		2006	2011	2016	2001-2006	2001-2011	2001-2016
65-80 Jahre	3011	3120-3191	2825-2852	2821-2984	3,6 bis 6,0	-6,2 bis -5,3	-6,3 bis -0,9
über 80 Jahre	906	821-841	802-821	744-796	-9,3 bis -7,1	-11,5 bis -9,4	-17,9 bis -12,1
Insgesamt	3917	3941-4032	3627-3673	3565-3780	0,6 bis 2,9	-7,4 bis -1,1	-9,0 bis -3,5

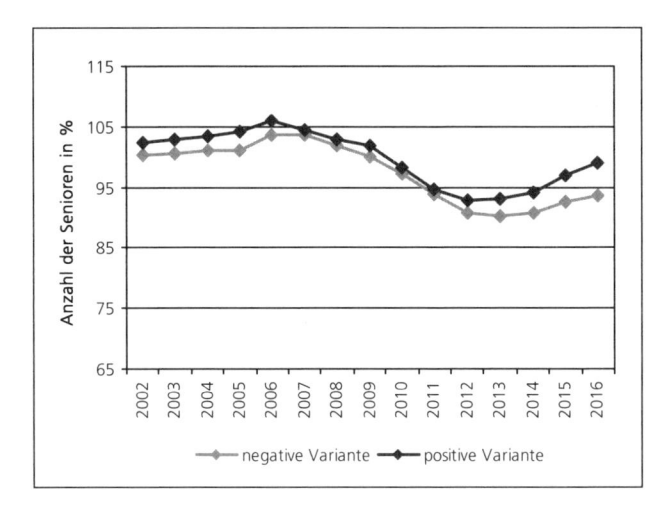

Abb. 4:
Prognose Altersgruppe
65- bis unter 80-Jährige in
der Region
(Quelle: Bevölkerungsprognose, eigene Bearbeitung)

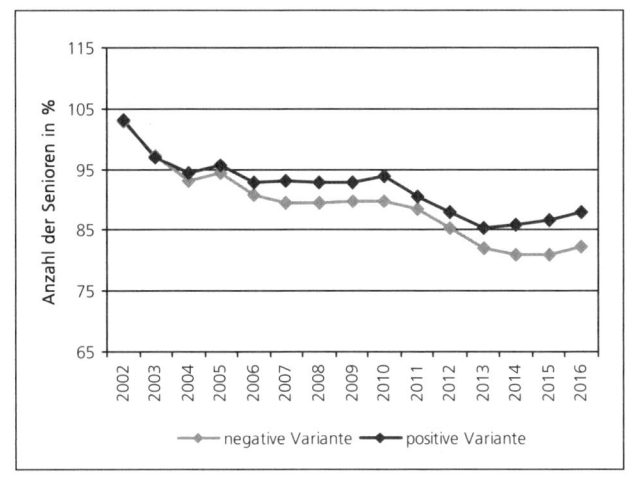

Abb. 5:
Prognose Altersgruppe über
80-Jährige in der Region
(Quelle: Bevölkerungsprognose, eigene Bearbeitung)

Aufgrund der dargestellten Bevölkerungsentwicklung wird sich die Nachfrage im Bereich der Seniorenversorgung rückläufig entwickeln. Räumlich differenziert ergeben sich – wie bereits bei den Kindern und Jugendlichen – sehr starke Unterschiede. In der Gruppe der 65- bis unter 80-Jährigen reicht die Spannbreite dabei von einer Zunahme zwischen 23 % und 30 % in der Gemeinde Pöhla und einem Rückgang von -18 % bis -23 % in der Gemeinde Rittersgrün. Bei den Hochbetagten sind noch gravierendere räumliche Entwicklungstendenzen absehbar, welche von Stagnation bzw. leichten Rückgängen in der Gemeinde Raschau (bis ca. 6 %) bis hin zu starken Rückgängen in der Gemeinde Pöhla von ca. -60 % Rückgang im Vergleich zum Jahr 2001 reichen. Als Konsequenz daraus ergibt sich, dass dem Bereich der mobilen Versorgung aufgrund der Nachfrageverschiebung künftig eine erhöhte Bedeutung zukommen wird, denn sonst wären Umzüge zu den vorhandenen stationären Einrichtungen erforderlich.

Derzeit ist das Angebot an sozialer Infrastruktur für Senioren im Untersuchungsgebiet sehr breit gefächert und weist Einrichtungen in den Bereichen Alten- bzw. Pflegeheim, betreutes Wohnen, mobile Pflegedienste sowie Seniorenclubs auf. In der Region werden derzeit 440 Betreuungsplätze nachgefragt, was bei einem Angebot von 446 Plätzen einer fast hundertprozentigen Auslastung entspricht.

Für die Bedarfsprognose an vorzuhaltenden Pflegeheimplätzen wurden die Richtwerte des Sächsischen Sozialministeriums angesetzt.[8] Anhand dieser Werte konnte festgestellt werden, dass mehr Plätze als vorgegeben angeboten werden, was mit einer entsprechenden Nachfrage erklärt werden kann. Bei dieser Interpretation muss berücksichtigt werden, dass Altenheimplätze in den Richtwerten nicht berücksichtigt werden und es sich bei den vorhandenen Einrichtungen teilweise um integrierte Pflegeheimplätze in Altenheimen handelt.

Der absehbare Bevölkerungsrückgang wird zu einer verringerten Nachfrage von Pflege- und Altenheimplätzen führen. Ob durch steigende Personalkosten und die damit einhergehende Steigerung der Betreuungskosten je Heimbewohner zusätzliche Nachfragerückgänge entstehen, kann hier nicht abgeschätzt werden. Eine gegenläufige Entwicklung der Inanspruchnahme und damit ein steigender Bedarf könnte sich aufgrund der zunehmend rückläufigen Versorgung im familiären Umfeld ergeben (siehe Winkel, Brandstetter 2001).

Erhöhte Pflegeheimkosten könnten eine Entwicklung hin zum betreuten Wohnen forcieren. Im Untersuchungsgebiet werden in Johanngeorgenstadt und Breitenbrunn 73 Wohneinheiten und zusätzlich 35 Plätze angeboten. In Anbetracht der räumlich stark abweichenden Entwicklung der relevanten Altersgruppen wird es auch in den anderen Gemeinden zum Aufbau von Angeboten im Bereich des betreuten Wohnens kommen müssen. Gerade im Hinblick auf die Kostenverteilung zwischen ambulanter und stationärer Pflege erscheint eine solche Entwicklung wahrscheinlich. Zu bedenken ist, dass betreutes Wohnen nicht nur in zentralen Einrichtungen erfolgen kann, sondern auch in der eigenen Wohnung (nach entsprechendem altengerechten Umbau). Eine solche dezentrale Versorgung hat den Vorteil, dass der bisherige Lebensmittelpunkt erhalten werden kann. Die Versorgungsleistungen werden von mobilen Pflegediensten erbracht, welche bisher nur in der Stadt Johanngeorgenstadt angesiedelt sind. Die derzeitige Kapazität von 200 zu versorgenden Personen wird zu 80 % in Anspruch genommen.

Als weiterführende bzw. ergänzende Senioreninfrastruktur können die Clubs oder Altenbegegnungsstätten in den Gemeinden Raschau, Pöhla und dem Schwarzenberger Ortsteil Erla/Crandorf angesehen werden. Die Bedeutung dieser Einrichtungen könnte sich zunehmend als wesentlicher Kontakt- und Kommunikationspunkt für

---

[8] Nach den genannten Vorgaben des sächsischen Sozialministeriums sollen für 3 % der 65- bis 80-Jährigen und 13,2 % der über 80-Jährigen Pflegeheimplätze vorgehalten werden.

Senioren herausbilden, der ihnen u. a. die Möglichkeit bietet, weiterhin aktiv am öffentlichen Leben teilzunehmen. Die Angebote sollten dabei gezielt in Richtung gegenseitiger Hilfe und der Übernahme für die Kommune notwendiger ehrenamtlicher Aufgaben weiterentwickelt werden.

Zwischenfazit

Der hohe Anteil an „aktiven, rüstigen" Senioren sollte unterstützt werden, in anderen sozialen Bereichen Angebote zu unterhalten, die Kommunen in ländlichen Regionen finanziell nicht mehr realisieren oder nur noch zentralisiert anbieten können. Denkbar wäre die Einbindung rüstiger Senioren für zusätzliche Angebote im Bereich:

- der Altenpflege
  (Über ein Bonussystem könnten erbrachte Leistungen später für die eigene Pflege in Anspruch genommen werden.)
- der Kinderbetreuung
  (Durch „Leihomas" könnten neue soziale Kontakte aufgebaut werden und ergänzende Angebote zur Krippe oder Kita wohnortnah entstehen.)
- des Verkehrs
  (Gemeinsam könnte durch rüstige Senioren ein „Seniorentaxi" betrieben werden, welches im Sinne einer Fahrgemeinschaft ein zusätzliches Angebot zum immer weiter ausgedünnten ÖPNV darstellt.)
- des Tourismus
  (Durch den Einsatz z. B. für den Museumsdienst werden rüstige Senioren aktiv in das öffentliche Leben eingebunden und helfen zudem die Betriebskosten für die Gemeinden zu senken.)

Im Zuge der vor allem durch die zunehmende räumliche Entfernung zerfallenden familiären Beziehungen könnten die beschriebenen Beispiele dazu führen, neue soziale Angebote ohne große Investitionen zu entwickeln und somit zu einer qualitativen und quantitativen Verbesserung beitragen.

Inwieweit sich tschechische Angebote als Sonderfaktor in der Region auf die Seniorenversorgung auswirken, in dem z. B. Senioren ihren Wohnort ins kostengünstigere Nachbarland verlegen oder dortige mobile Dienste in Anspruch nehmen, ist heute schwer abschätzbar und bedarf einer weiteren Beobachtung.

2 Schlussfolgerungen

Durch die rückläufige Bevölkerungsentwicklung, die Veränderung der Altersstruktur sowie die räumliche Verschiebung der Nachfrage entsprechen viele soziale Infrastruktureinrichtungen nicht mehr der Nachfrage. Überlagert werden diese Tendenzen von angespannten kommunalen Finanzhaushalten. Nachdem bisher der Handlungsschwerpunkt vor allem auf der Behebung des Wohnungsleerstandes lag, sollte nun u. a. der Bereich der sozialen Infrastruktur mehr Beachtung erlangen.

Für die Anpassung der Strukturen an die künftige Entwicklung und die bereits jetzt absehbaren Nachfrageschwankungen werden vor allem sektoral übergreifende Versorgungskonzepte erforderlich, mit welchen die vorhandenen Ressourcen erheblich effektiver genutzt werden können (vgl. Winkel, Brandstetter 2001, 19).

Als generelle Handlungsstrategien für eine Anpassung der bestehenden Angebotspalette von sozialer Infrastruktur werden folgende Optionen angesehen:

- Erhöhung der Erreichbarkeit (bessere Verkehrsanbindung = höhere Auslastung)
- Verkleinerung (Aufgabenreduzierung entsprechend des tatsächlichen Nutzerrückgangs)
- Dezentralisierung (Schaffung kleinerer, effizienterer Einheiten)
- Zentralisierung (Zusammenlegung, um Tragfähigkeit zu gewährleisten)
- Temporär-mobile Ansätze (eingeschränkte zeitliche Verfügbarkeit anstatt von Schließung)
- Neustrukturierung (neue Art der Aufgabenerfüllung) (vgl. Thurn 2003, 715)

Betrachtet man diese Strategien im Kontext peripherer Räume, ergeben sich allerdings Einschränkungen. Eine Erhöhung der Erreichbarkeit mittels einer Ausweitung des ÖPNV-Angebotes wird für ländlich periphere Regionen schwer finanzierbar sein – aber alternative Lösungsmöglichkeiten wie Fahrgemeinschaften von Senioren (Seniorentaxi) könnten qualitative Verbesserungen mit sich bringen. Die Verkleinerung von Einrichtungen entsprechend der abnehmenden Nutzerzahlen ist v. a. in peripheren Räumen nur begrenzt umsetzbar, da vorhandene Räumlichkeiten nur unter erhöhten Investitionsaufwand zu verkleinern sind bzw. leer gefallene Räume anderen Nutzungen zugeführt werden müssen. Deshalb sollten eher Möglichkeiten geschaffen werden, die Räumlichkeiten sektoral übergreifend zu nutzen z. B. Computerpool für Senioren und Jugendliche oder Bürgerhäuser. Dezentralisierung und damit einen Erhalt der Vorort-Angebote könnte unter anderem erreicht werden, indem in ländlichen Regionen verstärkt Angebote z. B. der Kinderbetreuung über Leihomas oder Tagesmütter gefördert werden. Die Handlungsoption, Einrichtungen zu zentralisieren, wird oft im Schulsektor angewandt, indem nicht mehr tragfähige Einrichtungen geschlossen werden. Für periphere Räume kann dies jedoch nur sinnvoll sein, wenn damit zugleich erhebliche Verbesserungen bei der Erreichbarkeit (Schülertransport) einhergehen. Denkbar ist für periphere Regionen auch eine Kombination aus Dezentralisierung und Zentralisierung, z. B. werden Einrichtungen dezentral vorgehalten, jedoch zentral verwaltet. Das würde etwa im Schulsektor eine Stärkung der Filialschulen bedeuten und somit keinen erhöhten Schülertransport, sondern es wäre lediglich eine Koordination der Lehrer für unterschiedliche Einsatzorte erforderlich. Zur Weiterentwicklung der sozialen Infrastrukturangebote sind temporär-mobile Ansätze wie z. B. eine Ausweitung der mobilen Altenversorgung (Pflege, Einkauf oder ärztliche Versorgung) Möglichkeiten, vorhandene Angebote zu verbessern. Aber auch die in skandinavischen Ländern verbreiteten beschränkten Öffnungszeiten[9] sind für diese Regionen denkbar. Eine Neustrukturierung könnte in ländlichen peripheren Räumen bedeuten, dass z. B. neue Schulkonzepte (jahrgangsübergreifende Schulen) oder die Kommunikation über die neuen Medien (Verwaltungsangebote über Internetportale) etabliert werden.

Die genannten Ansätze bedürfen insbesondere in peripheren Räumen, wie der Untersuchungsregion unbedingt einer integrativen Einbindung in kommunale Gesamtstrategien. Außerdem ist eine Kooperation und Koordination auf regionaler Ebene erforderlich. Und nicht zuletzt ist die frühzeitige Einbeziehung der Bevölkerung für eine Akzeptanz und evtl. Modifikation der zu treffenden Maßnahmen unabdingbar. Denn Erfahrungen aus anderen europäischen Ländern zeigen, dass „... der Zugang zu Dienstleistungen und Infrastruktur für die Entwicklung ländlicher Räume ... lebenswichtig (ist)...." (Persson 2003, 721).

Literatur

Cottbuser Erklärung (2004): 14.05.2004, Demografischer Wandel – Herausforderungen an die Weiterentwicklung der Infrastruktur in den ländlichen Räumen Ostdeutschlands. In: http://www.regionale-anpassung.de/Meilensteine.htm

Fischer, D. (2003): Kita oder Vorschule – Die neue Schuleingangsphase in der Berliner Grundschule. In: Blz, Zeitschrift der GEW Berlin, Heft 3/2003.

Freie Presse (2003): „Freitagsschüler" erwartet – Im März fällt der Startschuss zu Projekt befreundeter Schulen. In: Freie Presse, 22.02.2003.

Lauterbach, C. (2004): Im Osten was Gutes. In: Sächsische Zeitung, 01.12.2004.

Maekler, G. (2003): Nichts bleibt unversucht – Eltern ringen erneut um Schüleranmeldungen für den Erhalt der Mittelschule Raschau. In: Freie Presse, 10.03.2003.

Persson, L. O. (2003): Anpassungsstrategien für Regionen mit starkem Bevölkerungsrückgang – gibt es solche Strategien in Schweden?. In: Bundesamt für Bauwesen und Raumordnung (Hrsg.) Informationen zur Raumentwicklung, Heft 12/2003, 719-723. Bonn.

Speichert, J. (2004): Praktizierte Erhaltung und Nachnutzung von brachgefallenen Gebäuden und Grundstücksflächen. In: Landesamt für Bauen, Verkehr und Straßenwesen, Abteilung Stadtentwicklung und Wohnen (Hrsg.), Dokumentation Workshop Soziale Infrastruktur und Stadtumbau, 37-39.

---

[9] So werden z. B. in kleinen Dörfern am Sognefjord (Norwegen), welche keine Einzelhandelsstandorte mehr besitzen, Postfilialen von Briefträgern zeitversetzt täglich eine halbe Stunde geöffnet.

Steininger, G. (2004): Nachhaltige Sicherung der Bildungs- und Sporteinrichtungen durch Konzentration und Qualitätsverbesserung der Standorte. In: Landesamt für Bauen, Verkehr und Straßenwesen, Abteilung Stadtentwicklung und Wohnen (Hrsg.), Dokumentation Workshop Soziale Infrastruktur und Stadtumbau, 33-36.

Thurn, Th. (2003): Handlungsansätze für ländliche Regionen mit starkem Bevölkerungsrückgang. In: Bundesamt für Bauwesen und Raumordnung (Hrsg.), Informationen zur Raumentwicklung, Heft 12/2003, 709-717. Bonn.

Thüringer Kultusministerium (1998): Dorfschulen schließen nicht wegen Lehrermangel. In: Pressemitteilung des Thüringer Kultusministeriums Nr. 3/98, Erfurt, 15. Januar 1998.

Thüringer Kultusministerium (2001): Zum Schuljahresabschluss Besuche im Saale-Holzland-Kreis. In: Pressemitteilung des Thüringer Kultusministeriums Nr. 83/2001, Erfurt, 14. Juni 2001.

Winkel, R. (2002): Stadtumbau Ost – Ein problematischer Wettbewerb?. In: SRL (Hrsg.): Planerin Heft 2/2002, 43-44.

Winkel, R.; Brandstetter, B. (2001): Perspektiven der Siedlungsentwicklung in Ostdeutschland, Dresden.

Winkel, R.; Fischer, A. (2004): Lösungsansätze bei der Anpassung von Einrichtungen der Sozialen Infrastruktur. In: Landesamt für Bauen, Verkehr und Straßenwesen, Abteilung Stadtentwicklung und Wohnen (Hrsg.), Dokumentation Workshop Soziale Infrastruktur und Stadtumbau, 25-29.

Winkel, R.; Fischer, A.; Brandstetter, B. (2003): Teilstudie: Auswirkungen des Bevölkerungsrückganges auf die Kommunalentwicklung unter besonderer Berücksichtigung der Schulen und Kindertagesstätten. In: Institut für ökologische Raumentwicklung – IÖR (Hrsg.), Umbau von Siedlungsstrukturen unter Schrumpfungsbedingungen als Grundlage einer nachhaltigen Entwicklung – Modellvorhaben im „Zentralen Erzgebirge um Johanngeorgenstadt".

Stadttechnische Infrastrukturanpassung bei Rückbau in Johanngeorgenstadt*

Torsten Schmidt, Lars Marschke

Einführung

Jede Nutzungsänderung und städtebauliche Umgestaltung hat Konsequenzen für die stadttechnischen Ver- und Entsorgungssysteme, bei Wachstum wie bei Schrumpfung. Allerdings lässt sich die stadttechnische Infrastruktur nicht in beliebig kleinen Schritten anpassen. Auch die Netzzusammenhänge sind zu beachten. Örtlich begrenzte Eingriffe haben im Netz oft weitreichende Auswirkungen. Bei größeren Verbrauchsrückgängen sind Anpassungs- und Rückbaumaßnahmen in den stadttechnischen Infrastrukturnetzen aus technischen und betriebswirtschaftlichen Gründen unumgänglich. Daher sind vor jeder Umbau- oder Rückbaumaßnahme zunächst die vorhandenen und die nachgefragten Kapazitäten der Infrastrukturnetze zu analysieren. Im Falle von Überschusskapazitäten, die mit betriebswirtschaftlichen Mehrkosten verbunden sind, spielt auch der bauliche Zustand der Netze eine entscheidende Rolle. Sind die Anlagen noch jung und in gutem Zustand, so rechnet sich ein Umbau oder Rückbau im Allgemeinen nicht. Dagegen lässt sich der Bau einer neuen Anlage ökonomisch rechtfertigen, wenn die alte Anlage bereits abgeschrieben ist oder sich in sehr schlechtem Zustand befindet. Bei der Erneuerung werden die Anlagen neu dimensioniert und den aktuellen und künftigen Erfordernissen angepasst. Ein weiterer Grund für die Erneuerung von Elementen der stadttechnischen Infrastruktur ergibt sich aus Kostenersparnissen bei gemeinsamer Erneuerung z. B. von Straße, Abwasserkanal oder Trinkwasserleitung, da hierdurch die spezifischen Erneuerungskosten der Teilsysteme gesenkt werden können.

Im Rahmen des vom Bund geförderten Modellvorhabens „Umbau von Siedlungsstrukturen unter Schrumpfungsbedingungen als Grundlage einer nachhaltigen Entwicklung" für die Region „Zentrales Erzgebirge um Johanngeorgenstadt" sollte auch die stadttechnische Infrastruktur in Johanngeorgenstadt auf ihr Anpassungs- und Rückbaupotenzial untersucht werden. Der nachfolgende Beitrag fasst die Ergebnisse einer vom Lehrstuhl Stadtbauwesen der TU Dresden durchgeführten Studie zusammen. Betrachtet wird nur das Stadtgebiet von Johanngeorgenstadt, da die Stadt aus städtebaulicher und versorgungstechnischer Sicht im Vergleich mit den anderen Gemeinden des Aktionsraumes „Zentrales Erzgebirge" den größten Problembereich darstellt. Allerdings sind die grundlegenden Erkenntnisse tendenziell auch auf die anderen Kommunen im Untersuchungsraum übertragbar.

* Dieser Beitrag beruht auf einer Studie der TU Dresden, Lehrstuhl Stadtbauwesen (Prof. Dr. Raimund Herz); Bearbeiter: R. Herz, M. Werner, L. Marschke, T. Schmidt.

Im ersten Teil der Studie wurde eine Bestandsanalyse für die vorhandenen Infrastruktursysteme der Medien Trinkwasser, Abwasser, Gas, Nahwärme und Elektroenergieversorgung hinsichtlich ihres Zustandes durchgeführt. Der zweite Teil zeigt die Konsequenzen des Stadtumbaus für die stadttechnische Infrastruktur in Johanngeorgenstadt anhand von Szenarien für städtebauliche Rückbauvarianten auf und versucht, ökonomische Folgen zu prognostizieren. Die Ergebnisse der Untersuchungen, die in Abstimmung mit dem Leibniz-Institut für ökologische Raumentwicklung entstanden, sind in diesem Beitrag zusammengefasst.

1 Zusammenhänge zwischen Stadtumbau und stadttechnischer Infrastruktur

Die Versorgungswirtschaft in den neuen Bundesländern steht derzeit vor zwei grundlegenden Problemen:

Zum einen ist seit 1990 ein drastischer Rückgang des Trinkwasserverbrauchs und damit auch des Schmutzwasseranfalls zu verzeichnen. Eine vergleichbare Entwicklung ist auch bei der Fern- bzw. Nahwärme zu registrieren. Die Absatzverluste betragen zum Teil 30 % und mehr. Ursachen hierfür sind ein verändertes Abnehmerverhalten infolge der Preis- und Gebührenanhebungen sowie der Einsatz verbesserter Sanitär- und Regelungstechnik. Darüber hinaus haben die Verschärfung der Wärmeschutzverordnung und die baulichen Maßnahmen zum verbesserten Wärmeschutz großen Einfluss auf die Verbrauchsreduzierung bei Raumwärme. Auch wenn die Systeme der Elektroenergie- und Erdgasversorgung von dieser Entwicklung scheinbar noch nicht betroffen sind, haben auch diese Sparten längerfristig mit Absatzschwierigkeiten vornehmlich im häuslichen Bereich zu rechnen.

Zum anderen führt der seit Ende der 90er Jahre zunehmende Leerstand von Wohnungen in unsanierten Altbaugebieten und in noch relativ jungen Plattenbausiedlungen, der schon Größenordnungen von über 20 % erreicht, zu einer weiteren Absatzreduzierung durch Kundenverlust. Allerdings sind hiervon alle Sparten der stadttechnischen Ver- und Entsorgung (Wasser, Abwasser, Wärme, Gas, Elektroenergie) betroffen. Bei einer Überlagerung von hohem Leerstand und niedrigen Verbrauchszahlen kann es insbesondere dort, wo ursprünglich wesentlich höhere Belastungen der Netzauslegung zugrunde lagen, wie z. B. in den Plattenbaugebieten, zu schwer beherrschbaren Betriebszuständen kommen. Charakteristische technische Folgen für die besonders betroffenen Systeme der Wasserversorgung und Abwasserentsorgung sowie der Fern- bzw. Nahwärmeversorgung sind:

Trinkwasser:

Längere Verweilzeit (>5 bis 7 Tage) des Trinkwassers im Leitungssystem aufgrund der deutlich geringeren Abnahmedichte und der daraus resultierenden Überdimensionierung bewirkt eine Beeinträchtigung der Wasserqualität. Verschärft wird das Problem durch die im Regelwerk geforderten Mindestnennweiten und die Dimensionierung nach dem Lastfall „Löschwasserbedarf" im öffentlichen Netz.

Abwasser:

Aufgrund geringerer Abflussgrößen kommt es besonders in Schmutzwasserleitungen des Trennsystems, die ohnehin aufgrund der geforderten Mindestnennweiten in großen Teilen hydraulisch überdimensioniert sind, verstärkt zu Ablagerungen (Fließgeschwindigkeiten <0,5 m/s; Füllstand <5 cm). Daraus resultierende Abbauprozesse führen zu Geruchsbelästigungen und erhöhter Korrosionsgefahr. In Mischwasserkanälen können die Ablagerungen nach Regenereignissen zu erhöhter Schmutzfrachtbelastung der Gewässer führen.

Fern- bzw. Nahwärme:

Bei aufgrund des verringerten Wärmeabsatzes überdimensionierten Leitungen führen die geringeren Fließgeschwindigkeiten zu höheren Wärmeverlusten (Transportzeiten >2 Tage). Im Allgemeinen wird auch die Effizienz von Pumpen und Erzeugeranlagen beeinträchtigt.

Die Leitungsnetze der Ver- und Entsorgung sind aufgrund des Systemcharakters im Rahmen ihrer Betreibung nur eingeschränkt anpassungsfähig an Absatzrückgänge dieser Größenordnung. Dabei variiert die Anpassungsfähigkeit je nach Medium. Während sich Elektroenergie und Gasversorgung aufgrund der verschiedenen Netzebenen Mittelspannung/Niederspannung bzw. Mitteldruck/Niederdruck relativ gut anpassen lassen, besitzen die Systeme für Fernwärme, Trinkwasser und Abwasser eine deutlich geringere Flexibilität. Anpassungen können in der Regel nur netzseitig und nicht betrieblich erfolgen, sodass die Netze nicht kurzfristig an die jeweilige Abnahmesituation angepasst werden können. Eine Anpassung netztechnischer Art erfordert stets größere Investitionen und sollte auf einen längerfristigen Planungshorizont hin ausgelegt sein.

Zwischen den Veränderungen der Stadtstruktur, die vom Stadtumbau, d. h. von der Verringerung der Siedlungsdichte in unterschiedlicher Ausprägung bis hin zum Rückbau kompletter Wohnquartiere reichen, den notwendigen Anpassungen und Ansätzen für eine Neuorientierung der stadttechnischen Infrastruktur sowie den daraus resultierenden Folgekosten besteht eine enge Wechselbeziehung. Die Konsequenzen für die Systeme der stadttechnischen Ver- und Entsorgung und die damit verbundene Kostenentwicklung sind der Öffentlichkeit aber bisher noch nicht in vollem Ausmaß bewusst geworden.

In Rückbaugebieten können die aus Rückbau resultierenden Belastungen für die Ver- und Entsorgungswirtschaft erheblich sein. Aus Sicht der stadttechnischen Ver- und Entsorger sind Siedlungsstrukturen hoher Dichte und einer damit verbundenen hohen Abnahmedichte wirtschaftlich günstiger und erhaltenswerter als Gebiete mit lockerer Bebauung. Darüber hinaus sind für städtebauliche Eingriffe Gebiete zu bevorzugen, in denen die vorhandenen Leitungssysteme aufgrund ihres Zustandes und Alters ohnehin einer Sanierung oder Erneuerung bedürfen. Dem steht aber aus städtebaulicher Sicht entgegen, dass sich der Leerstand weitgehend auf den mehrgeschossigen Wohnungsbau sowohl in Alt- als auch in Plattenbaugebieten – also auf die infrastrukturell günstig erschlossenen dichten Baugebiete – konzentriert. Gleichzeitig ist in diesen Gebieten der strukturelle Handlungsbedarf am größten. Aus pragmatischen Gründen wird die Hauptlast der städtebaulichen Umgestaltung bei den kommunalen und genossenschaftlichen Wohnungsträgern liegen. Bei den Szenarien des Stadtumbaus zum Zweck des Wohnungsrückbaus lassen sich drei grundsätzliche Möglichkeiten unterscheiden (vgl. Herz 2002):

a) „Disperser" Rückbau durch Teilabriss, verteilt über die ganze Siedlungsfläche

b) Standortbezogener partieller Rückbau von Geschossen und/oder Gebäudesegmenten

c) Kompletter, flächiger Rückbau von Bebauungsstrukturen.

Die Möglichkeiten für die stadttechnische Infrastruktur sind unterschiedlich zu beurteilen: Möglichkeit a) führt zu einer Verringerung der Siedlungsdichte im gesamten Stadtgebiet. Die daraus resultierende Abnahmeverringerung hat Auswirkung auf die gesamte Netzstruktur. Bei Möglichkeit b) konzentrieren sich die Auswirkungen weitestgehend auf den unmittelbaren jeweiligen Standortbereich. Ein Rückbau der Netzstruktur ist auch hier kaum möglich. Beim Abbruch von Gebäudesegmenten sind zusätzlich investive Maßnahmen für Umverlegungen erforderlich. Für die betroffenen Leitungsabschnitte sind darüber hinaus die teilweise erheblichen Buchwertverluste zu berücksichtigen. Möglichkeit c) erfordert zwar höhere Aufwendungen für den Rückbau der Leitungen und Anlagen, sie ist aber die einzige Möglichkeit, um einer weiteren Ausdünnung der Abnehmerdichte (bezogen auf die Leitungslänge) dauerhaft begegnen zu können. Aus Sicht der stadttechnischen Infrastruktur sind im Rahmen des Stadtumbaus folgende Grundsätze zu beachten:

- Kompletter Rückbau von Siedlungsbereichen einschließlich der stadttechnischen Netze und Anlagen unter Beachtung der Erschließungsrichtung, d. h. in der Regel von außen nach innen.
- Bei Stadtumbau mit partiellen Eingriffen sollte die Nutzung vorhandener Leitungssysteme weitgehend gewährleistet werden.
- Im Bereich von Hauptachsen der Ver- und Entsorgung ist städtebaulicher Rückbau zu vermeiden.
- Stadtumbau sollte vorrangig auf Bereiche konzentriert werden, wo mittelfristig ohnehin Maßnahmen zur Erneuerung oder Anpassung der stadttechnischen Systeme erforderlich werden.

Ohne eine enge Kooperation zwischen Kommune und Versorgungswirtschaft sind die vorstehenden Prämissen im Interesse einer wirksamen Kostendämpfung nicht umsetzbar.

2 Analyse der stadttechnischen Systeme

2.1 Trinkwasser

Die Trinkwasserversorgung in Johanngeorgenstadt wird durch den Zweckverband Wasserwerke Westerzgebirge betrieben. Das Wasserversorgungsnetz hat eine Gesamtlänge von etwa 55 km und ist in 5 Druckzonen unterteilt (Abb. 1). Die ältesten Leitungen stammen aus dem Jahr 1895. Ab 1950 erfolgte parallel zum Ausbau der Stadt auch eine sprunghafte Erweiterung des Trinkwassernetzes. Bis zum Jahr 1965 hatte das Netz eine Gesamtlänge von ca. 40 km. Als Material kam vorwiegend Stahl, in kleineren Mengen auch Guss und Asbestzement zum Einsatz. Zwischen 1965 und 1990 wurden nur ca. 4 km Leitungen neu verlegt. Ab 1985 wurden verstärkt PE und PVC als Materialien eingesetzt. Das Durchschnittsalter liegt bei ca. 50 Jahren. Der Zustand des Netzes ist im Allgemeinen als gut einzuschätzen, innerhalb des hervorgehobenen Korridors als sehr gut (Abb. 1).

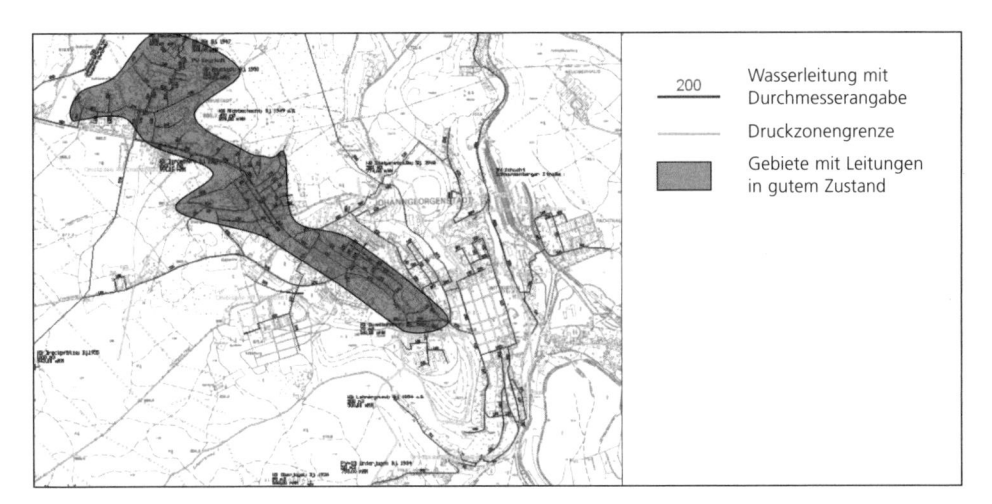

Abb. 1: Trinkwassernetz in Johanngeorgenstadt

2.2 Abwasser

Das Kanalnetz von Johanngeorgenstadt hat eine Gesamtlänge von 28,6 km. Die Entwässerung erfolgt teils im Mischsystem, teils im Trennsystem. Im Jahre 1999 wurde am tiefsten Punkt der Stadt eine neue Zentralkläranlage errichtet (Abb. 2). Die ältesten Kanäle sind etwa 50 Jahre alt. Das durchschnittliche Alter liegt dagegen bei etwa 30 Jahren. Als Materialien kamen hauptsächlich Steinzeug, Beton und Guss zum Einsatz. Nach der politischen Wende 1989 wurden 7,8 km erneuert oder neu gebaut. Das entspricht etwa einem Drittel des Gesamtnetzes. Das Abwasserbeseitigungskonzept des zuständigen Zweckverbandes (ZWW) sieht vor, das Trennsystem weiter auszubauen. Dabei werden neue Schmutzwasserkanäle gebaut und die vorhandenen Mischwasserkanäle als Regenwasserkanäle genutzt.

In Johanngeorgenstadt ist ein Vollanschlussgrad von 78,1 % erreicht. Zählt man die Teilanschlüsse hinzu, ergibt sich ein Anschlussgrad von 88,5 %. Etwa 11,5 % der Bevölkerung hat keinerlei Anschluss an Kanalisation oder Kläranlage. Bis 2006 strebt der ZWW einen Anschlussgrad von 99 % an.

Der allgemeine Zustand des Netzes ist gut. Als sehr gut wurden die hervorgehobenen Flächen betrachtet (Abb. 2), da diese bereits im Trennsystem entwässern.

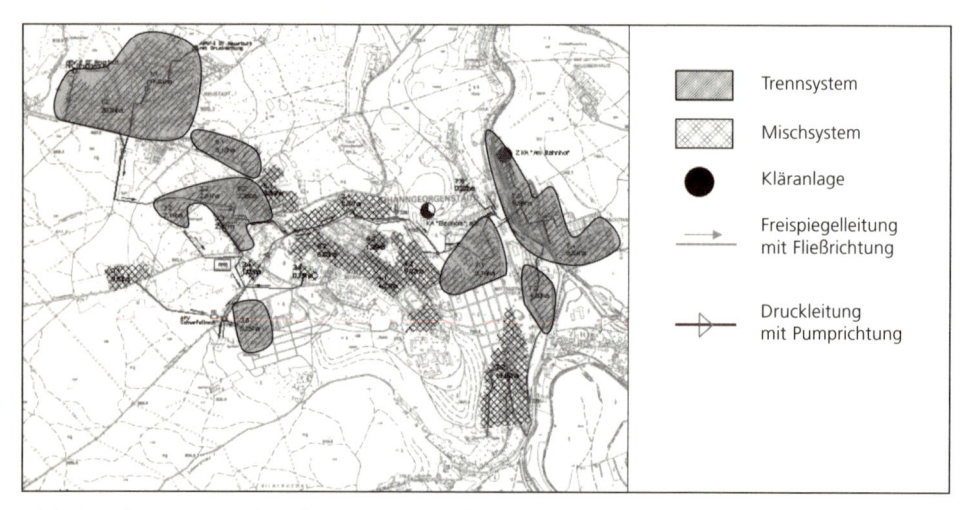

Abb. 2: Abwassernetz in Johanngeorgenstadt

2.3 Gas

Mit der Umstellung von Stadtgas auf Erdgas 1992/1993 wurden die Voraussetzungen für eine sichere Gasversorgung auch im Hinblick auf die Raumwärmeversorgung geschaffen. Verantwortlicher Versorger für das Ortsnetz mit einer Länge von etwa 13,7 km ist die Erdgas Südsachsen GmbH.

Das Netz ist aufgrund der Höhenverhältnisse und der Siedlungsstruktur unterteilt in drei Teilbereiche, die über gesonderte Reglerstationen mit dem regionalen Hochdrucksystem verbunden sind. Aufgrund der topographischen Verhältnisse werden die Ortsnetzbereiche weitgehend mit Mitteldruck betrieben. Über einen gesonderten Regler werden im Bereich Mittelstadt Netzteile mit Niederdruck versorgt.

Im Zuge der Modernisierung und Instandsetzung von Gebäuden und Gewerbeeinrichtungen erfolgt der weitere Ausbau des Niederdrucknetzes unter Beachtung wirtschaftlicher Erschließungsaufwendungen. In der Netzübersicht (Abb. 3) sind die Besonderheiten gut zu erkennen. Das Gasnetz befindet sich in einem sehr guten Zustand. Die eingefärbten Flächen symbolisieren die angeschlossenen Gebiete.

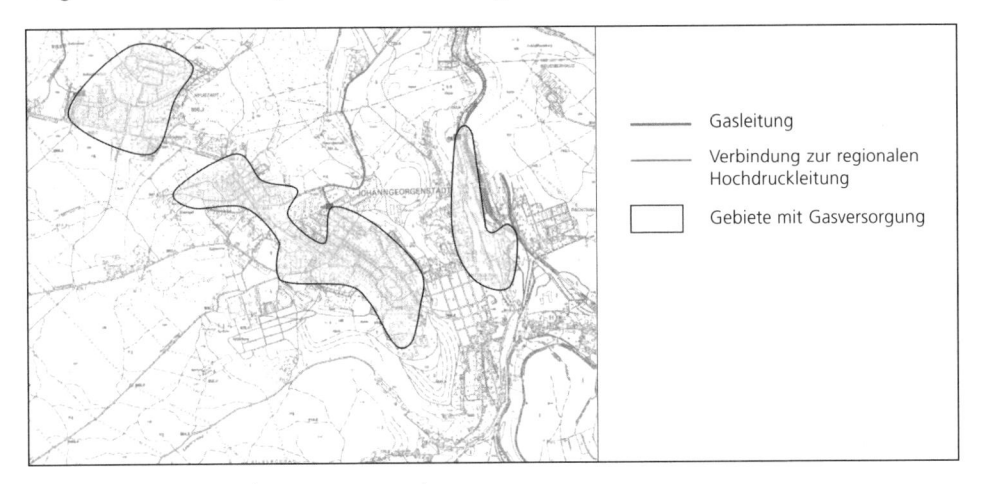

Abb. 3: Gasnetz in Johanngeorgenstadt

2.4 Nahwärme

Johanngeorgenstadt verfügt zwar nicht über eine zentrale Wärmeversorgung, doch es gibt ein begrenztes Nahwärmesystem für die Raumwärme- und Warmwasserversorgung des Plattenbaugebietes „Am Pulverturm" (Abb. 4). Das Nahwärmesystem ist seit 1986/87 in Betrieb und befindet sich in gutem Zustand. 1991 wurde ein neues Heizhaus auf der Basis von leichtem Heizöl errichtet. Die Kapazität des Heizwerks ist aufgrund der veränderten Bedingungen nicht vollständig ausgelastet.

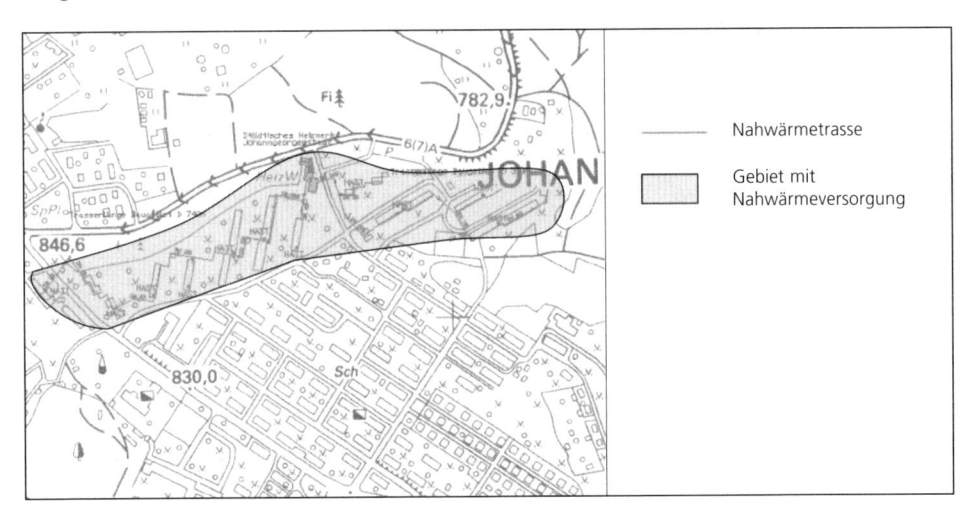

Abb. 4: Nahwärmenetz in Johanngeorgenstadt

Die Wärmeverteilung erfolgt über zwei Heizkreise, einen östlichen und einen westlichen, mit unterschiedlichem Druckniveau aufgrund des großen Höhenunterschiedes im Gebiet. Die Rohrtrassenlänge in den Dimensionen DN 125 bis DN 65 umfasst 1,25 km. Die Leitungstrasse verläuft sowohl unterirdisch in Haubenkanälen als auch im Gebäude. Der unmittelbaren Gebäudeversorgung dienen 11 Hausanschlussstationen, die jeweils einen Versorgungsbereich von 40-140 Wohnungen umfassen.

2.5 Elektroenergie

Die Elektroenergieversorgung wird durch die *envia* Mitteldeutsche Energie AG über das 30/10-kV-Umspannwerk Johanngeorgenstadt im Bereich Altstadt gesichert. Das Umspannwerk ist über eine 30-kV-Freileitung aus dem Umspannwerk Rittersgrün an das regionale Hochspannungsnetz angebunden. Die 10-kV-Mittelspannungsversorgung ist als Ringsystem aufgebaut. In das System sind 60 Trafostationen eingebunden, von denen der größte Teil dem Versorger gehört. Das Ortsnetz wird von rd. 55 km Mittelspannungsleitungen mit einem Erdverlegungsanteil von 95 % und rd. 69 km Niederspannungsleitungen, die etwa zur Hälfte als Freileitungen geführt sind, gebildet.

Durch die umfangreichen Erneuerungen nach der Wende, sowohl im Kabel- als auch im Anlagenbereich, sind Zustand und Leistungsfähigkeit des Versorgungssystems als sehr gut einzuschätzen. Das Netz ist in Abbildung 5 dargestellt.

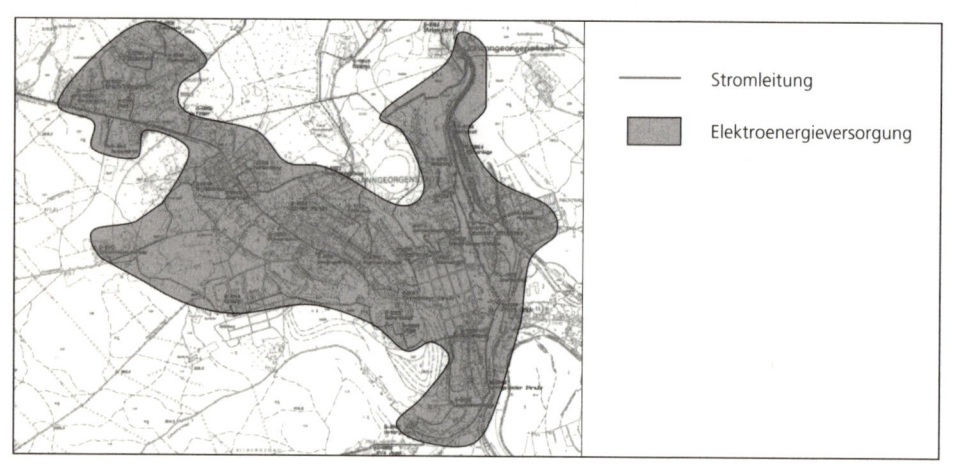

Abb. 5: Elektroenergienetz in Johanngeorgenstadt

2.6 Zustandseinschätzung

Die sehr heterogene und aufgelockerte Siedlungsstruktur prägt die leitungsgebundene stadttechnische Erschließung in Johanngeorgenstadt ganz entscheidend. Die Konsequenz sind große Netzlängen bei relativ geringer Anschlussdichte, wie am Beispiel der Wasserversorgung bei einer spezifischen Netzlänge von rd. 9,5 m/Einwohner deutlich wird. Für die Bundesrepublik liegt der Durchschnittswert bei ca. 6 m/Einwohner und für eine vergleichsweise dichte Bebauung, wie in Dresden, bei rd. 4 m/Einwohner. Eine weitere Ausdünnung der Siedlungsstruktur sollte deshalb nach Möglichkeit vermieden werden. Durch Überlagerung der einzelnen Medien entstehen die in Abbildung 6 dargestellten stadttechnisch günstigen Korridore. Der eine Bereich erstreckt sich von der Neustadt in südöstlicher Richtung über die obere, die mittlere und die untere Mittelstadt bis in die nordwestliche Altstadt, während der andere Bereich sich in Wittigsthal rings um den Bahnhof befindet. Der zweite Teil ist aus städtebaulicher Hinsicht weniger relevant, da dort kaum Wohnbebauung vorhanden ist.

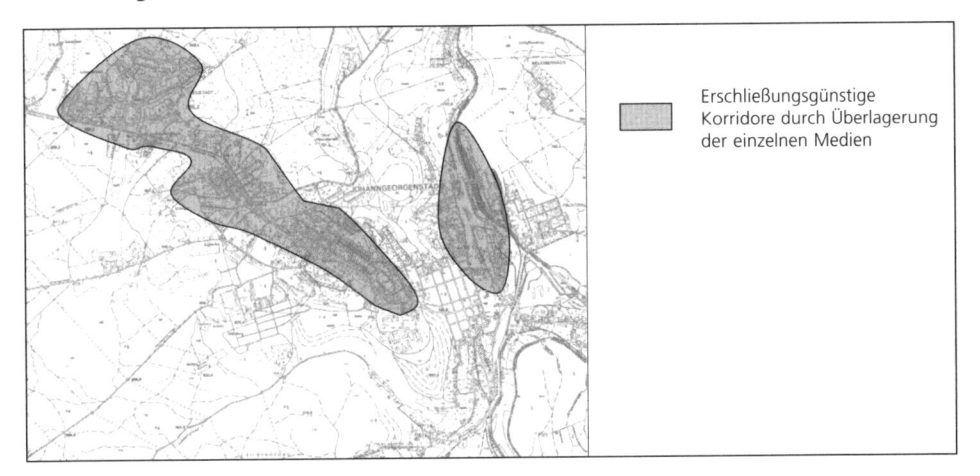

Abb. 6: Stadttechnisch günstige Korridore

Die stadttechnische Ver- und Entsorgung in Johanngeorgenstadt ist mit gut bis befriedigend einzuschätzen. Defizite und Mängel hinsichtlich Zustand und netztechnischer Ausstattung wurden nach der Wende bereits in großem Umfang abgebaut. Für die Wasserversorgung und die Abwasserentsorgung sind die noch erforderlichen Maßnahmen bereits ausgewiesen.

3 Konsequenzen des Bevölkerungsrückganges und Handlungsoptionen

3.1 Entwicklungstrends

Um Handlungsempfehlungen für den Umgang mit stadttechnischer Infrastruktur in Johanngeorgenstadt geben zu können, müssen zuerst die Absatz- bzw. Anfallentwicklungen untersucht werden. Als eine entscheidende Einflussgröße wird dabei die Einwohnerzahl betrachtet. Die Bevölkerungsprognose der TU Dresden (siehe den Beitrag von Matern in diesem Band) geht davon aus, dass die Bevölkerung bis zum Jahr 2016 um etwa 37 % auf unter 4 000 Einwohner fällt. Die Anzahl der Haushalte geht etwas langsamer zurück, da die durchschnittliche Haushaltsgröße abnimmt. Bis 2016 wird ein Wohnungsüberhang von etwa 2 200 Wohnungen erwartet, von denen laut INSEK allerdings 1 027 bereits bis 2006 zurückgebaut werden sollen.

Durch städtische Schrumpfungsprozesse summieren sich Abnehmerrückgang und Rückgang der spezifischen Verbräuche zum Gesamtbedarfsrückgang (vgl. Abb. 7). Der Trinkwasserbedarf wird voraussichtlich um 29 % zurückgehen. Dabei wurde ein häuslicher Pro-Kopf-Verbrauch von 80 Liter pro Tag (derzeit etwa 77 l/(P*d)) angenommen. Gegenüber Planungen aus dem Jahr 1999 ist der Trinkwasserbedarf um mehr als 60 % zurückgegangen. Der Abwasseranfall wird nur um etwa 8 % zurückgehen, da hier der Bevölkerungsrückgang durch einen erhöhten Anschlussgrad teilweise kompensiert werden soll. Im Energiesektor wird der Raumwärmebedarf für Wohngebäude bei Annahme eines konstanten Wärmebedarfes pro Wohneinheit um mehr als 30 % abnehmen. Aufgrund verschärfter Wärmeschutzvorschriften und sich änderndem Kundenverhalten kann dieser Rückgang noch stärker ausfallen. Der Elektroenergiebedarf fällt entsprechend der Anzahl der Haushalte um 32 %. Eine stärkere Reduzierung ist hier aufgrund des immer noch leicht steigenden Ausstattungsgrades der Haushalte mit elektrischen Geräten kaum zu erwarten.

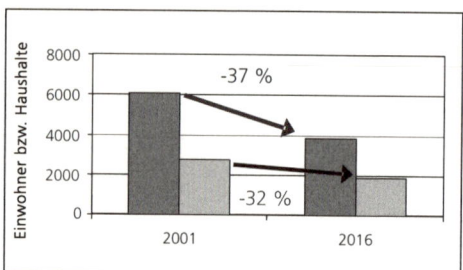

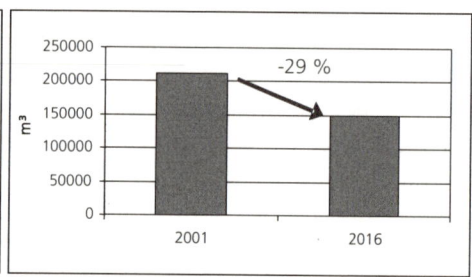

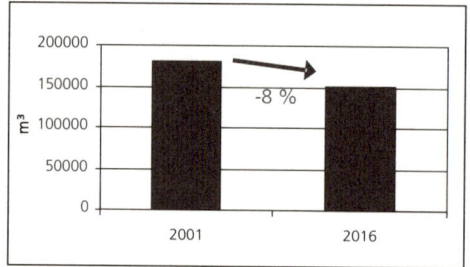

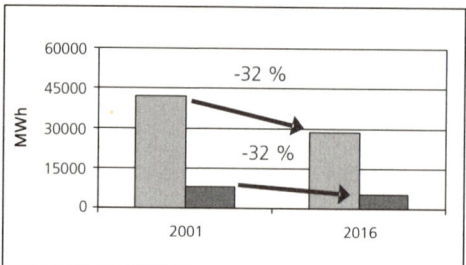

Abb. 7: Entwicklungstrends in Johanngeorgenstadt bzgl. des stadttechnischen Versorgungsbedarfes

3.2 Handlungsoptionen

Ein Maß für die Effizienz der stadttechnischen Erschließung ist der spezifische Erschließungsaufwand in Leitungslänge pro Einwohner. Dabei werden die öffentlichen Leitungen ohne die privaten Hausanschlussleitungen betrachtet. In der Expertise zur „Anpassung der technischen Infrastruktur" (Herz, Werner, Marschke 2002) sind durchschnittliche Werte in Deutschland für die verschiedenen Medien dargestellt. Johanngeorgenstadt weist heute in etwa diese Werte auf. Bei gleich bleibender Netzlänge und dem bis 2016 zu erwartenden Bevölkerungsrückgang steigen die Werte deutlich über den Bundesdurchschnitt (Tab. 1). Damit sinkt die Effizienz der Erschließung, und die Kosten für die Netzbetreiber steigen.

Tab. 1: Entwicklung des spezifischen Erschließungsaufwandes ohne Rückbau

Infrastruktur	Bundesdurchschnitt m/E	Johanngeorgenstadt 2001 m/E	Johanngeorgenstadt 2016 m/E
Trinkwasser TW	6,0	9,0	14,3
Abwasser AW	6,0	6,0	7,4
Gas G	5,0	4,4	6,9
Fernwärme FW	0,6	0,7	1,1
Strom ELT	20,0	20,3	32,1
Gesamt	37,6	40,4	61,8

Unter den gegebenen Umständen ergibt sich aus stadttechnischer Sicht für den Stadtumbau in Johanngeorgenstadt, dass Rückbau im stadttechnisch günstigen Korridor (Abb. 6) möglichst vermieden werden sollte. Dann beträgt das verbleibende Rückbaupotenzial allerdings nur etwa 600 Wohneinheiten, hauptsächlich in Ein- und Zweifamilienhäusern. Gemessen am Wohnungsüberhang von etwa 2 200 Wohneinheiten ist das nicht genug. Außerdem wäre der Rückbau von Gebäuden in Privateigentum nicht umsetzbar und auch aus städteplanerischer Sicht unvernünftig. Einzige Alternative ist ein flächenhafter Rückbau im stadttechnisch günstigen Korridor mit Aufgabe der Wohngebiete des kommunalen Wohnungsbaus. Dabei erschließt sich ein Rückbaupotenzial von ca. 2 100 Wohneinheiten. Der Rückbau ganzer Teilnetze der stadttechnischen Infrastruktur wäre möglich und würde zur Verringerung des spezifischen Erschließungsaufwandes und damit zur Entlastung des jeweiligen Ver- bzw. Entsorgers beitragen.

Um Vor- und Nachteile der Strategien besser erkennen zu können, wurden 3 Rückbauvarianten mit der Status-quo-Variante (ohne Rückbau) verglichen. Alle 4 Varianten werden in den folgenden Abschnitten kurz vorgestellt.

Für jede Variante wurde eine vereinfachte Preis- bzw. Gebührenprognose erstellt. Außerdem wurden das stadttechnische Rückbaupotenzial und die dadurch entstehenden Rückbaukosten überschlägig ermittelt. Bei der Preis- und Gebührenprognose wurde angenommen, dass das aktuelle Einnahmenniveau auch in Zukunft erreicht werden muss, um ein funktionsfähiges Netz zu erhalten. Inflation und Preissteigerungen wurde vernachlässigt, um die tatsächliche Steigerung der Gebühren durch Schrumpfung zu ermitteln. Mit den ausgewiesenen Basistarifen für Privatkunden wurde unter Vernachlässigung des Gewerbeanteils für jedes Medium ein Meterertragswert berechnet. Dieser Wert muss, ausgehend vom Sächsischen Kommunalabgabengesetz § 10, nach dem Versorgungsunternehmen kostendeckend arbeiten sollen, konstant erwirtschaftet werden, unabhängig von der Zahl der angeschlossenen Abnehmer bzw. Kunden. Für das Jahr 2016 wurden die dann vorhandenen Netzlängen und die noch vorhandenen Kunden mit den jeweils prognostizierten Abnahmemengen betrachtet. Aufgrund weiterer preisbildender Einflüsse, wie Abschreibungen, Restbuchwertverluste usw., die in der Prognose nicht betrachtet wurden, sind die Ergebnisse lediglich als Trend zu werten (Herz, Werner, Schmidt, Marschke 2004).

3.2.1 V0: Status quo

In der Status-quo-Variante (Abb. 8) wird kein Rückbau von Wohneinheiten vorgenommen. Dadurch entsteht auch kein Potenzial für den Rückbau von stadttechnischer Infrastruktur. Durch die damit unverändert bleibende Netzlänge bei abnehmender Bevölkerungszahl entsteht eine spezifische Leitungslänge von 61,8 m pro Einwohner. Das liegt weit über dem heutigen Bundesdurchschnitt, der 1999 bei ca. 38 m pro Einwohner lag. Den Ver- und Entsorgungsunternehmen entstehen durch die Unterhaltung und den Betrieb des Netzes hohe Kosten. Andererseits können die Rückbaukosten eingespart werden. In der Kostenprognose steigen dadurch die jährlichen Kosten für einen an alle Medien angeschlossenen Haushalt im Jahre 2016 auf 138 % gegenüber dem Basisjahr 2001 an.

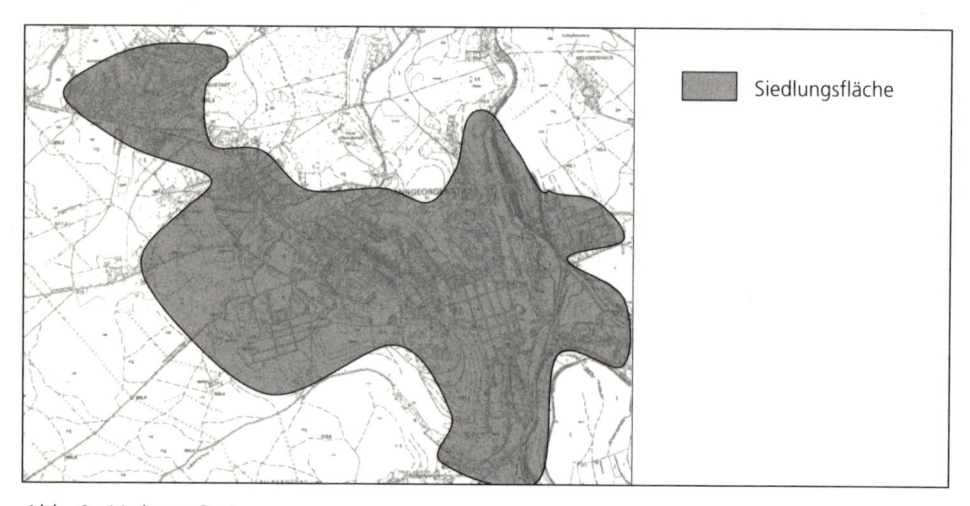

Abb. 8: Variante Status quo

3.2.2 V1: Konzentration der Siedlungsgebiete auf stadttechnisch günstige Korridore

In der Variante 1 werden die Siedlungsgebiete rings um die stadttechnisch günstigen Korridore sowie Teile des Plattenbaugebietes „Pulverturm" zurückgebaut (Abb. 9). Dabei werden etwa 1 400 Wohneinheiten abgerissen. Da der Rückbau fast alle dünn besiedelten Stadtgebiete umfasst, ergibt sich ein großes Rückbaupotenzial für die stadttechnische Erschließung (Tab. 2). Die spezifische Leitungslänge wird für das Jahr 2016 auf 51,5 m pro Einwohner prognostiziert, das entspricht einer Absenkung um etwa 10 m pro Einwohner gegenüber der Status-quo-Variante. Es entstehen aber auch hohe Rückbaukosten von ca. 1,8 Mio. EUR, die durch die Ver- und Entsorgungsunternehmen getragen werden müssen. Diese Kosten wurden mithilfe von Einheitsrückbaukosten berechnet. Die jährlichen Kosten für einen an alle Medien angeschlossen Haushalt betragen etwa 121 % gegenüber dem Basisjahr 2001. Das entspricht einer Kosteneinsparung von etwa 17 % gegenüber der Status-quo-Variante.

Tab. 2: Rückbaupotenzial der stadttechnischen Infrastruktur für Variante 1

	Rückbaupotenzial	Rückbaukosten EUR	Spez. Leitungslänge 2016 m/E
TW	15,9 km + 8 Hochbehälter	855.000	10,1
AW	5,4 km	540.000	6,0
G	2,5 km	125.000	4,6
FW	gesamt	94.000	entfällt
ELT	5,1 km + 18 Trafostationen	192.000	30,8
Gesamt		rund 1.800.000	51,5

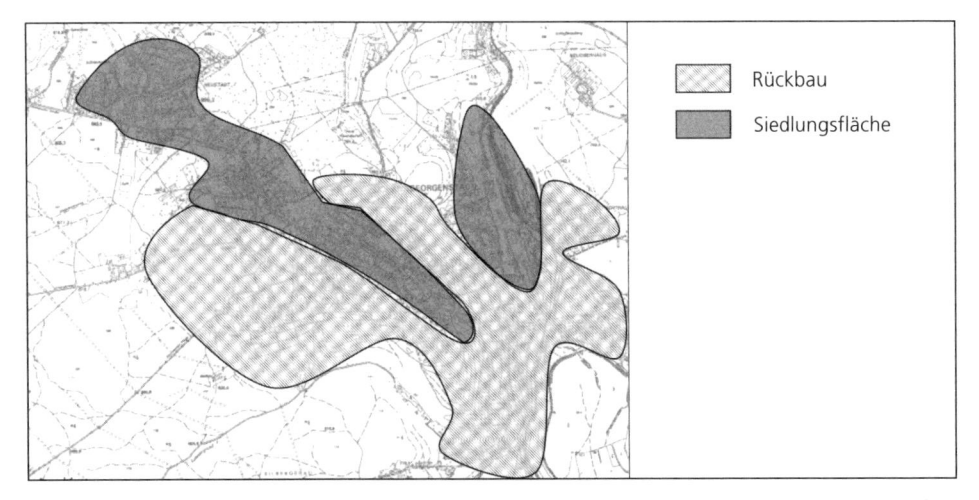

Abb. 9: Variante 1: Konzentration der Siedlungsgebiete auf stadttechnisch günstige Korridore

3.2.3 V2: Flächiger Rückbau Neustadt / Plattenbaugebiet „Pulverturm"

In Variante 2 werden ca. 2 100 Wohneinheiten in der Neustadt und der Mittelstadt (Plattenbaugebiet „Pulverturm") zurückgebaut (Abb. 10). Der Rückbau findet dadurch zwar gerade in den stadttechnisch günstig erschlossenen Gebieten statt, bietet aber auch die Möglichkeit des Rückbaus ganzer Netzteile. Das Rückbaupotenzial der stadttechnischen Infrastruktur ist relativ hoch (Tab. 3). Die spezifische Leitungslänge wird für 2016 auf 53,5 m pro Einwohner prognostiziert. Das bedeutet eine Reduzierung gegenüber dem Status-quo-Szenario von 8,3 m pro Einwohner. Durch den Rückbau entstehen Kosten von etwa 1 Mio. EUR. Betrieblich ergeben sich Vorteile für die Ver- bzw. Entsorgungsunternehmen, da das Netz nicht nur ausgedünnt wird, sondern ganze Netzteile entfernt werden können. Der Rückbau erfolgt im teilweise bereits sanierten Mehrfamilienhausbestand, größtenteils im Eigentum kommunaler Wohnungsgesellschaften. Die jährlichen Kosten für einen an alle Medien angeschlossenen Haushalt betragen etwa 114 % gegenüber dem Basisjahr 2001. Das entspricht einer Kosteneinsparung von etwa 24 % gegenüber der Status-quo-Variante.

Tab. 3: Rückbaupotenzial der stadttechnischen Infrastruktur für Variante 2

	Rückbaupotenzial	Rückbaukosten EUR	Spez. Leitungslänge 2016 m/E
TW	5,0 km + 3 Hochbehälter	272.000	13,0
AW	2,5 km	250.000	6,8
G	4,5 km + 1 Regelstation	230.000	3,7
FW	gesamt	94.000	entfällt
ELT	8,2 km + 8 Trafostationen	204.000	30,0
Gesamt		rund 1.050.000	53,5

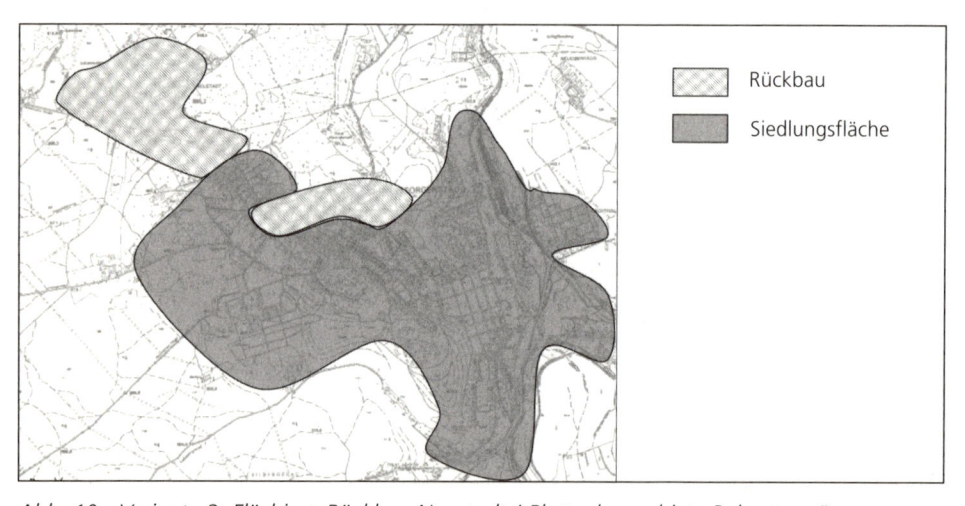

Abb. 10: Variante 2: Flächiger Rückbau Neustadt / Plattenbaugebiet „Pulverturm"

3.2.4 V3: Rückbau nach Studie zur Siedlungs- und Freiraumentwicklung

Diese Rückbauvariante wurde nach den Vorgaben aus der Teilstudie zur Siedlungs- und Freiraumentwicklung entwickelt (vgl. den Beitrag von Sieweke in diesem Band). Dabei sollen etwa 1 400 Wohneinheiten hauptsächlich in Neu- und Mittelstadt rückgebaut werden. Dazu gehört auch das Plattenbaugebiet „Pulverturm" (Abb. 11). Genauere Angaben liegen nicht vor. Durch den relativ weit gestreuten Rückbau von Gebäuden entsteht eine polyzentrische Stadtstruktur. Dadurch ist das Rückbaupotenzial der stadttechnischen Infrastruktur gering (siehe Tab. 4), da weder ganze Teilnetze noch größere Netzteile zurück gebaut werden können. Mit Kosten für Rückbau in Höhe von etwa 0,4 Mio. EUR kann die spezifische Leitungslänge im Jahr 2016 gegenüber dem Status-quo-Szenario um 3,8 m pro Einwohner gesenkt werden. Die jährlichen Kosten für einen an alle Medien angeschlossen Haushalt betragen etwa 131 % gegenüber dem Basisjahr 2001. Das entspricht einer Kosteneinsparung von etwa 7 % gegenüber der Status-quo-Variante.

Tab. 4: Rückbaupotenzial der stadttechnischen Infrastruktur für Variante 3

	Rückbaupotenzial	Rückbaukosten EUR	Spez. Leitungslänge 2016 m/E
TW	2,7 km	135.000	13,6
AW	0,5 km	50.000	7,3
G	1,4 km	70.000	5,0
FW	gesamt	94.000	entfällt
ELT	2 Trafostationen	10.000	32,1
Gesamt		rund 360.000	58,0

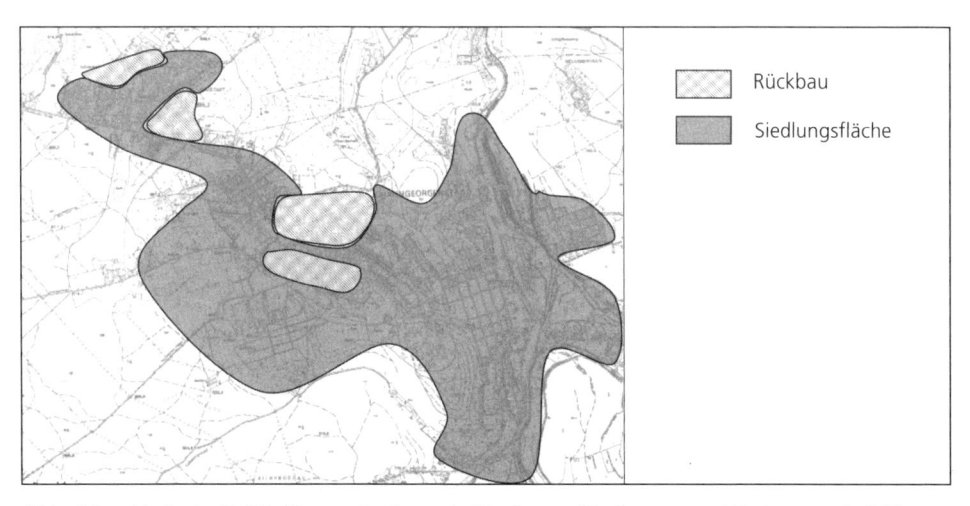

Abb. 11: Variante 3: Rückbauvariante nach Studie zur Siedlungs- und Freiraumentwicklung

3.3 Fazit

Der Vergleich der 4 Varianten zeigt, dass sich der Rückbau stadttechnischer Infrastrukturen trotz hoher Rückbaukosten auch für den Kunden lohnen kann. Durch ein hohes Rückbaupotenzial steigen zwar die Rückbaukosten und Buchwertverluste, allerdings spart man künftig bei Reparaturen, Abschreibungen und Sanierung. Die jährlichen Gebühren pro Haushalt werden unabhängig vom tatsächlichen Verbrauch in jedem Fall empfindlich steigen, da die entstehenden Kosten auf weniger Verbraucher umgelegt werden müssen. Durch Rückbau von Infrastrukturen kann der Kostenanstieg deutlich gedämpft werden (siehe Tab. 5). Daher sollte auch der Rückbau von stadttechnischen Infrastrukturen durch Fördermittel unterstützt werden, um so eine rechtzeitige Anpassung der Netze zu unterstützen. Innerhalb des städtebaulichen Entwicklungsprozesses müssen die Vor- und Nachteile aller Einflussgrößen auch unter Berücksichtigung stadttechnischer Infrastruktur abgewogen werden.

Tab. 5: Vergleich für das Jahr 2016
(Die Rückbaukosten wurden in dieser Betrachtung über die 15 Jahre vollständig auf die Haushalte verteilt und sind in der Entwicklung der Jahresgebühr enthalten)

	2001	2016			
		Status quo	Variante 1	Variante 2	Variante 3
Rückbau von Wohnungen		0	1 400	2 100	1 400
Rückbaukosten stadttechnischer Infrastruktur (Mio. EUR)		0	1,8	1,0	0,4
Spez. Leitungslänge (m/E)	40,4	61,8	51,5	53,5	58,0
Entwicklung der Jahresgebühr aller Medien*	100 %	138 %	121 %	114 %	131 %

* zu Preisen von 2001; ohne Inflation

Szenario 1 oder 2 scheinen aus stadttechnischer Sicht sinnvoll, während Szenario 3 die städtebauliche Vorzugsvariante ist. Die dargestellte Gesamtkostensituation spiegelt allerdings nur den Ausschnitt der Kosten für die stadttechnische Erschließung wider. Es kann also nicht allgemeingültig gesagt werden, dass die Szenarien 1 und 2 finanziell günstiger für die Einwohner sind.

Eine Alternative zum tatsächlichen Rückbau ist die Stilllegung der betroffenen Leitungsabschnitte. Dadurch könnten die Rückbaukosten eingespart werden und so der Preisunterschied zwischen Netzanpassung (Rückbau bzw. Stilllegung) und Status quo noch größer werden. Diese Variante wurde hier allerdings nicht betrachtet, da zur Herstellung von Baufreiheit im Allgemeinen die vorhandenen, aber nicht mehr genutzten, Infrastrukturelemente entfernt werden müssen.

Abschließend ist festzuhalten, dass der Stadtumbauprozess ein gemeinsames Handeln aller Beteiligten erfordert. Dabei sollte die Festsetzung der Rückbaugebiete durch Kooperation von Kommunen und Wohnungswirtschaft geschehen, während der zeitliche Ablauf des Rückbaus dagegen von den Versorgungsunternehmen festgesetzt oder zumindest mitbestimmt werden sollte. Dadurch ist eine Minimierung der Rückbaukosten durch Ausnutzung von Restnutzungsdauer und Vermeidung von teuren Interimslösungen zur Aufrechterhaltung der Versorgung möglich. Der Rückbau stadttechnischer Infrastruktur ist insgesamt wirtschaftlich sinnvoll und sollte nicht vernachlässigt werden.

Literatur

Büro für Städtebau (2002): Johanngeorgenstadt – Gesamtkonzept. Beitrag zum Bundeswettbewerb „Stadtumbau Ost". Büro für Städtebau GmbH, Chemnitz; Stadtverwaltung Johanngeorgenstadt.

Büro für Städtebau (2003): Integriertes Stadtentwicklungskonzept der Stadt Johanngeorgenstadt. Stand Februar 2003. Büro für Städtebau GmbH, Chemnitz.

Freudenberg, D.; Koziol, M. (2003): Anpassung der technischen Infrastruktur, Fachbeiträge zu Stadtentwicklung und Wohnen im Land Brandenburg. ISW-Schriftenreihe 2-2003, November 2003.

Herz, R. (1998): Erneuerungsbedarf kommunaler Wasserrohrnetze in den östlichen Bundesländern. Untersuchung auf der Basis einer Befragung von Mitgliedsunternehmen des Verbands Kommunaler Unternehmen VKU. Lehrstuhl Stadtbauwesen, TU Dresden.

Herz, R. (Hrsg.) (2002): Studienprojekt SS02 Anpassung- und Rückbauplanung von Erschließungsanlagen beim Rückbau von Plattenbauten im Wohngebiet Otto-Dix-Ring in Dresden-Reick. Lehrstuhl Stadtbauwesen, TU Dresden.

Herz, R. (Hrsg.) (2003): Beiträge zum 4. Kolloquium Stadtbauwesen am 31.01.2003 zum Thema Stadtumbau Ost. Tagungsband. Lehrstuhl Stadtbauwesen, TU Dresden.

Herz, R. (Hrsg.) (2004): Beiträge zum 5. Kolloquium Stadtbauwesen am 30.01.2004 zum Thema Stadtumbau und Anpassung der Wärmeversorgungssysteme. Tagungsband. Lehrstuhl Stadtbauwesen, TU Dresden.

Herz, R.; Werner, M.; Marschke, L. (2002): Anpassung der technischen Infrastruktur. Expertise in der Fachdokumentation zum Bundeswettbewerb „Stadtumbau Ost". Hrsg.: Bundesministerium für Verkehr, Bau- und Wohnungswesen, Berlin. Bundesministerium für Bauwesen und Raumordnung, Bonn.

Herz, R.; Werner, M.; Schmidt, T.; Marschke, L. (2004): Handlungsoptionen von Kommunen beim Rückbau stadttechnischer Infrastrukturen. Teil 1: Analyse der stadttechnischen Ver- und Entsorgung. Teil 2: Konsequenzen des Stadtumbaus für die stadttechnische Infrastruktur. Teilstudie im Rahmen des Forschungsvorhabens: Umbau von Siedlungsstrukturen unter Schrumpfungsbedingungen als Grundlage einer nachhaltigen Entwicklung, Modellvorhaben im „Zentralen Erzgebirge um Johanngeorgenstadt". Lehrstuhl Stadtbauwesen, TU Dresden.

Weiterhin lagen konzeptionelle Unterlagen und betriebliche Informationen der verschiedenen Medienträger zugrunde.

Die Pläne basieren auf digitalem Kartenmaterial des Landesvermessungsamtes Sachsen und werden mit Erlaubnis-Nummer 87/03 verwendet.

Lehrstuhl Stadtbauwesen, Nürnberger Str. 31a, 01187 Dresden; *www.tu-dresden.de/ stadtbau*

Umbau von Landschafts- und Siedlungsstrukturen in einer schrumpfenden Stadt am Beispiel von Johanngeorgenstadt*

Jorg Sieweke

Einführung

Zentrales Anliegen der im Rahmen des Modellprojektes entstandenen Teilstudie ist es, ein Leitbild für die zukünftige städtebauliche und freiraumplanerische Entwicklung unter Berücksichtigung der rückläufigen demographischen Entwicklung modellhaft aufzuzeigen.

Die Studie basiert auf einer gleichwertigen Untersuchung städtebaulicher und landschaftsräumlicher Potenziale und Konflikte unter Berücksichtigung der erheblichen Transformationen der funktionalen und politischen Rahmenbedingungen.

Aussagen zu Umweltbelastungen wie Strahlung und Kontamination und den daraus resultierenden Konsequenzen für die Nutzungen des Raumes sind nicht Gegenstand dieser Teilstudie. Die strukturellen und räumlichen Ergebnisse dieser Studie sind mit den zu analysierenden und bewertenden Erkenntnissen der aktuellen Umweltbedingungen abzugleichen.

Abb. 1:
Luftbild Johanngeorgenstadt

---

* Dieser Beitrag beruht auf einer Studie der TU Dresden, Institut für Landschaftsarchitektur (Prof. Hermann Kokenge), Institut für Städtebau und Regionalplanung (Prof. Heiko Schellenberg); Bearbeiter: M. Bäumler, J. Sieweke, C. Dähne, K. Schmid, A. Weber, S. Grünert.

Kurzabriss der landschaftlichen und stadträumlichen Entwicklung

Die Stadtstruktur ist geprägt von der wechselhaften Geschichte, durch den Uranerzbergbau begann seit 1946 eine stürmische Aufwärtsentwicklung der Stadt. In den Jahren 1945-1958 stieg die Bevölkerung von 6 500 auf 45 000 Einwohner an. Um die Bergarbeiter zu beherbergen, wurden in den neuen Ortsteilen Mittelstadt und Neustadt die sog. Wismut-Siedlungen errichtet. Im Stadtgrundriss sind diese noch als in sich homogene Gebilde ablesbar. Angebliche Senkungen im Altstadtbereich führten 1954-1958 schließlich zu deren Abriss. Die Einwohner wurden in die 1952 errichtete „Neustadt" umgesiedelt. Viele verließen die Stadt für immer. Seit etwa 1956 sind die Uranerzlager des Gebietes erschöpft. Damit war die wesentliche wirtschaftliche Grundlage entfallen. Die Einwohnerzahl schrumpfte auf ein Drittel. Tausende der angeworbenen Arbeiter starben aufgrund der lebensgefährlichen Arbeitsbedingungen des Uranerzbergbaus. Zurück blieb eine zersiedelte Landschaft und eine Stadt ohne historisches Zentrum. Eine Neuansiedlung von Industriebetrieben und die Umwandlung der ehemaligen Bergarbeiterunterkünfte zu Ferienunterkünften haben den wirtschaftlichen Abschwung teilweise auffangen können und damit nicht zum unmittelbaren Rückbau der provisorischen Massenunterkünfte geführt. Die schneesichere Lage machte die Stadt zu einem attraktiven Wintersportzentrum der damaligen DDR. Die Wismut-Siedlungen wurden als Ferienlager und Betriebsferienheime umgenutzt. Die Einwohnerzahl schrumpfte dennoch von 9 000 (1990) auf 5 700 (2003).

Erst der ersatzlose Wegfall des Gewerbes sowie des staatlich gelenkten Tourismus seit 1990 und die damit einhergehenden hohen Bevölkerungsverluste rissen große Lücken ins Stadtgefüge. Punktueller oder auch flächiger Rückbau brachgefallener Bausubstanz fragmentieren das Stadtgefüge von innen heraus. Der heutige Stadtkörper besteht aus fragmentierten beziehungslos nebeneinander stehenden Gebieten mit unterschiedlichen Baustrukturen. Durch intensi-

1944 (6 500 EW)

1953 (45 000 EW)

1960 (12 000 EW)

Baustrukturen 2003

1990 (9 000 EW)

ven Rückbau ist ein Zusammenhang im Siedlungsgefüge nicht mehr erlebbar. Ein perforiertes Stadtgefüge ohne städtebauliche und landschaftsplanerische Kohärenz prägt derzeit das Erscheinungsbild der Stadt. Neue Einfamilienhausgebiete können nur teilweise die entstandenen Rückbaubrachen besetzen.

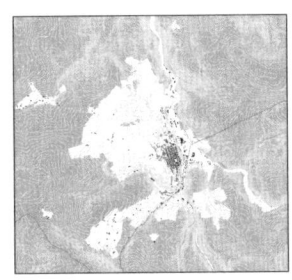

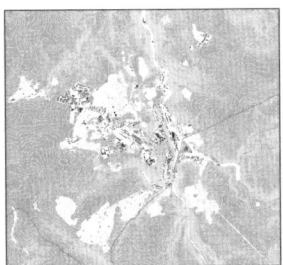

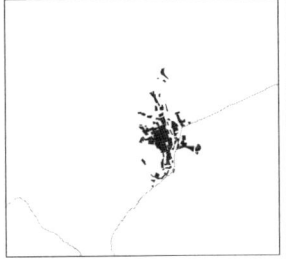

1944   2003

Siedlung

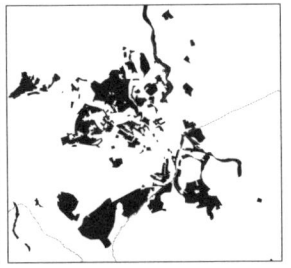

Offenland

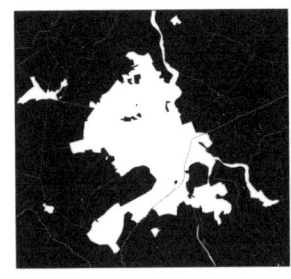

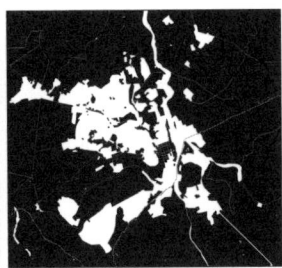

Wald

Die räumliche Analyse der Gesamtstadt mit ihrem Umland ergibt die folgenden Ergebnisse:

Die klare Raumabfolge von Wald, Offenland und Siedlung, welche noch 1944 die Stadtlandschaft prägte, ist heute nicht mehr nachvollziehbar. Die letzte Phase der Bergbautätigkeit, die des Abbaus von Uranerz, haben Landschaft und Stadt großflächig überformt. Siedlungs- sowie Haldenflächen nahmen weiträumig die Landschaft in Anspruch. Gleichförmige Aufforstungen mit Fichten reduzierten die Klarheit der Stadtlandschaft. Aus einer kompakten Erzgebirgsstadt entwickelte sich eine stark fragmentierte Siedlung. Die zuvor offenen Wiesen sind heute kleinteilig aufgelöst worden.

Beispielhaft zu nennen ist die Aufforstung der Baufelder der ehemaligen Altstadt. Die mittlerweile undurchdringlichen Waldflächen erschweren die Lesbarkeit der Stadtstruktur. Vorherrschend scheint hier eine Idee des Abgrünens, welche im Ergebnis die Geschichte des Ortes verdeckt, anstelle sie sichtbar zu machen. Nur das überlieferte Straßensystem verweist noch auf das ehemalige Zentrum.

Bergbaustrukturen

Der Bergbau hat die Stadt geprägt. Er ist jedoch in seinen historischen Ausmaßen nicht mehr erfahrbar. Die Haldenflächen wurden möglichst schnell und unauffällig begrünt. Sie sind heute zum Großteil unter einem dichten Fichtenwald verborgen, welcher sich ins Stadtgebiet „vorgearbeitet" hat. Lediglich touristische Einzeldenkmale der Bergbau-Geschichte (Pferdegöpel, Schaubergwerk Frisch Glück etc.) zeigen einen kleinen Ausschnitt der Vergangenheit. Der Bezug zum großen Ganzen fehlt jedoch.

Die heutige Stadt Johanngeorgenstadt kann nur vor dem Hintergrund der Bergbautätigkeit verstanden werden. Diese ‚Geschichte' ist jedoch weitgehend ausgeblendet, zum Teil wird sie verdrängt. Ein positives Verständnis der Bewohner zu ihrer Stadt kann nicht durch Verdrängen und Ausblenden, sondern nur durch die Kenntnis und das Akzeptieren geschichtlicher Abläufe geschaffen werden.

Es scheint daher sinnvoll, vom Bergbau geprägte Bereiche als solche erlebbar zu machen.

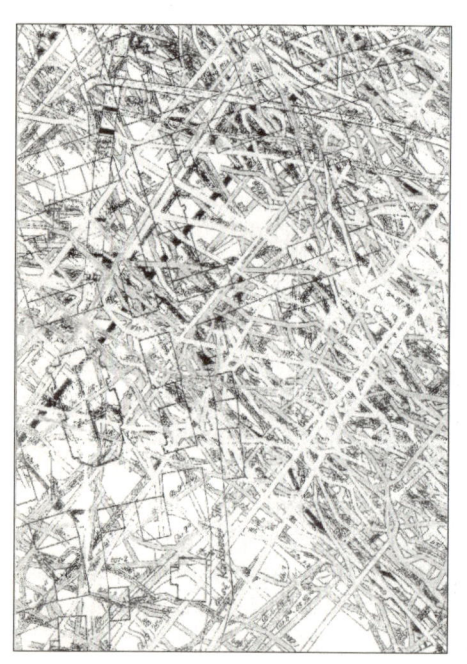

Schächte

Halden

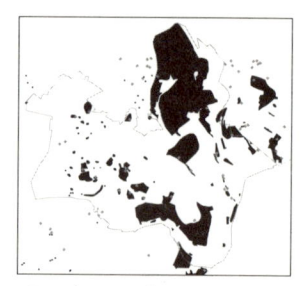

Bergbaustrukturen gesamt

Hauptsohlengrundriss Altstadt

Rückbaubrachen

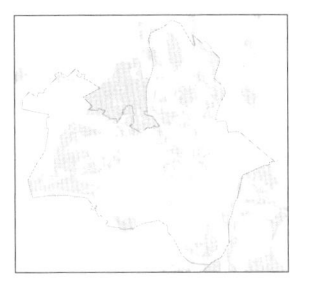

Wiesenflächen

Aufforstung seit 1944

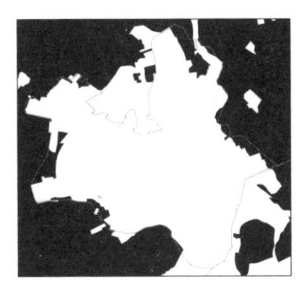

Waldfläche

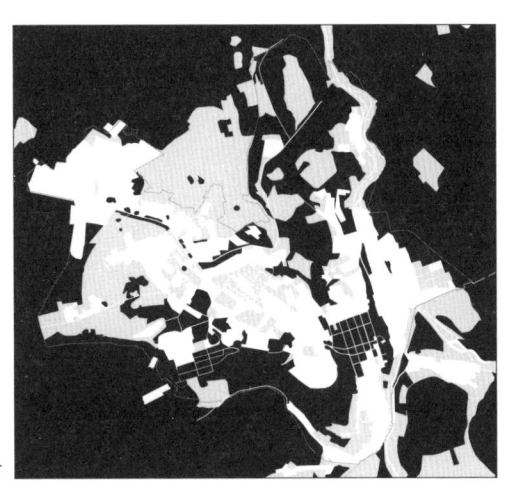

Freiraumstrukturen gesamt

Freiraumstrukturen

Charakteristisch für das Stadtgebiet sind die Vielzahl von Rückbauflächen und die Fichtenaufforstungen auf ehemaligen Straßengevierten (Altstadt, Mühlberg). Die riesigen Halden des Uranbergbaus wurden teilweise saniert und ebenfalls nur mit einer Fichtenmonokultur „rekultiviert". Sie sind als Halden nur noch schwer wahrnehmbar. Typische Erzgebirgswiesen mit Feldgehölzstreifen wurden hierdurch überformt und durch die Siedlungs- und Waldausbreitung zurückgedrängt. Straßenbegleitende Laubgehölze sind der erste Versuch, eine größere Vielfalt an Baumarten im Stadtgebiet vorzusehen.

Durch die intensiven Bergbau-, Rekultivierungs- und Siedlungstätigkeiten ist ein sehr heterogenes Stadt-/Landschaftsbild entstanden, welches keine zusammenhängende räumliche Ordnung erkennen lässt.

Streusiedlung   *Tourismus*

Infrastruktur – Tourismus

Die soziale Infrastruktur liegt über das Stadtgebiet verstreut und meist unweit der stadtteilverbindenden Hauptverkehrsstraße. Nahversorgungseinrichtungen sind in ausreichendem Maße vorhanden. Die äußeren Stadtteile (Mühlberg, Schwefelwerk, Pachthaus) haben Einrichtungen des Fremdenverkehrs aufgenommen. Touristische Ziele liegen oftmals vereinzelt und versteckt im Stadtgebiet.

Die zur Hauptstraße aufgewertete Steigerstraße umfährt einen Großteil der Ortschaft und trägt dadurch nicht zur ganzheitlichen Wahrnehmung der Stadt bei. Das Rathaus liegt zwar zentral, jedoch in einem wenig repräsentativen Umfeld. Der belebteste Stadtbereich ist der Grenzübergang ins tschechische Potucky.

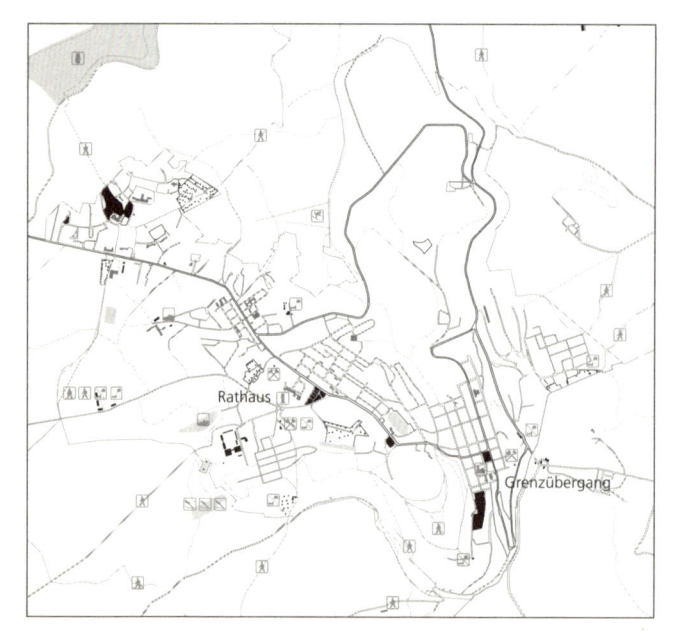

Touristische Einrichtungen gesamt

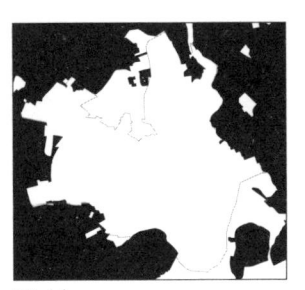

Analyse stabiler und variabler Landschaftsstrukturen

Gemeinhin wird die Landschaft als ein dynamisches System verstanden, jedoch lassen sich für die Landschaft und die Freiraumelemente feste und damit stabile, aber ebenso veränderbare und somit variable Elemente aufzeigen.

Zu den stabilen Elementen zählen:

Wald, Halden, Offenland, Topographie. Sie weisen eine gewisse Permanenz gegenüber Veränderungen aus.

Zu den variablen Elementen zählen:

Rückbaubrachflächen, Waldumbauflächen (beinhalten jüngst aufgeforstete Fichtenwaldflächen sowie die Haldenbegrünung)

Großräumige freiraumplanerische Eingriffsmöglichkeiten werden sinnvollerweise in den als variabel ausgewiesenen Flächen gesehen. Es besteht darüber hinaus die Möglichkeit, langfristig qualitative Veränderungen bestehender Waldflächen durch Waldumbau zu Mischwäldern zu schaffen.

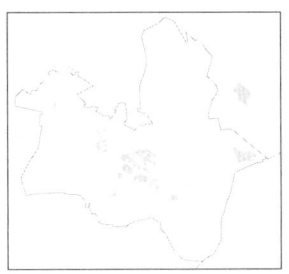

Wald

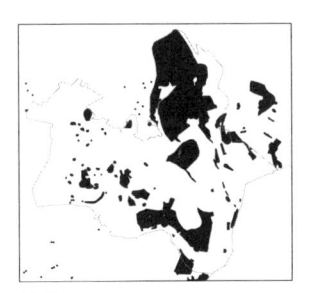

Halden

Offenland

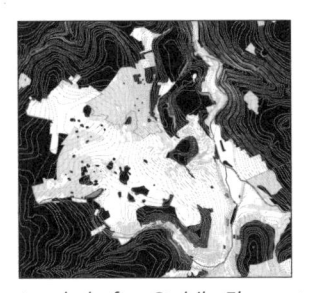

Landschaft – Stabile Elemente

Rückbaubrachflächen

Waldumbauflächen

Landschaft – Variable Elemente

Analyse stabiler und variabler Siedlungsstrukturen

Die Stadtstruktur ist einem ständigen Wandel unterworfen. Trotzdem gibt es Bereiche, die eine gewisse Beständigkeit aufweisen. In dem Plan wurden Kriterien für Kontinuität (Privatbesitz, sanierte Gebäude, homogene Bereiche) ermittelt. Die Überlagerung ergibt Flächen mit unterschiedlichen Stabilitätsgraden.

Im Gegenzug zu den stabilen Bereichen wurden auch die baulichen Gebiete ermittelt, die von einem bereits erfolgten oder noch ausstehenden Funktionsverlust betroffen sind. Diese Flächen stehen deshalb für planerische Überlegungen zur Disposition. Die ortsbildbeeinträchtigenden und nicht unwesentlich zur Zersiedelung beitragenden Garagenstandorte stellen veränderbare und damit variable Bereiche dar.

Die Einwirkungsmöglichkeiten auf kommunalen Eigentum sind rechtlich einfacher umsetzbar als auf privaten Eigentum.

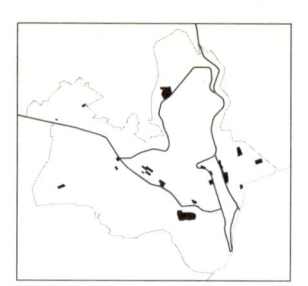

Privatbesitz

Sanierte Gebäude

Homogene Bereiche / Ensembles

Siedlung – Stabile Elemente

Brachgefallener Baubestand

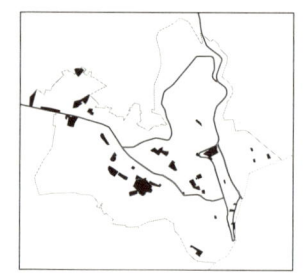

Nebengebäude

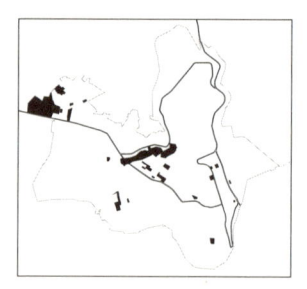

Bauten im kommunalen Eigentum

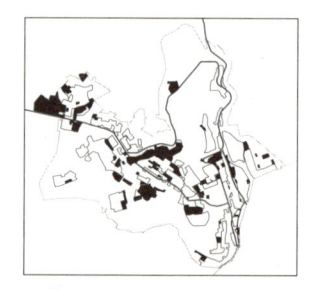

Siedlung – Variable Elemente

Stabilitätsgrad
- gering
- mittel
- hoch

Methode

Die Betrachtung der variablen und permanenten Strukturen in Landschaft und Siedlung führen zu einer Reihe möglicher Entwicklungsszenarien.

Im Folgenden werden unterschiedliche Leitbilder als mögliche Entwicklungsrichtungen schematisch dargestellt. Nach einer Überprüfung hinsichtlich der entstehenden räumlichen Qualitäten und angesichts der sich perspektivisch abzeichnenden weiteren rückläufigen Bevölkerungsentwicklung erscheint das dezentrale Konzept am besten angepasst an zukünftige Entwicklungen. Dieses Leitbild ist am flexibelsten, da es weder von Dichte noch von Konsistenz abhängt, im Gegenteil bezieht es seine Qualitäten aus den dörflichen Strukturen, dispersen Siedlungsformen und Einzelhausbebauung. Die Dimension des Städtischen wird aufgelöst zugunsten eines Leitbildes mit dem Arbeitstitel „Bergreich". Die vorhandenen landschaftlichen Qualitäten werden herausgearbeitet; die bewegte Topographie der Bergbaugeschichte mit ihren Halden der Offenheit der Wiesen mit waldbaulichen Rahmen.

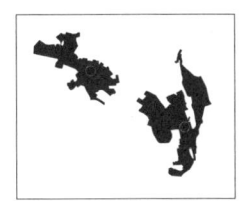

Siedlungsmodelle

Auf Grundlage der ermittelten stabilen Siedlungsbereiche wurden vier Siedlungsmodelle entwickelt. Die ersten drei zielen auf eine Zusammenfassung der Fragmente (punktuell oder bandartig) zu einer nächst größeren Einheit, während das letzte Modell eine Stärkung der vorhandenen unterschiedlichen Fragmente vorsieht. Diese Variante wird im Folgenden favorisiert.

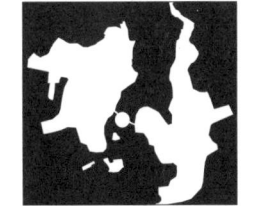

Ober- und Unterstadt

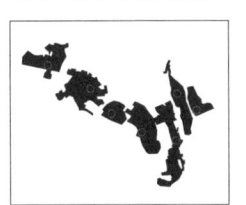

Stadtteile

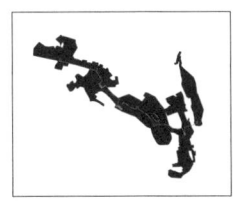

Verbindung

Fragmentierung

Landschaftsmodelle

Unabhängig von den Siedlungsmodellen wurden drei Landschaftsmodelle erarbeitet. Sie tragen ebenfalls der spezifischen Situation vor Ort Rechnung. Die beiden ersten Modelle greifen den traditionellen Umgang mit ehemaligen Siedlungsflächen, nämlich das Aufforsten der Brachen, auf und führen diesen konsequent weiter (Modell Lichtung). Das Modell „Betonung" sieht eine Akzentuierung der Haldenflächen durch waldbauliche Maßnahmen (Laubgehölze) vor. So wird die spezifische Identität des Ortes gesteigert.

Trennung

Lichtung

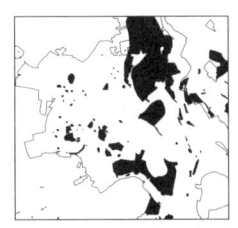

Betonung (Halden)

Überlagerung der Siedlungs- und Landschaftsmodelle

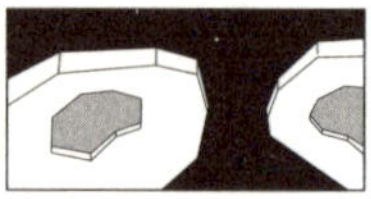

Doppelstadt

Durch die allmähliche Auflösung der Mittelstadt entsteht eine Ober- und Unterstadt mit jeweils eigenem Versorgungszentrum. Der Wald wächst in der Mitte zusammen und unterstützt die Eigenständigkeit der Stadtbereiche. Die inneren Bereiche der Doppelstadt bleiben weitgehend offen.

Doppelstadt

Parkstadt

Halden- als auch Siedlungsflächen setzen sich durch die Pflanzung mit Laubgehölzen bewusst ab. Kleinste Siedlungseinheiten vereinigen sich zu einem größeren Ganzen. Eine Konzentration von Infrastruktureinrichtungen wird nicht angestrebt.

Parkstadt von außen betont

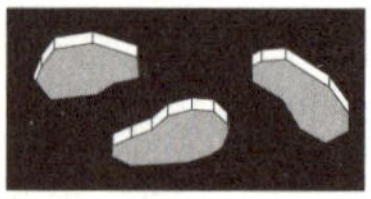

Waldstadt

Das konsequente Aufforsten der brachgefallenen Siedlungsfläche geht einher mit einer Polyzentrierung des Stadtgefüges. Große zusammenhängende Wiesenflächen (z. B. am Fastenberg) sowie die Siedlungsteile verstehen sich als Lichtungen im Wald.

Waldstadt

Parkstadt von innen betont

Die Stadtteile werden im Inneren durch Pflanzung betont; sie heben sich dadurch von der sie umgebenden Wiesenfläche ab. Die Haldenflächen erhalten eine eigene Prägung durch eine Bepflanzung mit Laubgehölzen. Eine gestalterisch aufgewertete Hauptachse verbindet die einzelnen Ortsteile und betont den öffentlichen Raum innerhalb der Ortsteile der Gemeinde.

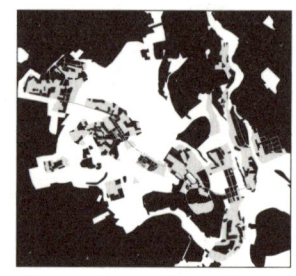

Parkstadt von innen betont

Streusiedlung

Um künftig eine tragfähige und nachhaltige Grundlage für die Siedlungsentwicklung zu schaffen, wird die fragmentierte Stadt auf ihre kleinste Siedlungs- und Funktionseinheit (Ortsteile) reduziert. Das bedeutet zum einen Rückbau des Plattenbaugebietes, der Garagenstandorte und der brachliegenden Gebäude und zum anderen Stärkung der Siedlungsfragmente durch bauliche Nachverdichtung mittels modellhafter, kostengünstiger und erzgebirgsspezifischer Holztypenhäuser. Gleichzeitig bewirkt die Schaffung von Eigentum eine langfristige Bindung an den Ort. Die teilweise neuen Ortsteile Schanzenblick, Sockendorf, Grauer Mann, Schwefelwerk, Pachthaus, Külliggut, Wittigsthal, Neustadt und Altstadt bilden das zukünftige dezentralisierte Johanngeorgenstadt.

Streusiedlung

Bergbaufolgelandschaft

Die Prägung der Landschaft durch die Bergbautätigkeit wurde durch Rekultivierung und Sanierung mittlerweile fast bis zur Unkenntlichkeit verdeckt. Um die Spuren des Bergbaus wieder erlebbar und die Transformation der Landschaft verständlich zu machen, wird eine Betonung der bergbaulichen Relikte vorgeschlagen. Die Halden heben sich durch ein besonderes Waldbild (Laubgehölze) von den umgebenden Wäldern und der Landschaft ab.

Bergbaufolgelandschaft

Dies bedeutet einen Waldumbau auf den Haldenstandorten, vom Fichtenforst zum lichten Laubwald. Neben der ästhetischen Wirkung sprechen auch ökologische Vorteile für diese Maßnahme. Schächte werden mittels Zeichen kenntlich gemacht. Über ein Wegenetz verbunden, ergibt sich die Möglichkeit zur Entdeckung einer Bergbaulandschaft – dem Johanngeorgenstädter Bergreich. (Siehe Seiten 104/105)

Tourismus

Der Tourismus profitiert von der Neuordnung des Siedlungsgefüges, der Ergänzung des Wegenetzes und der Erlebniswelt des Bergbaus. Ein touristischer Erlebnispfad verbindet verschiedene Attraktivitätspunkte miteinander und macht den Raum Johanngeorgenstadt auch im Sommer für den Tourismus anziehend.

Tourismus

Die Wiederentdeckung der komplexen Bergbaugeschichte vom Mittelalter bis zur Wismutzeit mit all ihren Elementen verschafft der Gemeinde eine unverwechselbare Identität. Ein Bergbaupark im Bereich zwischen dem heutigen Rathaus und dem Mühlberg dient zur Erläuterung der bergbaulichen Prozesse und Traditionen, welche die Stadt geprägt haben.

LEITBILD JOHANNGEORGENSTÄDTER BERGREICH: MODELLFOTO

Umbau von Landschafts- und Siedlungsstrukturen in einer schrumpfenden Stadt

TU DRESDEN
FAKULTÄT ARCHITEKTUR

INSTITUT FÜR
LANDSCHAFTSARCHITEKTUR
LEHRSTUHL FÜR FREIRAUMPLANUNG
PROF. HERMANN KOKENGE

INSTITUT FÜR STÄDTEBAU
UND REGIONALPLANUNG
LEHRSTUHL FÜR STÄDTEBAU
PROF. HEIKO SCHELLENBERG

LEITUNG:

Dipl.-Ing. Manuel Bäumler
Wissenschaftlicher Mitarbeiter

M.Arch. Jörg Sieweke
Wissenschaftlicher Mitarbeiter

MITARBEITER:

Dipl.-Ing. Claudia Dähne
Dipl.-Ing. Kathrin Schmid
Dipl.-Ing. Andreas Weber
Dipl.-Ing. Sören Grünert

Landschaft

Die Basis für die dispersen Teile des Bergreiches bildet eine Offenlandschaft, die durch Bergwiesen geprägt und von einzelnen Feldgehölzen durchzogen ist. Den Horizont der Siedlung und gleichzeitig den Rahmen des Wiesenlandes mit seinen Elementen bildet der vorhandene Fichtenwald. Ein netzartiges Wegesystem verbindet die einzelnen Fragmente der Siedlung, des Bergbaus, der Landschaft und die besonderen Orte miteinander. Der Fichtenwald wird

Landschaft

langfristig aus dem Stadtgebiet verschwinden und im Bereich der Halden und des Altstadtwaldes durch Laubgehölze ersetzt. Rückbaubrachen werden in Bergwiesen umgewandelt, welche durch Einzelgehölze betont werden.

Resümee

Die Ergebnisse der Teilstudie basieren auf naturräumlichen und städtebaulichen Untersuchungen und kommen auf dieser Basis zu einem eigenständigen Ergebnis. Interessant sind die Interdependenzen zum Bereich Stadttechnik (vgl. Beitrag von Marschke und Schmidt in diesem Band). Der Beitrag beschreibt basierend auf der Struktur zentraler Netze sehr nachvollziehbar den Rückbau der technischen Ver- und Entsorgungssysteme hin zu einer linearen Struktur, die der Logik einer Konzentration durch Kontraktion entspricht. Das dezentrale Leitbild der freiräumlichen und städtebaulichen Entwicklung steht dem entgegen. In der Folge begegnen sich hier dezentrale räumliche Perspektiven und systemabhängige zentrale Infrastrukturnetze. Würde man die räumliche Entwicklung der Logik der Stadttechnik unterstellen, wäre das Ergebnis eine Art bandartige Struktur oder ein Straßendorf. Will man dem dezentralen räumlichen Leitbild folgen, so bestünde eine Möglichkeit in der Trennung der Stadttechnik in verbleibende ökonomisch sinnvolle zentral versorgte Kernbereiche und eine ebenso dezentrale Lösung für die äußeren Stadtteile, nach Rückbau der für eine viel höhere Dichte ausgelegten zentralen Systeme im äußeren Bereich. Dies ist heute technisch machbar, bedarf jedoch eines Umdenkens. Der Charakter der Region insgesamt wird zukünftig wenig städtisch geprägt sein und könnte daher seine Identität und Qualität eher in dörflichen Strukturen mit starken Bezügen zur Landschaft besitzen. Dies käme auch den Konzepten des Tourismus entgegen.

Johanngeorgenstadt – Mittelstadt

Binnen- und Außenimage von Johanngeorgenstadt*

Annett Steinführer, Sigrun Kabisch

Einführung

Über den Zusammenhang zwischen Schrumpfung, peripherer Lage und Ausprägung des lokalen Images gibt es bislang kaum systematisches Wissen, gehört doch das Thema Image nicht zu den vorrangigen Problemen des Stadtumbaus, wie er seit Ende der 1990er Jahre insbesondere in Ostdeutschland diskutiert und praktiziert wird (vgl. aber Keim 2004). Auch handelt es sich um kein genuines Schrumpfungsphänomen – im Gegenteil, Imagekampagnen setzen in aller Regel auf tatsächliches oder erwünschtes Wachstum („Hamburg wächst"). Städte wie die ostdeutschen, die spätestens seit Beginn der 1990er Jahre mit wenigen Ausnahmen dem Typus der „schrumpfenden Stadt" zuzurechnen sind (vgl. Hannemann 2003; Gatzweiler u. a. 2003; Kabisch u. a. 2004), befinden sich damit von vornherein in der Defensive, denn: „Schrumpfen, Rückbau von Straßen, Schließen von Schulen, Abbruch leerstehender Gebäude verbinden wir mit Verlust, Verfall und Resignation" (Häußermann, Siebel 1987, 200; vgl. auch ebd., 120). Ein offensiv verfochtenes, positiv besetztes Image des Besonderen (wie „Cottbus schrumpft") ist für Werbepraktiker und städtische Entscheidungsträger noch immer undenkbar. Für Städte wie Johanngeorgenstadt kommt hinzu, dass sie als Kleinstädte nur selten über „ausgeprägte, überregional wirksame Bilder" (Grabow u. a. 1995, 26) verfügen, insbesondere, wenn kein so genanntes „Alleinstellungsmerkmal" vorhanden ist. Und so gelangten Kleinstädte in jüngerer Vergangenheit meist dann zu überregionaler Berühmtheit, wenn sie berechtigt (Mölln) oder unberechtigt (Sebnitz) mit rechtsradikalen Anschlägen in Verbindung gebracht wurden.

Aus Sicht der Akteure in der Praxis aber gebührt dem lokalen Image zunehmend eine wichtige Bedeutung, ist doch im überregionalen Standortwettbewerb der eigene Ort, unabhängig von dessen Größe, gegenüber anderen mit ähnlicher (oder besserer) Ausstattung zu profilieren – gerade wenn, wie im Fall des Zentralen Erzgebirges um Johanngeorgenstadt, der Tourismus als wichtiger Hoffnungsträger für die wirtschaftliche Entwicklung gilt. Marketingstrategien werden entwickelt, um die Besonderheiten des eigenen Ortes herauszustreichen. Insbesondere bei einem (angenommenen) Negativimage ist aus Sicht der städtischen Akteure Gefahr im Verzug: Einmal in Umlauf gebracht, verselbstständigen sich solche Bilder und werden Teil eines Diskurses, in dem sich die beteiligten Medien, Entscheidungsträger und Tourismusexperten auf dieses „schlechte Image" als etwas real Existierendes und allen Bekanntes beziehen.

---
* Dieser Beitrag beruht auf einer Studie des UFZ-Umweltforschungszentrums Leipzig-Halle; Bearbeiter: A. Steinführer, S. Kabisch.

Bestrebungen, mit entsprechenden Kampagnen („Stadtmarketing") entgegenzuwirken, sind oft von vornherein zum Scheitern verurteilt, vollziehen sich doch solche Diskurse in der Logik einer *self-fulfilling prophecy* und bestätigen – nur scheinbar paradox – den schlechten Leumund erst recht in seiner Existenz.

Unmittelbarer Anlass für die Teilstudie „Binnen- und Außenimage" war die aus dem Vorgängerprojekt resultierende und insbesondere von den Praxispartnern verfochtene These, die Region Johanngeorgenstadt verfüge über ein „Negativimage sowohl aus der Außen- als auch aus der Binnenperspektive" (Vorhabensbeschreibung 2001, 10). Dieses gründe sich, so das Argument weiter, außer auf die ökologischen Erblasten des Uranbergbaus[1] auf die periphere Lage, den wirtschaftlichen Niedergang, die Abwanderung, den Wohnungsleerstand und die grenzüberschreitende Kriminalität (vgl. Sachstandsbericht 2002, 4; Müller u. a. 2000, 69).

Diese im Wesentlichen auf Alltagshypothesen basierende Annahme stand am Anfang der Analyse, aus der im Folgenden einige Ergebnisse vorgestellt werden (vgl. Steinführer, Kabisch 2004). Dabei galt es, einen geeigneten konzeptionellen und methodischen Zugang zu finden, zwischen Binnen- und Außenimage zu unterscheiden, Imagedimensionen herauszuarbeiten sowie Schlussfolgerungen und Handlungsempfehlungen abzuleiten.

Im Vergleich zu den meisten anderen in diesem Buch vorgestellten Teilstudien sind zwei Besonderheiten hervorzuheben: Aufgrund finanzieller Beschränkungen musste sich die Untersuchung auf die größte Kommune im Bereich des Modellvorhabens, auf Johanngeorgenstadt, beschränken. Des Weiteren stehen im Mittelpunkt der nachfolgenden Ausführungen nicht die Meinungen „klassischer" Experten, sondern die der Bewohner und Gäste der Stadt.

1 Das Konzept des Images

Image bezeichnet ein individuelles oder kollektives Vorstellungsbild von einem Objekt, für das ein Empfänger gesendete Informationen über dieses Objekt auswählt, mithin deutet, und verarbeitet (vgl. May 1986, 18-20; Stegmann 1997, 10). Anders als im englischen Sprachgebrauch (Lynch 1960/2001) ist im deutschen Kontext ausschließlich das gedankliche Konstrukt, das „immaterielle Erscheinungsbild" (Urban 1999, 111), gemeint. Images dienen der Zuspitzung bestimmter Merkmale, der Differenzierung sowie der Abgrenzung. Ihre Bildung ist somit gleichermaßen mit der Auswahl und Auslassung bestimmter Informationen verbunden (vgl. auch Zimmermann 1975, 51-55; Grabow u. a. 1995, 116; Lang 1997, 501).

---

[1] Auch andere Quellen sprechen von einem schlechten (Außen-)Image der einstigen Uranbergbauregion (z. B. Titzmann 2003, 300). – Zur historischen Entwicklung von Johanngeorgenstadt vgl. den knappen Abriss in Kap. 2.2 sowie überblicksartig Scholz 1960, 246-249; Sieber 1972, 168-197; Fakten ... 1979; Vollert, Burkhardt 1992, Zank 2005.

In der Stadt- und Regionalforschung ist das Konzept des raumbezogenen oder *Raumimages* verbreitet. Ipsen (1986, 926) definiert dieses als „den gesamten Raumkomplex umfassende Zeichen oder Zeichensysteme", meist in verbaler Form, die sowohl die realen Eigenschaften des Bezugsobjektes widerspiegeln als auch verschleiernden Charakter haben können. Dieses engere Konzept „Image" unterscheidet Ipsen von den umfassenderen „Raumbildern", die „auf einen Raum projizierte, in der Regel materialisierte Zeichenkomplexe [sind], die in ihrer latenten Sinnhaftigkeit stets Bezug zu einem Entwicklungsmodell haben. Indem sie sich auf eine Entwicklungskonzeption beziehen, überziehen sie den Raum mit Werten" (ebd.). Das wichtigste europäische Entwicklungsmodell ist die Moderne mit ihrer Wachstumsnormalität, auf die nicht zuletzt Stadtentwicklung und Stadtentwickler bis heute Bezug nehmen und die planerisches Denken prägt. Die materialisierten, oft hochgradig persistenten Zeichenkomplexe dieser Epoche sind große Fabrikanlagen mit ihren Schornsteinen, prägnante Stahlbrücken, die Eisenbahn, aber auch Texte und Labels. Raumbilder stellen nach Ipsen eine wichtige Bedingung räumlicher Veränderungen dar: „Der Raum schafft sich durch seine Entwicklung oder Nicht-Entwicklung ein kulturelles Bild, und zugleich wird ein bestimmter Entwicklungstypus durch das Bild auf den konkreten Raum projiziert. Raumentwicklung und Raumbild gehen eine nur schwer zu lösende Beziehung ein, die in manchen Situationen und Perioden der Entwicklung äußerst günstig ist. Das Bild wirkt als Beschleuniger. In anderen Phasen ist das Bild retardierend, es klebt an dem Raum und signalisiert seine Vernutzung" (ebd., 922). Doch haben altindustrielle Regionen in den vergangenen Jahrzehnten einen neuen, spielerischen bis ästhetisierenden Umgang mit den „vernutzten" Symbolen der Industrialisierung gelernt und ihre Umdeutung vorangetrieben. Bekannte Beispiele sind die „Zeche Zollverein" im Ruhrgebiet oder die im Entstehen begriffene Seenlandschaft „Neuseenl@nd" im Braunkohlenrevier Südraum Leipzig.

Ipsen folgend, werden Raumimages im Folgenden als verbale Zeichensysteme konzeptualisiert, ohne dass seine Unterscheidung von Raumbild und Raumimage übernommen wird. Raumimages sind vielmehr komplexe, kollektive Vorstellungs- und Wahrnehmungsbilder von einem konkreten Ort, die sich zwar im öffentlichen Diskurs auf ein oder zwei prägnante Codewörter (wie „der Pott" oder „Silicon Valley") verkürzen lassen, aber nicht darauf beschränkt sind. Anders formuliert, lässt sich ein *weites Verständnis* von Raumimage (kollektive, komplexe Vorstellungsbilder, die aus der Auseinandersetzung mit einem Objekt entstehen) von einem dem Alltagssprachgebrauch nahen *engeren Zugang* (prägnante „Labels" eines Ortes, die als Leitbilder fungieren) unterscheiden.

Mit dieser Definition ist zugleich die Entscheidung für eine schwerpunktmäßig wahrnehmungsgeographische Perspektive getroffen. In der *Wahrnehmungsgeographie* bezeichnen Raumimages die immaterielle, symbolische Dimension eines Ortes (vgl. grundlegend Stegmann 1997, hier bes. 16-22; Weiske 2002). Es handelt sich um kulturelle Konstrukte, die relativ persistent sind, aber durch herausragende Ereignisse (Katastrophen, Festivals, ausländerfeindliche Ausschreitungen) auch kurzfristig geändert werden können. Für den wahrnehmungsgeographischen Zugang grundlegend ist die konzeptionelle Trennung von Selbst- und Fremdimage (oder Binnen- und Außenimage; vgl. Zimmermann 1975, 99 f.; May 1986, 23 f.; Grabow u. a. 1995, 115, 117; Micheel 1995; Stegmann 1997, 19 f.; Schüttemeyer 1998, 3 f.). Mit der räumlichen Distanz zu einem Bezugsobjekt sinkt die Vielfalt der wahrgenommenen Dimensionen und Aspekte, weshalb eine solche Unterscheidung unerlässlich ist. Des Weiteren produzieren die häufigeren Interaktionen der Bewohner eines Ortes, ihre biographischen, sozialen, zeitlichen und materiellen Einbindungen ein differenzierteres Vorstellungsbild, als es für Außenstehende und zeitweilige Gäste möglich ist. Für die Binnenperspektive haben solche Bilder und Deutungen die Funktion der reflexiven Selbstkonstitution – sie sind kollektive Güter lokaler Gemeinschaften, die durch die Gewährung von Teilhabe identitätsstiftend wirken (vgl. Weiske 2002, 231 f.). Dem Fremden gestatten Außenimages, vermittelt durch Massenmedien und Reiseführer, eine Orientierung auf den und im unbekannten Raum. In diesem Kommunikations- und Verarbeitungsprozess kommt es notwendigerweise zu einer Auswahl und starken Reduktion von raumbezogenen Informationen – spektakuläre und lokal spezifische Aspekte erhalten den Vorrang. Auch ist zu vermuten, dass insbesondere Raumimages im engeren Sinne (offizielle Leitbilder, „Labels") für den Außenstehenden verständliche, merk- und unterscheidbare Zeichenkombinationen bereitstellen, werden in ihnen doch historische, wirtschaftliche, kulturelle und geographische Erscheinungen eines Ortes prägnant gebündelt (z. B. „VW-" oder „documenta-Stadt").

Vom wahrnehmungsgeographischen Ansatz ist die *ökonomisch geprägte* Imagedebatte zu trennen. Diese wird von der Standort-, Regionen- und Stadtmarketingdebatte sowie der Tourismuswirtschaft dominiert (für einen Literaturüberblick vgl. BCSD [o. J.]) und bildet den Hauptstrang der anwendungsorientierten Imageforschung sowie einen ihrer Ursprünge (vgl. May 1986, 16; allgemein zum Stadtmarketing vgl. Zimmermann 1975; Häußermann, Siebel 1987, bes. 199-215; Helbrecht 1994). In diesem Kontext wird Image oft als „weicher" Standortfaktor mit großer, wenngleich schwer zu quantifizierender Bedeutung insbesondere für ökonomische Investitionsentscheidungen bezeichnet. Eine detaillierte empirische Untersuchung der tatsächlichen Bedeutung verschiedener „weicher" Standortfaktoren für die Ansiedlung von Unternehmen durch Grabow u. a. (1995) kam zu dem Ergebnis, dass ihr Einfluss mit zunehmender Konkretheit der Standortentscheidung sinkt (vgl. ebd., 217-248, 336-339). Für das Image als Standortfaktor betonen die Autoren, dass dieses vor allem für Dienstleistungsunternehmen mit hoch qualifizierten Mitarbeitern, wie Banken, Verlage und Firmen aus den Bereichen EDV sowie Forschung und Entwicklung, eine Rolle spielt (vgl. ebd., 227-229, 332 f.). Bei den genannten Branchen handelt es sich um typisch großstädtische, für die eine kritische Masse ähnlich ausgerichteter Unternehmen förderlich ist. Auf einen kleinstädtischen Kontext wie Johanngeorgenstadt lässt sich dieser Zugang somit nicht ohne Weiteres übertragen.

Für die nachfolgende empirische Analyse ist die Unterscheidung von Binnen- und Außenimage (Selbst- und Fremdbild) eines Ortes erkenntnisleitend. Unter *Binnenimage* (Selbstbild) werden dabei die verbal formulierten, subjektiven Wahrnehmungen und Bewertungen der Einwohner hinsichtlich der Gesamtheit ihrer Wohn- und Lebensbedingungen verstanden. Komplementär bezeichnet das *Außenimage* (Fremdbild) die auf das gleiche Objekt bezogenen verbalen Wahrnehmungen und Bewertungen von Touristen. Dabei wird überwiegend auf das umfassende Verständnis von Image als komplexem subjektivem Vorstellungsbild (*Image im weiteren Sinn*) abgezielt, doch lassen sich prägnante Leitbilder („Labels"; *Image im engeren Sinn*) nicht immer davon trennen.

2   Methodisches Design der Untersuchung

Zur Untersuchung des Binnenimages (Selbstbildes) fand im Februar 2003 in Johanngeorgenstadt eine *Einwohnerbefragung* statt. 819 Haushalte wurden von geschulten Interviewerinnen persönlich um ihre Teilnahme an einer standardisierten, schriftlichen Befragung gebeten. Insgesamt 700 Bewohner willigten ein, und von 590 konnte nach einigen Tagen ein auswertbarer Fragebogen eingesammelt werden. Die Rücklaufquote der Fragebögen lag bei 84 % und damit sehr hoch (detaillierter zur Methodik vgl. Steinführer, Kabisch 2004, 27-35). Der Erhebung war eine intensive Vorbereitung (Pretest, Medienberichte, schriftliche Ankündigungen an den Haustüren bzw. per Einwurf in die Briefkästen) vorausgegangen. Zugleich kann die hohe Beteiligung als Indiz für das starke Interesse der Bewohner an der weiteren Entwicklung ihrer Stadt gesehen werden.

Für die Stichprobenziehung (bewusste Klumpenauswahl) wurde von den städtischen Siedlungsschwerpunkten ausgegangen. Im Wesentlichen konzentrierte sich die Befragung auf die Neustadt, die Mittelstadt und die Altstadt (572 Befragte), weitere 18 Fragebögen füllten Einwohner von Jugel, Wittigsthal und Pachthaus aus. Die großen Stadtteile, in erster Linie die Neustadt, sind etwas überproportional vertreten (97 % der Befragten im Gegensatz zu 90 % der Einwohner). Die Gruppen ab 50 Jahre sind leicht über- und Personen bis 30 Jahre unterrepräsentiert. Insgesamt aber kann die Stichprobe als hinreichend repräsentativ angesehen werden (zur soziodemographischen Struktur vgl. ebd., 37-41).

Das Außenimage (Fremdbild) wurde mittels einer mündlichen, standardisierten *Gästebefragung* erhoben. Diese war aufgrund starker finanzieller Beschränkungen als ausschließlich explorative Studie konzeptioniert und wurde im Februar 2003, während der Winterferien mehrerer ostdeutscher Bundesländer, an exponierten touristischen Orten der Stadt (Fremdenverkehrsamt, Loipen, Parkplätze, Skilift) durchgeführt (61 Befragte). Aufgrund der veränderten Methodik war der Fragebogen deutlich kürzer, und viele Aspekte konnten nicht so detailliert untersucht werden wie in der Einwohnerbefragung.

3 Imageausprägungen in Johanngeorgenstadt

3.1 Binnenimage

Aus zwei Gründen war im Vorfeld der Erhebung auf eine hohe *Verbundenheit* der Johanngeorgenstädter zu ihrer Stadt geschlossen worden: Erstens dürften die meisten Mobilen (mehr oder weniger freiwillig) den Ort auf der Suche nach Arbeit in den vergangenen Jahren bereits verlassen haben, zum anderen werden damit überwiegend die zurückgeblieben sein, die über enge emotionale, materielle und (oder) familiäre Bindungen an die Stadt verfügen.

Tatsächlich lässt sich diese Annahme anhand zweier Indikatoren bestätigen. So ist die Wegzugsbereitschaft in der Stichprobe außerordentlich gering, planen doch gerade 15 Befragte (3 %), Johanngeorgenstadt in naher Zukunft zu verlassen. Für jeden zweiten Sesshaften ist das Heimatgefühl ein zentraler Bleibegrund. Auch fühlen sich 29 % der Bewohner stark, 32 % eher verbunden mit ihrer Stadt. Doch kann sich dies sowohl auf emotionale Faktoren als auch auf die angesprochenen materiellen oder familiären Bindungen mit einem gewissen Zwangscharakter gründen. Deshalb sagen diese beiden direkten Indikatoren noch relativ wenig über das Binnenimage und seine Dimensionen aus.

Vertrautheit kennzeichnet das *eigene Verhältnis* zur Stadt, die als geschichtsträchtig, aber auch als zerstört und langweilig beschrieben wird (vgl. Abb. 1). Zugleich fühlen

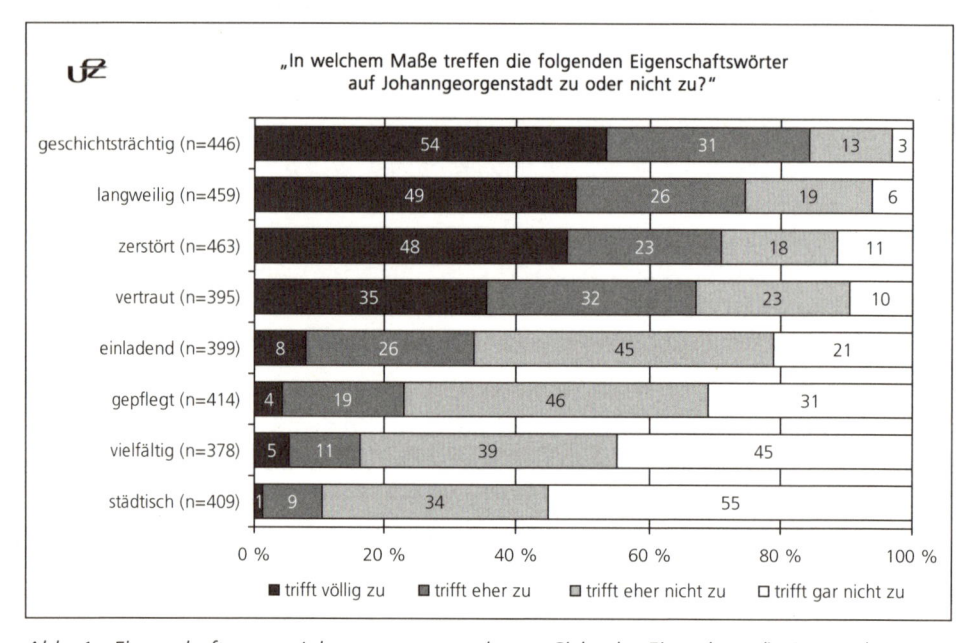

Abb. 1: Eigenschaften von Johanngeorgenstadt, aus Sicht der Einwohner (in Prozent) (Quelle: Eigene Erhebung, Februar 2003)

sich die Befragten von den beiden letztgenannten Attributen am stärksten angesprochen (22 % gegenüber sonst bis zu einem Drittel fehlender Angaben). Den Großteil der positiven Eigenschaften (z. B. „einladend" und „gepflegt") bewerten die Einwohner hingegen als nicht zutreffend. Auch urbane Qualitäten würde man Johanngeorgenstadt kaum zugestehen: Die Stadt ohne Zentrum sei weder von Vielfalt noch städtischem Charakter geprägt. Das lässt sich auch anhand eines anderen (offenen) Indikators zeigen, der danach fragte, was man einem Gast in der Stadt und ihrer Umgebung zeigen würde: Dort stehen landschaftliche Aspekte, einschließlich anderer Orte der Region, sowie Zeugen der Bergbauvergangenheit im Vordergrund (jeweils über 300 Angaben). Die Altstadtkirche, einer der wenigen Überreste des alten Johanngeorgenstadt, folgt auf dem siebten Rang (68 Nennungen).

Eine Annäherung an die zentralen Probleme der Stadt, die das Binnenimage prägen, ist damit noch nicht erfolgt, werden doch das fehlende Stadtzentrum in der (an anderer Stelle abgefragten) Nachteile-Liste nur auf Platz vier eingeordnet, die schwere wirtschaftliche Krise und die damit zusammenhängenden Probleme von Abwanderung und Wohnungsleerstand aber als weitaus gewichtiger bewertet (vgl. auch unten Abb. 4). Bevor die Dimensionen des Binnenimages genauer herausgearbeitet werden, interessiert zunächst die *Gesamteinschätzung* der städtischen Lebensqualität. Diese wurde mit der Frage, ob die Einwohner einem „guten Freund" raten würden, nach Johanngeorgenstadt zu ziehen, ermittelt. Nur 13 % bejahen dies, 66 % würden abraten, 21 % wissen es nicht. Die Zuratenden sind überwiegend ältere Befragte, die nicht mehr im Erwerbsleben stehen. Zwar ist dies der höchste Grad an Ablehnung, den eine Untersuchung des UFZ-Umweltforschungszentrums mit diesem Indikator bislang ermittelt hat, doch ist das Ergebnis typisch für die Bewertung ehemaliger Bergbauregionen Ostdeutschlands aus der Perspektive der Einwohner (vgl. auch Steinführer, Kabisch 2004, 49 f.; Kabisch u. a. 2004, 134-136).

Dreh- und Angelpunkt der ausgesprochen negativen Charakterisierung ist die wirtschaftliche Situation. Diese wurde aus den offenen Fragen im Anschluss an die Gute-Freund-Frage als die alles dominierende *Bewertungsdimension* herausgearbeitet (vgl. Tab. 1). Zugleich hat sie Konsequenzen für die städtische Lebensqualität und die demographische Entwicklung als weitere wichtige Bestandteile des Binnenimages. Daneben wird auf nur begrenzt veränderbare Aspekte (wie die Lage, das Klima oder die städtebaulichen Probleme infolge des Uranbergbaus) verwiesen, zu denen auch die einzige Positivdimension – die landschaftliche Attraktivität der Umgebung – zu zählen ist.

Verlässt man die Gegenwart und geht hypothetisch in die Zukunft („Wie wird Johanngeorgenstadt in zehn Jahren wohl aussehen?"), so übernimmt die demographische Entwicklung die Rolle des alles beherrschenden Einflussfaktors. Die Tatsache, dass sich 476 Befragte (81 %) an diesen „Spekulationen" beteiligten, verweist erneut darauf, wie wichtig den Einwohnern die weitere Entwicklung ihrer Stadt ist – auch ein Indikator für Verbundenheit. Inhaltlich ist die häufigste Assoziation die Alterung der Einwohnerschaft, die 130-mal mit dem Begriff „Rentnerstadt" (vereinzelt auch als „Rentnerdorf") zugespitzt wird. Weitere 230 Befragte umschreiben das gleiche Phänomen anderweitig („nur noch alte Leute", „sterbende Stadt"). Ein anderer Schwerpunkt liegt wie bereits für die Gegenwart im Bereich des Arbeitsmarktes, der weiterhin wenig optimistisch gesehen wird.

Tab. 1: Dimensionen des Binnenimages von Johanngeorgenstadt (n=438, Mehrfachnennungen möglich)
(Quelle: Eigene Erhebung, Februar 2003)

Dimensionen des Binnenimages*	Beispielzitate	Nennungen	in %
1. Wirtschaftliche Situation	- „Stadt der Arbeitslosen" - „keine Arbeit, keine Perspektive" - „sämtliche Industrie wurde abgebaut"	309	71
2. Lebensqualität	- „nichts los" - „nichts für Jugendliche außer im Sportverein" - „schlechte Einkaufsmöglichkeiten"	108	25
3. Landschaftliche Attraktivität	- „tolle Gegend" - „landschaftlich schön gelegen" - „Wir haben nur noch den Wald und die Umgebung"	71	16
4. Demographische Entwicklung	- „Rentnerstadt" - „Stadt stirbt aus!" - „alternde Stadt, weil die meiste Jugend weg geht"	33	8
5. Geographische Lage	- „schlechte Verkehrsanbindungen" - „zu weit abgelegen" - „zu nah an Böhmen"	31	7
6. Städtebauliche Situation, Erbe des Uranbergbaus	- „zerrissenes Stadtbild" - „weil diese Stadt nicht mehr ist wie vor der Wismut-Zeit" - „fehlendes Stadtbild mit typischem Stadtzentrum"	30	7
7. Klima	- „zu lange Winter" - „raues Klima"	12	3

* Abgeleitet aus den offenen Antworten auf die Frage „Würden Sie einem guten Freund raten, nach Johanngeorgenstadt zu ziehen? Warum oder warum nicht?". Nicht berücksichtigt wurden unspezifische Aussagen wie „keine Perspektive" oder „schlechte Infrastruktur".

Doch auch die Bewohner hoffen auf Touristen und begrüßen die *Marketingstrategien* der Stadtverwaltung, die auf die Attraktivität Johanngeorgenstadts als Wintersportort mit erzgebirgischer Traditionspflege setzt (vgl. Abb. 2). Alle weiteren vorgeschlagenen Labels (Außenimages im engeren Sinn) sind den Befragten demnach zu unspezifisch („Stadt mit einzigartiger Entwicklung", „traditionsreiche Stadt im Wandel"), sind historisch überholt („Sommerfrische") oder nicht positiv besetzt („Wismut-Stadt"). Mit der landschaftlichen Attraktivität der Erzgebirgsstadt wird somit die einzige Positivdimension des Binnenimages zum Bestimmungsfaktor für die aus Sicht der Bewohner am besten geeignete Vermarktung der Stadt nach außen. Die Diskrepanz zum Binnenimage ist augenfällig – auch die Einwohner folgen somit der ökonomischen Logik der Produktion städtischer (Außen-)Images als Marketinginstrument.

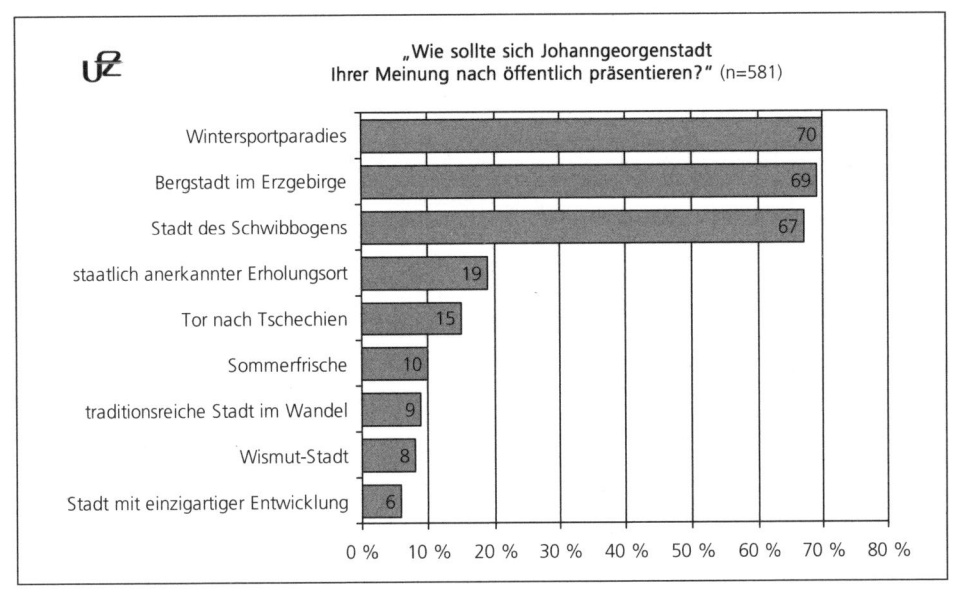

"Wie sollte sich Johanngeorgenstadt Ihrer Meinung nach öffentlich präsentieren?" (n=581)

Kategorie	Prozent
Wintersportparadies	70
Bergstadt im Erzgebirge	69
Stadt des Schwibbogens	67
staatlich anerkannter Erholungsort	19
Tor nach Tschechien	15
Sommerfrische	10
traditionsreiche Stadt im Wandel	9
Wismut-Stadt	8
Stadt mit einzigartiger Entwicklung	6

Abb. 2: Empfehlungen für die Außendarstellung von Johanngeorgenstadt, aus Sicht der Einwohner (Mehrfachnennungen möglich; in Prozent)
(Quelle: Eigene Erhebung, Februar 2003)

Zusammenfassend lassen sich für das Binnenimage von Johanngeorgenstadt vier Hauptdimensionen herausarbeiten: die ökonomische Krisensituation, die sinkende städtische Lebensqualität, die demographische Schrumpfung und Alterung sowie die landschaftliche Attraktivität. Dabei ist die Arbeitsmarktlage das alles beherrschende und die übrigen Dimensionen überlagernde Thema der Gegenwart, und die demographischen Veränderungen bestimmen die Sorgen hinsichtlich der Zukunft. Die landschaftliche Attraktivität ist die einzige positiv besetzte Dimension und wird von den Bewohnern als wichtigstes Potenzial gesehen. Doch ist auf ein weiteres „Kapital" zu verweisen: Das sind die verbliebenen Bewohner selbst, die sich als „heimatverbunden" beschreiben und selbstbewusst auf einer „Geschichtsträchtigkeit" ihrer Stadt bestehen, die sie als Haupteigenschaft aus einer Liste von Attributen auswählen.

Die ökologischen Zerstörungen und städtebaulichen Folgen des Uranbergbaus spielen in den Wahrnehmungen und Bewertungen der Bewohner ebenfalls eine wichtige Rolle, doch werden sie gegenwärtig von der ökonomischen und demographischen Dimension überlagert. Als These kann formuliert werden, dass die Zeit des Uranbergbaus weniger für das Binnenimage als für die kollektive städtische Identität von Bedeutung und somit auf einer tieferen Ebene des Selbstbildes verankert ist – im Positiven („Geschichtsträchtigkeit") wie im Negativen („zerstörte Stadt"). Auch gibt es Hinweise auf ein kollektives Bewusstsein eines besonderen Anspruches auf Wiedergutmachung durch die Gesellschaft, war Johanngeorgenstadt aus Sicht der Einwohner doch in besonderem Maße durch die Fährnisse der Weltgeschichte betroffen.

3.2 Außenimage

Den in die (als Pilotstudie konzipierte) Gästebefragung einbezogenen 61 Touristen gilt Johanngeorgenstadt in erster Linie als schneesicherer Wintersportort. Das ist insofern wenig überraschend, als aufgrund von Befragungszeit und -ort insbesondere Freizeitsportler und Winterurlauber angesprochen wurden. „Schnee" und „Skifahren" bildeten die häufigsten Spontanassoziationen mit der Stadt. Immerhin acht Gäste (14 %) stellten einen Zusammenhang zum Uranbergbau her (viermal unter dem Schlagwort „Wismut"), fünf Touristen (8 %) verwiesen auf erzgebirgische Traditionen („Schwibbogen", „traditioneller Weihnachtsmarkt", „alte Bergarbeiterstadt"), ebenso viele auf die Grenzlage zu Tschechien.

Die Vertrautheit mit der Region ist groß: Einige befragte Gäste (14 %) leben selbst in der Nähe, viele weitere Touristen sind nicht das erste Mal in Johanngeorgenstadt (52 %) – und nicht wenige von ihnen kennen die Stadt aus Ferien- und Sportlagern in der Kindheit und Jugend. Entsprechend leben nur fünf der Befragten nicht in den ostdeutschen Bundesländern.

Aufgrund des deutlich kürzeren Fragebogens konnten die *Dimensionen des Außenimages* nicht in der gleichen Tiefe wie in der Einwohnerbefragung und nur mit geschlossenen Indikatoren erhoben werden. Dabei waren sowohl Vorzüge als auch Nachteile von Johanngeorgenstadt vorgegeben. Auffällig ist, dass 59 Gäste auf die erste, die Stärken betreffende, aber nur 47 auf die zweite Frage antworteten. Fünf weitere Besucher konnten explizit keine Negativseiten benennen. Bei den Positivfaktoren steht der Wintersport in schöner Landschaft auch in dieser Operationalisierung wieder vorn an (85 % bzw. 76 % der Nennungen; vgl. unten Abb. 3). Als die mit Abstand größten Schwachpunkte werden mit jeweils 51 % wirtschaftliche Probleme und Arbeitslosigkeit sowie der Wohnungsleerstand und bauliche Verfall benannt. Demgegenüber finden Umweltschäden durch die SAG/SDAG Wismut gerade durch fünf Befragte (11 %) Beachtung (vgl. auch Abb. 4).

Johanngeorgenstadt ist für seine Gäste somit ein etablierter Wintersportort, dessen Vorzüge für die Gestaltung eines aktiven Urlaubs ausreichen, und dessen Schwächen die Urlaubszufriedenheit – entsprechendes Wetter vorausgesetzt – nicht negativ beeinflussen. Auch die Folgen des gravierenden wirtschaftlichen Strukturwandels spielen im Vergleich zu den Positivaspekten keine prominente Rolle, und auf die Folgen des Uranbergbaus nehmen nur wenige Gäste Bezug. Dies lässt sich damit erklären, dass Imagebildung auch mit Wissen und optischer Wahrnehmung zu tun hat. Die sehr hohe Arbeitslosigkeit ist ein Problem in ganz Ostdeutschland, und die überwiegend von dort stammenden Urlauber greifen auf ein ihnen bekanntes Faktum zurück. Wohnungsleerstand und das fehlende Zentrum sind bei der Orientierung im Raum wahrnehmbar, nicht jedoch die ökologischen Lasten des Uranbergbaus. Die Halden wachsen zu, werden anderweitig genutzt und sind gerade im Winter kaum sichtbar. Mehr und mehr verblasst diese Vergangenheit, sodass die Dimension „Wismut" im Außenimage der Gäste kaum von Bedeutung ist.

Daneben sollte – bei allen methodischen Einschränkungen – nicht nur das Fremdbild der Gäste (Image im weiteren Sinn), sondern ebenso das *Außenimage* von Johanngeorgenstadt *im engeren Sinn* untersucht werden. Entsprechend war den Touristen sowohl bei den Vorzügen als auch den Nachteilen der Stadt ein gutes bzw. schlechtes Image („Ruf") vorgegeben worden. Beides können sie nicht bestätigen (vgl. auch unten Abb. 3 und 4), womit die obige Annahme, die Stadt habe weniger ein Negativimage, sondern sei vielmehr mit keinem besonderen Label in der Öffentlichkeit etabliert, bestätigt wird. Ein ausgeprägtes Außenimage im engeren Sinn fehlt also, was aus Sicht der Imageforschung wenig überraschend ist, da die Stadt sehr klein ist und über kein wirkliches Alleinstellungsmerkmal verfügt.

Zusammenfassend lässt sich festhalten, dass das Außenimage der Gäste (im weiteren Sinn) zwei zentrale Bestandteile – Dimensionen dürfte aufgrund der methodischen Einschränkungen zu hoch gegriffen sein – aufweist: die Landschaft und die damit verbundenen Wintersportmöglichkeiten. Bei winterlichen Bedingungen ist der Grundstein für eine hohe Urlaubszufriedenheit gelegt und die Bewertung von Johanngeorgenstadt überwiegend positiv. Direkt darauf angesprochen, wird auch die wirtschaftliche und städtebauliche Situation der Stadt wahrgenommen, denn natürlich bleiben auch den Urlaubern die strukturellen Probleme der Region nicht verborgen. Doch solange diese keinen störenden Einfluss ausüben, können neun von zehn Gästen den Ort ohne Einschränkung weiterempfehlen. Auch die Absicht, selbst wiederzukommen, ist ausgesprochen hoch. Ein bekanntes negatives oder positives Label verbinden die Besucher jedoch nicht mit Johanngeorgenstadt.

3.3 Vergleich von Binnen- und Außenimage

Im direkten Vergleich der wahrgenommenen Vorzüge wird deutlich, dass sich Gäste und Einwohner mehrheitlich auf dieselben Aspekte beziehen (vgl. Abb. 3). Für beide Gruppen sind die landschaftliche Attraktivität (86 % bzw. 80 %) und die Gelegenheiten zur aktiven Erholung, insbesondere im Winter, die wichtigsten Potenziale von Johanngeorgenstadt. Dass die Wandermöglichkeiten in stärkerem Maße von den Einwohnern hervorgehoben werden, lässt sich mit dem Erhebungszeitpunkt und der angesprochenen Touristengruppe erklären.

Stärker klaffen die Meinungen bei den übrigen Antwortvorgaben auseinander, doch ist dies meist den unterschiedlichen Interessen der beiden Gruppen (z. B. in Bezug auf die touristische Infrastruktur vor Ort) geschuldet. Zwei Aspekte verdienen Beachtung: Jeder dritte Einwohner (36 %) betont die aus seiner Sicht „interessante Geschichte" von Johanngeorgenstadt. Das korrespondiert mit den Ergebnissen der Wahrnehmungsanalyse, in der das Attribut „Geschichtsträchtigkeit" die meiste Zustimmung erhalten hatte (vgl. oben Abb. 1). Den Gästen ist dies viel weniger bewusst, nur 17 % entscheiden sich für diese Antwortkategorie. Ein gutes (Außen-)Image im engeren Sinn (hier auch als „Ruf" erfragt) können schließlich weder die einen noch die anderen Johanngeorgenstadt bescheinigen.

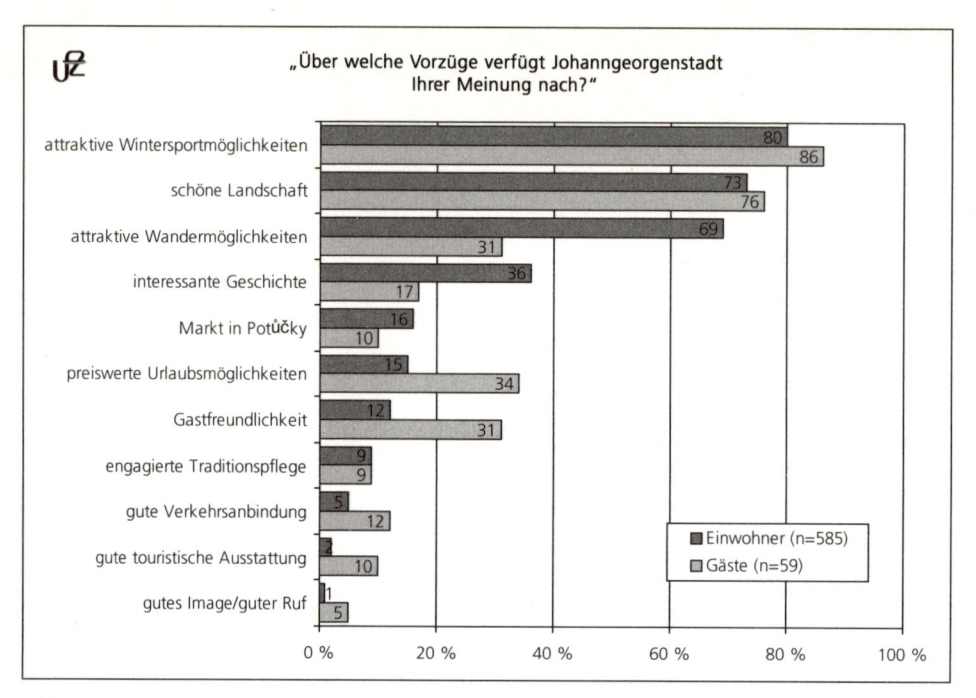

"Über welche Vorzüge verfügt Johanngeorgenstadt Ihrer Meinung nach?"

Merkmal	Einwohner (n=585)	Gäste (n=59)
attraktive Wintersportmöglichkeiten	80	86
schöne Landschaft	73	76
attraktive Wandermöglichkeiten	69	31
interessante Geschichte	36	17
Markt in Potůčky	16	10
preiswerte Urlaubsmöglichkeiten	15	34
Gastfreundlichkeit	12	31
engagierte Traditionspflege	9	9
gute Verkehrsanbindung	5	12
gute touristische Ausstattung	2	10
gutes Image/guter Ruf	1	5

Abb. 3: Vorzüge von Johanngeorgenstadt (Mehrfachnennungen möglich; in Prozent) (Quelle: Eigene Erhebung, Februar 2003)

"Und welche Schwächen von Johanngeorgenstadt sehen Sie"?

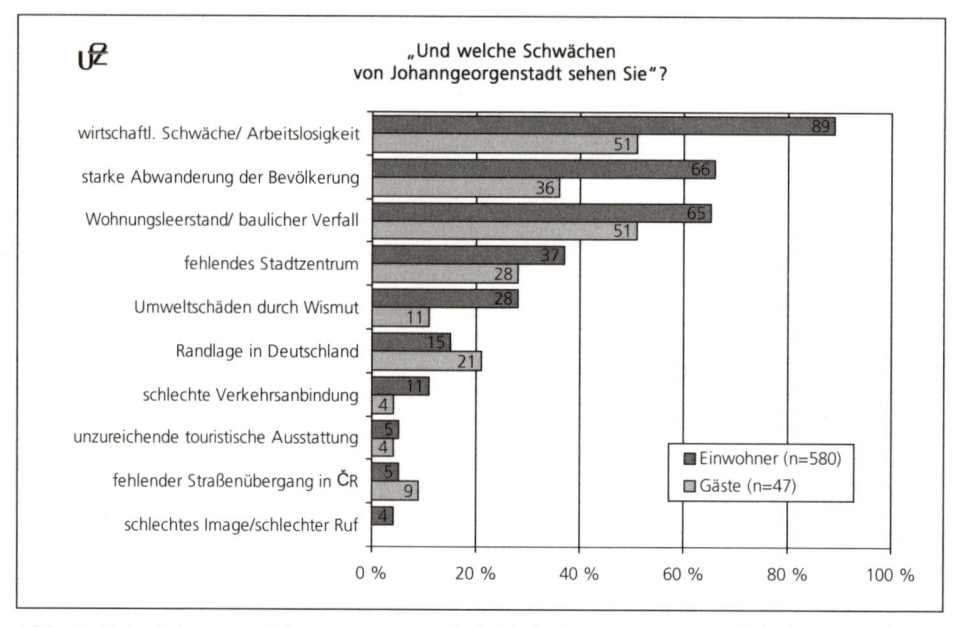

Merkmal	Einwohner (n=580)	Gäste (n=47)
wirtschaftl. Schwäche/ Arbeitslosigkeit	89	51
starke Abwanderung der Bevölkerung	66	36
Wohnungsleerstand/ baulicher Verfall	65	51
fehlendes Stadtzentrum	37	28
Umweltschäden durch Wismut	28	11
Randlage in Deutschland	15	21
schlechte Verkehrsanbindung	11	4
unzureichende touristische Ausstattung	5	4
fehlender Straßenübergang in ČR	5	9
schlechtes Image/schlechter Ruf	4	

Abb. 4: Schwächen von Johanngeorgenstadt (Mehrfachnennungen möglich; in Prozent) (Quelle: Eigene Erhebung, Februar 2003)

Deutlichere Unterschiede lassen sich bei den Schwächen feststellen (vgl. Abb. 4): Zwar ist auch hier die Rangfolge identisch (die wirtschaftliche Rezession und deren demographische und städtebauliche Folgen stehen im Vordergrund), doch sind die Gäste im Vergleich zu den Einwohnern weniger entschieden in ihren Urteilen. Dieses Ergebnis – ebenso wie die Tatsache, dass die Schäden des Uranbergbaus für die Urlauber im Gegensatz zu den Einwohnern kaum eine Rolle spielen (11 % vs. 28 %) – ist, wie oben bereits ausgeführt wurde, mit den unterschiedlichen Erfahrungen und Interessen der Befragten, aber auch mit gruppenspezifischen Wissensbeständen zu erklären. Andere, in der Expertendebatte oft hervorgehobene Probleme der Region, wie die schlechte Verkehrsanbindung, der fehlende Straßenübergang in die Tschechische Republik oder auch das vorgebliche Negativimage, können nur wenige Bewohner und Gäste in ihrer Existenz bestätigen.

4 Schlussfolgerungen und Handlungsoptionen

Die Ergebnisse der Analyse lassen sich in vier Thesen zusammenfassen:

1. Johanngeorgenstadt ist kein singulärer Fall, sondern in den Kontext ostdeutscher Stadtentwicklungsmuster nach 1990 zu stellen. Entsprechend sind die Spielräume zur Veränderung der Realität und des damit korrespondierenden Binnenimages gering.

2. Die häufige Behauptung eines „schlechten (Außen-)Images" von Johanngeorgenstadt (verstanden als negatives Label) ist nicht zu halten – vielmehr fehlt der Stadt ein ausgeprägtes Außenimage im engeren Sinn. Die weitere „Beschwörung" des schlechten Images durch die lokalen und regionalen Entscheidungsträger kann bei weiterer Verbreitung selbst negative Konsequenzen haben.

3. Die ökologischen und städtebaulichen Folgen des Uranbergbaus werden in der Gegenwart durch schwerwiegende ökonomische und demographische Schrumpfungsprobleme überlagert. Diese bilden die zentralen Dimensionen des Binnenimages.

4. Die wichtigste Qualität der Stadt ist die landschaftliche Attraktivität, verbunden mit einer vor allem saisonalen Partizipation am Erzgebirgsimage. Zwar wird die Tourismusstrategie der Stadt bestätigt, dennoch lässt sich das Fremdenverkehrsmarketing verbessern.

Bei allen lokalhistorischen Besonderheiten ist Johanngeorgenstadt einem in den 1990er Jahren in Ostdeutschland neu entstandenen Stadttypus zuzuordnen, der in Wissenschaft und Politik unter den Schlagworten Schrumpfung und Stadtumbau diskutiert wird. Dabei bleibt die kognitive Dimension dieser Prozesse – die Selbstwahrnehmung der dort lebenden Menschen – meist unterbelichtet (vgl. Matthiesen 2002; Keim 2004, 210). Diese ist, wie am Beispiel von Johanngeorgenstadt herausgearbeitet wurde, in erster Linie durch die kollektive Erfahrung einer multiplen Peripherisierung geprägt – geographische Randlage, ökonomische Rezession, demographische Schrumpfung und Alterung, unzureichende Sanierungsmittel sowie mentale Selbstverortungen „am Rande" der Gesellschaft und „ohne Zukunft" gehen im Binnenimage von Johanngeorgenstadt eine unheilvolle Verbindung ein, die sich als allgemeine Hoffnungslosigkeit manifestiert. Die Gegenwart wird von einem Mangel an Zukunft überschattet, Erwerbsbiographien lassen sich mehrheitlich nicht oder nicht bruchlos vor Ort realisieren – dies (und nicht das Erbe des Uranbergbaus) sind die Hauptgründe für die überwiegend negative Bewertung von Johanngeorgenstadt durch die Einwohner. Dennoch fühlen sich diese ihrer Stadt verbunden, und so lässt sich das Selbstbild als ausgesprochen ambivalent beschreiben: Einerseits ist die ökonomische Rezession ursächlich für das ausgeprägt negative Binnenimage und wird als demographische Krise in die Zukunft fortgeschrieben. Andererseits gibt es ein Bewusstsein für das Besondere der städtischen Vergangenheit, ohne die auch die eigene Biographie nicht erklärbar ist, und einen Stolz auf die landschaftlichen Reize der Gegend.

Erneut aber ist auf Parallelen zu anderen ostdeutschen Regionen zu verweisen, wo sich die ökonomische, soziale und geographische Randlage ebenfalls in entsprechenden kollektiven Selbstzuschreibungen niederschlägt. Für die deutsch-polnische Grenzregion hat Ulf Matthiesen diese mentale Verarbeitung der multidimensionalen Krisensituation als „Peripherisierungen im Kopfe" bezeichnet (Matthiesen 2002, 3). „Das Selbst-Etikett der ‚sterbenden rsp. schon toten Stadt' verbreitet sich insbesondere in den jüngeren Generationen rasch – mit der Folge, dass viele der bewundernswürdigen lokalen Aktivitäten und Lernanstöße vor Ort in der einen oder anderen Weise am Ende doch von dieser strukturellen Melancholie eingeholt werden" (Matthiesen 2003, 101; ähnlich für Hoyerswerda: Kil u. a. 2003, 26; für Weißwasser: Kabisch u. a. 2004, 136-139).

Die vorgestellten Ergebnisse können eine Erkenntnis der Forschung zu den weichen Standortfaktoren bestätigen: Ein ausgeprägtes Image (im Sinne eines treffend zugespitzten Labels) ist vor allem ein Merkmal von Großstädten und Metropolen. Klein- und Mittelstädte sind überregional eher durch ein fehlendes Image gekennzeichnet. Das gilt auch für Johanngeorgenstadt. Aus diesem Grund kann auf der Basis dieser Studie keine Imagekampagne empfohlen werden, da nicht zu erwarten ist, dass Kosten und Nutzen einer solchen Maßnahme in einem angemessenen Verhältnis stehen würden. Von einer weiteren Verbreitung der unbelegten These eines „schlechten Images" (im engeren Sinn) wird dringend abgeraten. Auch „Medienschelte" ist nicht angebracht.

Der Vergleich von Selbst- und Fremdperspektive ergab, dass das Außenimage von Johanngeorgenstadt deutlich besser als das Binnenimage ist – unzufriedene Einwohner und klaglose Gäste stehen sich mit ihren jeweiligen Wahrnehmungen wie zwei

Pole gegenüber. Doch erklären sich die unterschiedlichen Bewertungen mit den spezifischen Interessen, biographischen Bezügen und Zeithorizonten vor Ort. Allerdings ist einschränkend nochmals zu betonen, dass die Untersuchung des Außenimages auf eine explorative Studie mit einer nur kleinen Zahl von Befragten beschränkt war, sodass die Ergebnisse hypothetischen Charakter tragen.

Das offizielle städtische Selbstbild hat weitgehend Bestätigung erfahren. Johanngeorgenstadt gilt sowohl seinen Bewohnern als auch seinen Gästen als Wintersportort im Erzgebirge. Doch lassen sich Internetauftritt und Orientierungshilfen im Raum verbessern. Ungenutzt sind des Weiteren Potenziale im Bereich der Stadtgeschichte, deren jüngerer Teil – anders als die regional spezifische Traditionspflege – weitgehend aus der offiziellen Selbstdarstellung verdrängt wird. Dieser spielt aber für das kollektive Selbstbild und die Identität der Bewohner eine herausragende Rolle, ohne auf die „Uran"-Dimension beschränkt zu sein. Ein Museum für Stadtgeschichte – und sei es in Form einer kleinen Ausstellung – könnte hier Abhilfe schaffen. Das Argument fehlender finanzieller Mittel gilt zumindest in der Konzeptionsphase einer solchen Ausstellung nur begrenzt, wurde doch ein weiteres brachliegendes endogenes Potenzial identifiziert: die Kreativität, Belastbarkeit und Heimatverbundenheit der Einwohner von Johanngeorgenstadt sowie ihr deutlich gewordenes Bedürfnis, ihre subjektiven Deutungen der jüngeren Geschichte und Zukunftssorgen kund zu tun. Denn neben der landschaftlichen Attraktivität und der (zumindest noch gegebenen) Schneesicherheit der Region sind die verbliebenen Bewohner und die mit Johanngeorgenstadt oft seit ihrer Kindheit und Jugend vertrauten Gäste das wichtigste Kapital der Stadt.

Literatur und Internetquellen

BCSD (Bundesvereinigung City- und Stadtmarketing Deutschland e. V.) (o. J. [ca. 2002]): Literaturliste zum Thema Stadt-/City-/Regional- und Standortmarketing bzw. -management. Im Internet unter: http://www.bcsd-online.de/leistungen/Literaturliste%20bcsd.pdf (letzter Zugriff: 28.07.2003).

Fakten, Zahlen und Geschehnisse aus der Entwicklung von Johanngeorgenstadt: 1945 bis 1978. Johanngeorgenstadt 1979.

Gatzweiler, H.-P.; Meyer, K.; Milbert, A. (2003): Schrumpfende Städte in Deutschland? Fakten und Trends. In: Informationen zur Raumentwicklung H. 10/11, 557–574.

Grabow, B.; Henckel, D.; Hollbach-Grömig, B. (1995): Weiche Standortfaktoren. Unter Mitarbeit von N. Rauch u. a., Stuttgart u. a., Schriften des Deutschen Instituts für Urbanistik, 89.

Hannemann, Ch. (2003): Schrumpfende Städte in Ostdeutschland – Ursachen und Folgen einer Stadtentwicklung ohne Wirtschaftswachstum. In: Aus Politik und Zeitgeschichte B 28 (7. Juli 2003), 16-23.

Häußermann, H.; Siebel, W. (1987): Neue Urbanität. Frankfurt/M.

Helbrecht, I. (1994): Stadtmarketing. Konturen einer kommunikativen Stadtentwicklungspolitik. Basel u. a., Stadtforschung aktuell, 44.

Ipsen, D. (1986): Raumbilder. Zum Verhältnis des ökonomischen und kulturellen Raumes. In: Informationen zur Raumentwicklung H. 11/12, 921-931.

Kabisch, S.; Bernt, M.; Peter, A. (2004): Stadtumbau unter Schrumpfungsbedingungen. Eine sozialwissenschaftliche Fallstudie. Wiesbaden.

Keim, K.-D. (2004): Ein kreativer Blick auf schrumpfende Städte. In: Siebel, W. (Hrsg.): Die europäische Stadt. Frankfurt/M., 208-218.

Kil, W.; Doehler, M.; Bräuer, M. (2003): Zukunft der Städte und Stadtquartiere Ostdeutschlands. In: Aus Politik und Zeitgeschichte B 28 (7. Juli 2003), 25-31.

Lang, B. (1997): Mythos Kreuzberg. In: Leviathan 25, 498-519.

Lynch, K. (^{2}2001): Das Bild der Stadt. Gütersloh u. a., Bauwelt-Fundamente, 16 (Original 1960).

Matthiesen, U. (2002): Osterweiterung – Brandenburg – Polen: Statement zum „Zukunftsforum Brandenburg 2025". In: IRS aktuell Nr. 37, 3 f.

Matthiesen, U. (2003): Im Sog von Schrumpfungsdynamiken – eine lernende Region im deutsch-polnischen Grenzgebiet. In: Matthiesen, U.; Reutter, G. (Hrsg.): Lernende Region – Mythos oder lebendige Praxis? Bielefeld, 89-114.

May, M. (1986): Städtetourismus als Teil der kommunalen Imageplanung: dargestellt am Beispiel der kreisfreien Städte im Ruhrgebiet. Trier, Materialien zur Fremdenverkehrsgeographie, 14.

Micheel, M. (1995): Greifswald – Das Image als Faktor der Stadtentwicklung. Eine qualitative Untersuchung zur Stadtmarketing-Konzeption. In: Europa Regional 3, Nr. 2, 8-16.

Müller, B.; Rathmann, J.; Wirth, P. (2000): Sanierungs- und Entwicklungsgebiet Uranbergbau in Südwestsachsen – Gestaltung des Strukturwandels durch Kooperation. In: Danielczyk, R. (Hrsg.): Sanierung und Entwicklung in Ostdeutschland – regionale Strategien auf dem Prüfstand. Dresden, IÖR-Schriften, 32, 63-76.

Sachstandsbericht zum Projekt „Umbau von Siedlungsstrukturen unter Schrumpfungsbedingungen als Grundlage einer nachhaltigen Entwicklung. Modellvorhaben im ‚Zentralen Erzgebirge um Johanngeorgenstadt'". Vervielf. Typoskript. Dresden 2002.

Scholz, D. (1960): Johanngeorgenstadt. Eine stadtgeographische Skizze. In: Geographische Berichte 17 (5. Jg.), 246-258.

Schüttemeyer, A. (1998): Eigen- und Fremdimage der Stadt Bonn. Eine empirische Untersuchung. Bonn, Bonner Beiträge zur Geographie, 9.

Sieber, S. (1972): Um Aue, Schwarzenberg und Johanngeorgenstadt. Ergebnisse der heimatkundlichen Bestandsaufnahme in den Gebieten von Aue und Johanngeorgenstadt. Berlin, Werte unserer Heimat, 20.

Stegmann, B.-A. (1997): Großstadt im Image. Eine wahrnehmungsgeographische Studie zu raumbezogenen Images und zum Imagemarketing in Printmedien am Beispiel Kölns und seiner Stadtviertel. Köln, Kölner geographische Arbeiten, 68.

Steinführer, A.; Kabisch, S. (2004): Binnen- und Außenimage von Johanngeorgenstadt aus soziologischer Perspektive. Leipzig, UFZ-Bericht, 2/2004.

Titzmann, O. (2003): Uranbergbau contra Radiumbad. Die Auswirkungen des Uranbergbaus der SAG/SDAG Wismut auf die Gemeinde Radiumbad Oberschlema (1946-1955). Schlema.

Urban, F. (1999): Image – ein gestalterisches Element der Stadtentwicklung. Überlegungen zum Kunstprojekt „Standortfaktor", Pavillon der Volksbühne, Berlin 1998. In: Archiv für Kommunalwissenschaften 38, 109-118.

Vollert, D.; Burkhardt, K. (1992): Johanngeorgenstadt. Historie und Gegenwart. Johanngeorgenstadt, Chemnitz.

Vorhabensbeschreibung „Umbau von Siedlungsstrukturen unter Schrumpfungsbedingungen als Grundlage einer nachhaltigen Entwicklung. Modellvorhaben im ‚Zentralen Erzgebirge um Johanngeorgenstadt'". Vervielf. Typoskript. Johanngeorgenstadt, Dresden, 2001.

Weiske, Ch. (2002): Stadt und Welt. Fiktive Verortungen als die Images der Stadt Chemnitz. In: Hannemann, Ch.; Kabisch, S.; Weiske, Ch. (Hrsg.): Neue Länder – Neue Sitten? Transformationsprozesse in Städten und Regionen Ostdeutschlands. 2. Aufl. Berlin, architext, 5, 230-254.

Zank, W. (2005): Sterben für die Bombe. In: Die Zeit Nr. 26, 23.06.2005.

Zimmermann, K. (1975): Zur Imageplanung von Städten. Untersuchungen zu einem Teilgebiet kommunaler Entwicklungsplanung. Köln, Kölner wirtschafts- und sozialwissenschaftliche Abhandlungen, 5.

www.johanngeorgenstadt.de

www.johanngeorgenstadt-online.de

Finanzierungsprobleme schrumpfender Gemeinden im Zentralen Erzgebirge um Johanngeorgenstadt*

Sven Heilmann, Thilo Schaefer, Roman Bertenrath

1 Die Bevölkerungsschrumpfung und ihre budgetären Auswirkungen

Das Untersuchungsgebiet um Johanngeorgenstadt ist durch einen starken Bevölkerungsrückgang gekennzeichnet. Im Landkreis Aue-Schwarzenberg sank die Bevölkerung im Zeitraum 1990 bis 2002 um 15,4 Prozent, während der Verlust in Sachsen insgesamt bei neun Prozent lag. In Johanngeorgenstadt ist die Entwicklung sogar noch deutlicher. Hier sank von 1990 bis Ende 2001 die Einwohnerzahl um 33 %.[1] Bezogen auf das Jahr 2001 wird bis 2016 von einem weiteren Rückgang der Einwohnerzahl zwischen 31,9 % und 37,4 % ausgegangen. Danach würde die Einwohnerzahl in Johanngeorgenstadt im Jahr 2016 nur noch zwischen 3 817 und 4 151 liegen.[2] Diese bereits aufgetretenen und weiterhin anhaltenden Schrumpfungstendenzen führen zwangsläufig zu einer Veränderung der Einnahmen- und Ausgabensituation der Kommunalhaushalte; sie bedrohen in der langfristigen Perspektive eine nachhaltige Finanzpolitik und die Tragfähigkeit der kommunalen Budgets.[3]

Grundsätzlich sind zwei Effekte zu unterscheiden, die von den Bevölkerungsverlusten ausgehen.[4] Einerseits verändert sich die Einnahmen- und Ausgabensituation aufgrund des absoluten Rückgangs der Bevölkerung (Niveaueffekt). Andererseits erfolgt durch die allgemeine Alterung der Bevölkerung verstärkt durch die zumeist selektive Abwanderung ein Wandel der Bevölkerungsstruktur (Struktureffekt).

Die Auswirkungen des Niveau- und Struktureffektes der Bevölkerungsschrumpfung auf die Einnahmen und Ausgabenseite der kommunalen Haushalte sind dabei vielfältig:

Auf der *Einnahmenseite* führen rückläufige Bevölkerungszahlen in der Regel zu einem sinkenden Aufkommen aus Steuern und Gebühren. Dieser Effekt wird durch eine

---

* Dieser Beitrag beruht auf einer Studie des Finanzwissenschaftlichen Forschungsinstituts an der Universität Köln; Bearbeiter: D. Ewringmann, S. Heilmann, T. Schaefer, R. Bertenrath.

[1] Vgl. Müller und Matern (2003).

[2] Vgl. Winkel et al. (2003).

[3] Eine Finanzpolitik ist nach der hier zugrunde liegenden Definition der OECD nachhaltig, wenn der Gegenwartswert aller zukünftigen Primärüberschüsse der Höhe der gegenwärtigen Staatsschuld entspricht.

[4] Vgl. Seitz (2004a).

zumeist selektive Abwanderung, verbunden mit der allgemeinen Alterung der Bevölkerung, wie sie in ganz Deutschland zu verzeichnen ist, noch verstärkt. In strukturschwachen, schrumpfenden Gemeinden ist daher von einem unterdurchschnittlichen Einnahmenniveau aus Steuern auszugehen.

Dem stehen Einnahmen im Rahmen des kommunalen Finanzausgleichs gegenüber, die zumindest teilweise die sinkenden Steuereinnahmen ausgleichen können. Wie im Rahmen der sich anschließenden Haushaltsanalyse deutlich werden wird, ist dies für Sachsen insgesamt und Johanngeorgenstadt im Speziellen bisher auch der Fall. Aus der Perspektive einer nachhaltigen Finanzpolitik schließt sich daran die These an, dass dieser Ausgleichsmechanismus auf Dauer und bei sich dynamisch verstärkenden demographischen und ökonomischen Schrumpfungsprozessen vom jeweiligen Bundesland und vom Bund nicht aufrecht zu erhalten ist.

Auf der *Ausgabenseite* ist typischerweise vom Problem der Kostenremanenzen auszugehen. Kosten für Infrastruktur und Verwaltung können nicht dem Bevölkerungs- und Einnahmenrückgang entsprechend gesenkt werden, sodass es zu einem Anstieg der Ausgaben pro Einwohner kommt bzw. das Sinken der Einnahmen nicht ohne Weiteres auf der Ausgabenseite kompensiert werden kann. Gründe für diese eingeschränkte Anpassungsflexibilität der Ausgabenseite können temporärer Natur sein; so lässt sich insbesondere der Personalbestand der Kommunen mittel- bis langfristig reduzieren. Kostenremanenzen können jedoch auch langfristig durch Unteilbarkeiten der Infrastruktur oder mangelhafte Anpassungsfähigkeit und/oder -bereitschaft entstehen oder aus der Verkennung von Anpassungsmöglichkeiten resultieren. Zusätzlich kann es aufgrund der Bevölkerungsstrukturänderung zu einer Zunahme bestimmter Ausgabenintensitäten kommen; so ist durch Veränderungen in der Altersstruktur z. B. auch ein Ansteigen der Sozialausgaben zu erwarten. Insgesamt steigen schon derzeit die Sozialausgaben von Land und Kommunen in Sachsen überproportional an und nähern sich dem gesamtdeutschen Niveau. In Zukunft wird die Anzahl der Erwerbspersonen gegenüber dem Anteil der Bezieher staatlicher Leistungen deutlich sinken. Zudem droht eine besondere Belastung der Sozialkassen durch das Problem der Altersarmut und einen hohen Anteil an pflegebedürftigen Menschen, für die die Leistungen der Pflegeversicherung nicht ausreichen.[5]

Inwieweit durch die Auswirkungen des Niveau- und Struktureffektes der Bevölkerungsschrumpfung auf die Einnahmen- und Ausgabensituation eine nachhaltige, d. h. dauerhaft tragfähige kommunale Finanzwirtschaft gewährleistet ist, hängt von der jeweiligen Situation der betroffenen Gemeinden ab. Aus diesem Grund wird für das Gebiet um Johanngeorgenstadt eine Analyse der finanzwirtschaftlichen Situation und die Identifizierung der Hauptbestimmungsfaktoren auf der Einnahmen- und Ausgabenseite notwendig.

---

[5] Vgl. Seitz (2004a).

2 Analyseergebnisse

2.1 Haushaltsanalyse von Johanngeorgenstadt und anderen Gemeinden

Ausgangspunkt der Analyse ist eine isolierte Betrachtung der Hauptbestimmungsfaktoren der Einnahmen- und Ausgabenentwicklung. Zudem werden die Haushaltssituationen in den einzelnen Gebietskörperschaften in den Kontext vergleichbarer Referenzgemeinden gesetzt. Berücksichtigung findet dabei, dass die Referenzwerte nicht zwangsläufig dem Kriterium einer nachhaltigen Finanzpolitik entsprechen.

Analysiert werden im Rahmen der Bestandsaufnahme die Gemeinden Erlabrunn, Breitenbrunn, Raschau, Rittersgrün, Pöhla und Johanngeorgenstadt, wobei auf letzterer als zentralem Analysegegenstand das Hauptaugenmerk liegen wird.[6] Als Referenzjahr wird 2001 herangezogen, da für dieses Jahr Rechnungsergebnisse der Haushaltspläne vorlagen. Bei der Analyse ist zu berücksichtigen, dass im Allgemeinen mit zunehmender Bevölkerungsgröße der Umfang der Einnahmen und Ausgaben einer Gebietskörperschaft aufgrund einer wachsenden Bereitstellung öffentlicher Leistungen zunimmt. Aus diesem Grund kann eine valide komparative Analyse nur zwischen Gebietskörperschaften vergleichbarer Größe stattfinden. Als Referenzgemeinden wurden daher kreisangehörige Gemeinden mit weniger als 10 000 Einwohnern der alten und neuen Bundesländer sowie Sachsens herangezogen. Zusätzlich dient der Durchschnittswert des Untersuchungsraums als Vergleichswert. Die erforderlichen größenklassenspezifischen Finanzdaten der Gemeinden wurden vom Statistischen Bundesamt zur Verfügung gestellt.

Eine komparative Haushaltsanalyse auf Basis eines einjährigen Betrachtungszeitraums muss aufgrund von Einnahmen- und Ausgabensprüngen in der Haushaltsentwicklung zwangsläufig zu Unschärfen führen. Unter Heranziehung einer schon bestehenden Untersuchung zu den Kommunalfinanzen im Untersuchungsraum aus dem Jahr 2003[7] kann die Bestandsaufnahme aber dennoch für eine Einordnung der finanzwirtschaftlichen Situation im Untersuchungsraum genutzt werden. Zusätzlich zu der Status-quo-Untersuchung wird für Johanngeorgenstadt im Besonderen eine Längsschnittanalyse durchgeführt, die aufgrund des den Autoren zur Verfügung stehenden Datenmaterials auf den Jahren 1994 bis 2003 beruht.

---

[6] Im Folgenden werden die sechs genannten Gemeinden als Untersuchungsraum bezeichnet.

[7] Vgl. Winkel et al. (2003).

2.1.1 Einnahmensituation und -entwicklung

West- und ostdeutsche Gemeinden unterscheiden sich sowohl hinsichtlich des Niveaus als auch der Struktur der Einnahmen erheblich.[8] Auch die in Tabelle 1 abgebildete Einnahmenstruktur[9] des Untersuchungsraums ist in dieser Hinsicht typisch für Gemeinden der neuen Bundesländer, auch wenn zwischen den untersuchten Gemeinden im Einzelnen deutliche Differenzen bestehen. Das vergleichsweise hohe Einnahmenniveau wird durch einen überdurchschnittlichen Anteil an – vor allem investiven – Zuweisungen erreicht. In Johanngeorgenstadt erreichten die Zuweisungen (ohne Erstattungen) im Jahr 2001 einen Anteil von mehr als 60 Prozent der Gesamteinnahmen; im gesamten Untersuchungsraum war dieser Anteil sogar noch etwas höher und damit mehr als doppelt so hoch wie der entsprechende Anteil der westdeutschen Gemeinden mit weniger als 10 000 Einwohnern. Es besteht damit eine starke Verknüpfung zwischen Gemeinden und Land. Die originären Einnahmen aus Steuern und Gebühren sind dagegen insgesamt nur unterproportional ausgeprägt. Dies gilt jedoch in dieser Allgemeinheit nicht für alle einzelnen Steuerbestandteile. Die Grundsteuereinnahmen sind für alle Gemeinden vergleichsweise hoch, für Johanngeorgenstadt sogar sehr hoch. Im Bereich der Gewerbesteuereinnahmen wird dagegen die Strukturschwäche des Untersuchungsraums deutlich. Während Raschau begünstigt durch die Nähe zur Kreisstadt Schwarzenberg mit 56,2 Euro pro Einwohner vergleichsweise hohe Gewerbesteuereinnahmen (netto) aufweist, erreicht Johanngeorgenstadt lediglich einen Wert von 9,6 Euro pro Einwohner, wobei es damit noch vor Pöhla und Erlabrunn liegt.

Tab. 1: Einnahmen im Vergleich 2001
(Quelle: Statistisches Bundesamt, Rechnungsergebnisse der jeweiligen Haushalte)

	Alte Länder	Neue Länder	Sachsen	Untersuchungsraum	Raschau	Erlabrunn	Breitenbrunn	Pöhla	Rittersgrün	Johanngeorgenstadt
	in Euro pro Einwohner										
Gesamteinnahmen	1.187,6	1.118,6	1.018,9	1.034,9	906,9	1.089,8	1.163,6	896,8	993,8	1.075,3
darunter										
Steuern gesamt	504,7	216,5	219,2	165,7	182,9	167,9	153,4	149,3	159,4	166,8
Grundsteuer	74,6	62,2	64,5	65,9	51,6	56,5	59,6	75,8	60,4	79,9
Gewerbesteuer netto	130,4	68,7	68,5	26,0	56,2	7,9	26,4	5,1	37,6	9,6
Gemeindeanteil an ESt/USt	294,0	81,5	83,3	72,5	74,3	101,1	65,6	67,5	59,9	75,9
Zuweisungen	208,0	427,2	560,2	686,1	499,6	676,0	907,8	676,4	711,9	673,2
darunter vom Land	181,3	349,9	480,7	542,0	462,1	442,9	709,0	606,3	486,3	513,3
Gebühren / zweckg. Abg.	131,7	50,7	50,7	29,6	19,0	36,5	17,5	1,5	21,1	51,1

---

[8] Eine ausführliche Darstellung der Unterschiede zwischen ost- und westdeutschen Gemeinden ist z. B. im Gemeindefinanzbericht 2003 des Deutschen Städtetags zu finden. Für einen Überblick der Gemeindefinanzen: Sächsisches Staatsministerium der Finanzen (2003) oder Seitz (2004b).

[9] Einnahmen sind hier die Gesamteinnahmen von Vermögens- und Verwaltungshaushalt ohne innere Verrechnungen und ohne besondere Finanzierungsvorgänge.

In Johanngeorgenstadt zeigt sich in den Jahren seit 1994 eine deutliche Veränderung der Einnahmenstruktur. Aus Tabelle 2 wird ersichtlich, dass die Steuereinnahmen aufgrund der Grundsteuer und der Einführung der Beteiligung an der Umsatzsteuer leicht, sowie die Einnahmen aus Gebühren und zweckgebundenen Einnahmen stark gesunken sind. Dagegen hat sich das (ausgleichende) Zuweisungsniveau stark erhöht.

Tab. 2: Entwicklung der Einnahmen in Johanngeorgenstadt von 1994 bis 2003
(Quelle: Statistisches Bundesamt, Rechnungsergebnisse der jeweiligen Haushalte)

	Johanngeorgenstadt							
	1994	1998	1999	2000	2001	2002*	2003*	1994-2003
	in Euro pro Einwohner							in %
Steuern gesamt	183,2	167,5	188,1	169,2	166,8	142,0	174,6	-4,7
Grundsteuer	38,7	63,1	68,9	71,4	79,9	50,0	85,4	120,6
Gewerbesteuer netto	19,4	30,2	28,2	17,0	9,6	19,5	16,2	-16,7
Gemeindeanteil an ESt	124,6	67,9	83,4	68,0	64,6	60,9	58,0	-53,4
Gemeindeanteil an USt	0,0	5,0	6,6	10,4	11,4	11,5	12,3	X
Zuweisungen gesamt	460,8	652,8	648,0	681,2	673,2	751,0	862,0	87,1
vom Land	408,5	441,4	499,7	484,2	513,3	580,9	747,1	82,9
Gebühren / zweckg. Abg.	77,1	73,9	81,6	57,9	51,1	38,1	40,3	-47,8

* Kassenergebnisse

Hinsichtlich der spezifischen Problemlage Johanngeorgenstadts stellt sich unter dem Aspekt einer nachhaltigen Finanzpolitik die Frage des Einflusses der Bevölkerungsschrumpfung auf die Einnahmenentwicklung. Hinsichtlich der Steuereinnahmen ist infolge der Bevölkerungsschrumpfung von einem weiteren Absinken auszugehen.[10] Die Grundsteuer ist von der schrumpfenden Bevölkerung nicht direkt betroffen, sofern kein weiterer Rückbau erfolgt. Dagegen wird der Einkommensteueranteil aufgrund selektiver Abwanderung von einkommensstärkeren Bevölkerungsgruppen überproportional zur Bevölkerungsabnahme zurückgehen. Lediglich die Gewerbesteuer sowie die Beteiligung an der Umsatzsteuer bieten Möglichkeiten eines absoluten Steueranstiegs. Ein direkter Zusammenhang mit der Bevölkerungsschrumpfung ist jedoch nicht ersichtlich.[11] Die tatsächliche zukünftige Entwicklung hängt hier entscheidend von der kommunalen Wirtschaftsentwicklung ab.

Auch bei den Schlüsselzuweisungen ist in Zukunft aufgrund der Bevölkerungsschrumpfung von einem tendenziell überproportional zum Einwohnerverlust eintretenden Rückgang auszugehen. Hierbei wirken die künftig stark verminderten Finanz-

---

[10] Im Rahmen der Teilstudie Finanzierungsprobleme schrumpfender Gemeinden im Zentralen Erzgebirge um Johanngeorgenstadt wurde eine ausführliche qualitative Abschätzung des Einflusses der Bevölkerungsschrumpfung auf die zukünftige Einnahmenentwicklung für den Untersuchungsraum Johanngeorgenstadt vorgenommen.

[11] Vgl. Loeffelholz/Rappen (2002), S. 29 ff.

mittel des Landes als zusätzlich begrenzender Faktor.[12] Inwieweit sich die sonstigen investiven Zuweisungen entwickeln werden, hängt dagegen neben den für die Verteilung zur Verfügung stehenden Mitteln vor allem von dem Investitionsbedarf in den jeweiligen Gemeinden ab.

Sofern keine weiteren Finanzierungsquellen erschlossen oder bestehende Finanzierungsquellen ausgebaut werden, ist demnach in Zukunft von einer sinkenden Einnahmenentwicklung auszugehen.

2.1.2 Ausgabensituation

Wie im Bereich der Einnahmensituation zeigen sich auch hinsichtlich der Ausgabenstruktur Unterschiede zwischen den Gemeinden der Alten und der Neuen Länder, wenn auch in einer nicht so deutlichen Form. Wesentliche Differenzen zeigen sich bei den Personalkosten. Während in Sachsen fast 30 % der Ausgaben[13] für das Personal verwendet werden, sind dies in den Vergleichsgemeinden der Alten Länder lediglich 17,6 Prozent. Johanngeorgenstadt liegt wie der Untersuchungsraum insgesamt knapp unter dem sächsischen Wert. Aufgrund des immer noch bestehenden Lohngefälles zwischen West- und Ostdeutschland ist auf einen nochmals höheren Personalbesatz in den Gemeinden der Neuen Länder zu schließen, als dies aus den absoluten Aufwendungen für Personal hervorgeht.

Tab. 3: Ausgabenstruktur im Vergleich 2001
(Quelle: Statistisches Bundesamt, Rechnungsergebnisse der jeweiligen Haushalte)

	Kreisang. Gemeinden unter 10 000 Einwohnern			Untersuchungsraum	Johanngeorgenstadt
	Alte Länder	Neue Länder	Sachsen		
	in %				
Personal	17,6	21,7	29,9	28,1	27,2
Sächl. Betriebs-/Verwaltungsaufw.	26,0	18,9	24,4	17,9	20,3
Baumaßnahmen	21,1	24,6	22,8	27,7	20,9
Zinsausgaben	2,4	4,2	4,5	6,3	10,0
Sonstige	32,9	30,7	18,4	20,0	21,5
Insgesamt	100,0	100,0	100,0	100,0	100,0

Auch hinsichtlich der Baumaßnahmen als investiver Tätigkeit ist ein Unterschied zwischen den Gemeinden der Alten und Neuen Länder erkennbar. Ihr Anteil an den Gesamtausgaben ist in den Neuen Ländern weiterhin höher als in den Westgemein-

---

[12] Vgl. Seitz (2004a).

[13] Ausgaben des Verwaltungs- und Vermögenshaushalts um innere Verrechnungen und besondere Finanzierungsvorgänge bereinigt.

den. Hinsichtlich des nach wie vor bestehenden Nachholbedarfs an Investitionen in den Neuen Ländern ist dies auch nicht verwunderlich. So werden auch in Zukunft Investitionstätigkeiten in den Neuen Ländern durch den Bund zusätzlich gefördert.[14] Der nur leicht über dem westdeutschen Anteil liegende Wert der sächsischen Ausgaben deutet auf die vergleichsweise positive Wirtschaftssituation des Landes Sachsen hin. Während die investiven Ausgaben im Untersuchungsgebiet überproportional hoch sind, sind sie in Johanngeorgenstadt dagegen vergleichsweise gering ausgeprägt, werden jedoch nochmals durch Raschau und Rittersgrün unterboten.

Die relativ geringen Mittel für Investitionsausgaben stellen mittlerweile ein typisches Problem der Kommunen in ganz Deutschland dar. Aufgrund eines wachsenden Konsolidierungsbedarfs ist in den letzten Jahren eine deutliche Absenkung der Investitionstätigkeiten der Kommunen auch in den Gemeinden der alten Bundesländer zu konstatieren.[15] Diese Entwicklung muss bei einem Vergleich mit westdeutschen Gemeinden als Referenzmaßstab berücksichtigt werden, da aufgrund der gesunkenen Investitionstätigkeiten das Referenzmaß schon als niedrig anzusehen ist. Die unter dem westdeutschen Vergleichsmaßstab liegenden Investitionen sind damit als noch gravierender zu bewerten.

Weitere beachtliche Differenzen zwischen den untersuchten Gemeinden zeigen sich hinsichtlich der Zinsausgaben. Während die ebenfalls von Konsolidierungszwängen geprägten Gemeinden in den alten Bundesländern 2,4 Prozent ihrer Ausgaben für Zinsen ausgeben, liegt dieser Wert in Sachsen fast doppelt so hoch. Johanngeorgenstadt weist hier mit einem Anteil von 10 Prozent oder Zinsausgaben von gut 100 Euro pro Kopf einen überaus hohen Wert auf.

Tab. 4: Ausgabenstruktur im Untersuchungsraum 2001
(Quelle: Statistisches Bundesamt, Rechnungsergebnisse der jeweiligen Haushalte)

	Sachsen	Untersuchungsraum	Raschau	Erlabrunn	Breitenbrunn	Pöhla	Rittersgrün	Johanngeorgenstadt
	in Euro pro Einwohner							
Ausgaben gesamt	986,3	995,1	813,2	945,0	1.215,8	948,5	961,5	1.011,0
Personal	295,1	279,4	264,8	281,3	320,3	163,0	324,5	275,5
Sächl. Betriebs-/Verw.	240,4	177,9	152,4	130,6	173,1	213,3	151,8	205,0
Baumaßnahmen	224,6	275,8	167,8	228,7	524,6	409,2	162,1	211,8
Zinsausgaben	44,1	62,7	54,7	33,4	38,2	15,7	48,8	101,0

---

[14] Als Beispiel seien hier die zu den Mischfinanzierungstatbeständen zählenden Finanzhilfen des Bundes nach Art. 104a Abs. 4 Grundgesetz genannt, zu denen u. a. die bis 2001 aus dem Investitionsfördergesetz für die neuen Länder bestimmten und seit dem Jahr 2002 in die Sonderbedarfszuweisungen überführten Mittel des Bundes gehören.

[15] Deutscher Städtetag (2003), S. 22.

In den meisten Funktionsbereichen der Verwaltungshaushalte der Gemeinden im Untersuchungsraum insgesamt und von Johanngeorgenstadt im Besonderen ist eine weitere Anpassung an die Bevölkerungsentwicklung denkbar, sodass die Pro-Kopf-Ausgaben zumindest konstant gehalten werden können. Weitergehende Einsparpotenziale sind sicherlich nur zu realisieren, indem bisher von der Stadt wahrgenommene Aufgaben abgebaut oder in Kooperation mit den Nachbargemeinden günstiger erbracht werden.

Unklar ist, inwieweit die geplante Öffnung des deutsch-tschechischen Grenzübergangs für den Kfz-Verkehr höhere Kosten, insbesondere im Bereich Öffentliche Sicherheit und Ordnung, nach sich ziehen wird. Dies betrifft in erster Linie Johanngeorgenstadt als unmittelbaren Grenzort, wobei auch mit Spillover-Effekten für die umliegende Region zu rechnen ist.

In den Bereichen Bau und Verkehr sowie bei den Versorgungsunternehmen sind die Ausgaben allerdings nicht unmittelbar bevölkerungsabhängig skalierbar. Die Kosten der Straßenbewirtschaftung beispielsweise entstehen unabhängig davon, wie viele Anwohner ein Straßenabschnitt hat. Im Versorgungsbereich sind Anpassungen an eine dauerhaft kleinere zu versorgende Bevölkerung oft nur durch Investitionen in eine Anpassung der Kapazitäten möglich, die wiederum zunächst zusätzliche Ausgaben erfordern. Johanngeorgenstadt steht als Stadt mit der größten prognostizierten Bevölkerungsschrumpfung beispielhaft für die anderen Gemeinden im Untersuchungsraum, die je nach ihrer Bevölkerungsentwicklung und Anpassungserfordernissen in ähnlicher Weise, aber weniger dramatisch davon betroffen sind.

Am schwerwiegendsten ist für Johanngeorgenstadt allerdings die hohe Schuldenbelastung. Die Ausgaben für Zins- und Tilgungszahlungen des städtischen Wohnungsbaukredites von 1994 tauchen bis 2003 nicht im Haushalt der Stadt auf, da dieser Kredit von der Wohnbau Johanngeorgenstadt GmbH bedient wurde. Als Folge der Zahlungsunfähigkeit der Wohnbau GmbH muss die Stadt nun selbst jährliche Kosten in Höhe von 304.000 Euro tragen, was im Haushaltsjahr 2004 bereits zu einer Unterdeckung geführt hat. Zu befürchten ist, dass angesichts der Illiquidität der Wohnbau GmbH in Zukunft weitere Ausgaben auf die Stadt zukommen werden. Solange die Stadt mit dieser Schuldenbelastung konfrontiert wird, ist eine langfristig tragfähige Haushaltskonsolidierung kaum vorstellbar.

Johanngeorgenstadt ist in der jetzigen Situation darauf angewiesen, dass es ihr gelingt, sich die fehlenden Mittel zum Haushaltsausgleich in Form zusätzlicher Bedarfszuweisungen vom Land zu beschaffen. Andernfalls droht der Stadt der Verlust ihrer autonomen finanziellen Handlungskompetenz. Gleiches gilt im Fall einer Insolvenz der Wohnbau GmbH.

2.2 Tragfähigkeitsanalyse

2.2.1 Analyse der Nachhaltigkeit kommunaler Finanzpolitik

Die dramatische Haushaltslage der sächsischen Gemeinden im ehemaligen Uranbergbaugebiet um Johanngeorgenstadt erfordert eine langfristig orientierte Finanzpolitik. Während reine Konsolidierungsmaßnahmen ihren Fokus auf die Korrektur von in der Vergangenheit eingetretenen Fehlentwicklungen legen, konzentriert sich die Betrachtung einer nachhaltigen Finanzpolitik auf weit in die Zukunft reichende Wirkungszusammenhänge.[16] Im Zeichen der intergenerativen Gerechtigkeit richtet die nachhaltige Perspektive den Blick in die Zukunft und berücksichtigt Prozesse, die in der Zukunft zum einen aus aktuellen Problemen, aber zum anderen auch aus prognostizierbaren zukünftigen Entwicklungen resultieren. So ist es im Rahmen einer Tragfähigkeitsbetrachtung möglich, die zukünftigen Effekte des demographischen Wandels explizit in die Analyse einzubeziehen. Kurzfristige Konsolidierungsbemühungen haben lediglich aufschiebende Wirkung für die Notwendigkeit, tragfähige Strategien zur Lösung der drängenden Finanzierungsprobleme zu finden. Um mittelfristig Handlungsfähigkeit bei der Gestaltung und Finanzierung kommunaler Aufgaben wiederzuerlangen, müssen die aktuellen Probleme und ihre zu erwartenden Auswirkungen sowie prognostizierbare zukünftige Entwicklungen in die Analyse der Hauhaltspolitik einbezogen werden.

Der aktuell hohe Schuldenstand in den zu betrachtenden strukturschwachen Gemeinden ist nur ein Teil des Problems. Hinzu kommt die Notwendigkeit einer Anpassung der Infrastruktur an die rückläufigen Bevölkerungszahlen. Nicht außer Acht gelassen werden dürfen die Struktureffekte des demographischen Wandels, die in Zukunft weitere Einschränkungen im Bereich der Einnahmen auf der einen Seite und zusätzliche Ausgabenlasten für die Versorgung einer alternden Bevölkerung auf der anderen Seite mit sich bringen werden. Zudem ist davon auszugehen, dass das Transfervolumen, insbesondere bei den EU-Geldern, die vermehrt auf die neuen Beitrittsländer in Osteuropa konzentriert werden, insgesamt zurückgehen wird. Eine nur auf kurzfristige Konsolidierung angelegte Haushaltspolitik orientiert sich nur an den gegenwärtig bestehenden Problemen und wird schon in kürzester Zeit erneut mit einem erheblichen Problemdruck konfrontiert sein. Das Konzept einer tragfähigen Finanzpolitik geht insofern darüber hinaus, als dass die in der aktuellen Situation verankerten Entwicklungstendenzen in die Projektion der zukünftigen Haushaltsentwicklung einbezogen und somit entsprechende finanzpolitische Anpassungserfordernisse aufgezeigt werden.

---

[16] Vgl. Wissenschaftlicher Beirat beim Bundesministerium der Finanzen (2001), S. 6.

2.2.2 Ergebnisse der Modellrechnungen für Johanngeorgenstadt

Mit dem vorliegenden Datenmaterial aus den Haushaltsplänen von Johanngeorgenstadt wurde eine solche Tragfähigkeitsanalyse exemplarisch durchgeführt.[17] Als Tragfähigkeitsziel wurde das Erreichen einer Schuldenquote (Schuldenanteil am BIP) von 8 %, was in etwa dem sächsischen Durchschnitt entspricht, festgelegt und ausgehend davon verschiedene Szenarien möglicher Entwicklungspfade berechnet.

Aus der Tragfähigkeitsanalyse lässt sich der *ab dem angegebenen Jahr pro Jahr* notwendige **Konsolidierungsbedarf** ermitteln, der angibt, um welchen Eurobetrag die Einnahmen steigen oder die Ausgaben sinken müssen, um das Tragfähigkeitsziel (8 % Schulden/BIP) im Jahr 2024 zu erreichen. Die **Schuldenquote** gibt für jedes Entwicklungsszenario den Schuldenstand im Verhältnis zum BIP an für jedes Jahr, in dem die Einnahmen- und Ausgabenentwicklung entsprechend der Annahmen des jeweiligen Szenarios verläuft.

Annahmen

BIP-Wachstum	moderat (+0,5 %)
Tragfähigkeitsziel	8 % Schuldenquote in 2024 (14 % am BIP in 2004)
Ausgabenpfad	leichter Rückgang (-0,5 % pro Jahr)
Szenario 1	Einnahmen sinken wie Ausgaben (-0,5 % pro Jahr)
Szenario 2	Einnahmen sinken mit Bevölkerung (-3 % pro Jahr)
Szenario 3	zusätzlich Wohnbauzinsen von 304 Tsd. Euro pro Jahr

Szenario 1: Einnahmen und Ausgaben sinken leicht

Es wird angenommen, dass Einnahmen und Ausgaben um 0,5 % p. a. sinken. Sinkende Steuereinnahmen werden durch höhere Zuweisungen ergänzt. Die Nachhaltigkeitslücke beträgt 2004 0,17 %, nach zehn Jahren bereits 0,43 %. Das bedeutet, dass entweder Einnahmen erhöht oder Ausgaben verringert werden müssen – für 2004 137 Tsd. Euro. Beginnt die nachhaltige Haushaltspolitik jedoch erst in zehn Jahren, so beträgt die Lücke dann bereits 353 Tsd. Euro (0,43 % des BIP).

Szenario 2: Einnahmen sinken proportional zur Bevölkerung

Szenario 2 ist realistischer, da restriktiver. Es wird angenommen, dass die Einnahmen pro Einwohner konstant bleiben, also proportional zum durchschnittlichen Rückgang der Einwohnerzahl sinken. Deshalb sinken die Einnahmen um 3 % p.a. bei einem Ausgabenrückgang von 0,5 % p. a. Bereits im ersten Jahr entsteht eine Nachhaltigkeitslücke von 1,8 Mio. Euro. Würde der Konsolidierungskurs erst in zehn Jahren be-

---

[17] Eine ausführliche Darstellung der Tragfähigkeitsanalyse findet sich bei Thöne (2005).

ginnen, so würde sich eine Lücke von 4,8 Mio. Euro ergeben, um den Schuldenstand von 8 % in 20 Jahren zu erreichen.

Szenario 3: Wohnbauschulden müssen von Kommune übernommen werden

Angenommen wird, zusätzlich zu den Annahmen von Szenario 2, die jährliche Tilgung des Wohnungskredits in Höhe von 304 Tsd. Euro durch die Stadt. Bereits 2004 entsteht dadurch eine Nachhaltigkeitslücke von 2 Mio. Euro.

Würde es zu einer kompletten Bedienung der Wohnbaukredite durch die Stadt kommen („Worst-case-Szenario"), dann würde sich die Nachhaltigkeitslücke noch einmal fast verdoppeln. Einer solchen Belastung wäre der städtische Haushalt nicht gewachsen.

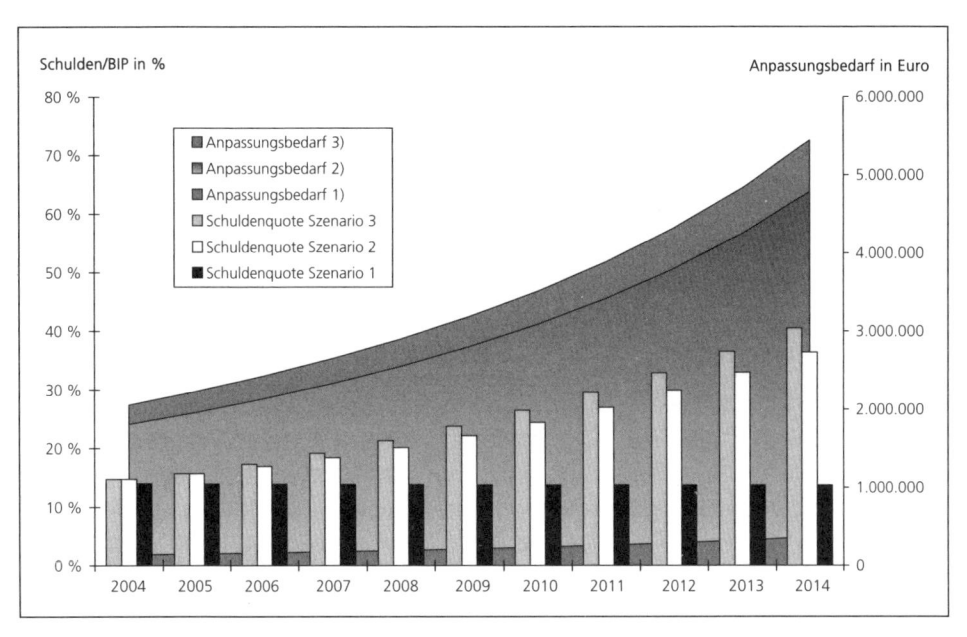

Abb. 1: Konsolidierungsbedarf und Schuldenentwicklung nach Szenarien

Die Tragfähigkeitsszenarien verdeutlichen, dass sich Johanngeorgenstadt Jahr für Jahr weiter von der Möglichkeit entfernt, seine Verschuldung auf eine Relation zurückzuführen, die dem Durchschnitt der Gemeinden in Sachsen entspricht. Unter der durchaus plausiblen Annahme, dass die Bevölkerung weiter schrumpft und die Primäreinnahmen dazu proportional sinken (Szenario 2), entsteht bereits nach einem Jahr eine Nachhaltigkeitslücke von über 2 %, nach fünf Jahren von fast 3,5 %. Um in dieser Perspektive die Verschuldungsquote von 8 % zu erreichen, müssten dann jährlich die Primärausgaben in Johanngeorgenstadt um rd. 2,8 Mio. Euro, also um mehr als ein Drittel reduziert werden; alternativ könnten natürlich auch Einnahmenerhöhungen in diesem Ausmaß für eine nachhaltige und tragfähige Entwicklung sorgen. Alle drei Szenarien verdeutlichen: Je länger mit der Konsolidierung des Haushalts gewartet wird, desto dramatischer reißen die Lücken im städtischen Haushalt auf.

3 Schlussfolgerungen und Empfehlungen

Die kommunalen Einnahmen im Untersuchungsraum sind in ihrer Struktur insgesamt durchaus typisch für Gemeinden der neuen Bundesländer. Das vergleichsweise hohe Einnahmenniveau wird bisher allein durch einen überdurchschnittlich hohen Anteil an Zuweisungen gewährleistet. Einnahmen aus Steuern – und auch aus Gebühren – liegen demgegenüber auf sehr geringem Niveau. Sie liegen im Untersuchungsraum noch einmal deutlich unter dem sächsischen Vergleichsniveau und machen nur knapp 75 % des sächsischen Kommunaldurchschnitts aus. Auffällig ist dabei vor allem das extrem niedrige Gewerbesteueraufkommen in Pöhla, Erlabrunn und Johanngeorgenstadt, das mit Werten zwischen 5 und 10 Euro pro Einwohner nur rd. 5 % des Gewerbesteueraufkommens der alten Bundesländer, aber auch nur rd. 10-15 % des Gewerbesteueraufkommens in den sächsischen Vergleichsgemeinden ausmacht. Relativ günstig sieht dagegen die Situation beim Anteil an der Einkommensteuer (und Umsatzsteuer) aus. Zusammen mit der Grundsteuer ebnet er die starken Unterschiede bei den Gewerbesteuereinnahmen der Gemeinden des Untersuchungsraumes weitgehend ein. Dabei liegt das Grundsteueraufkommen pro Kopf in Pöhla und Johanngeorgenstadt nicht nur über dem sächsischen Durchschnitt, sondern übertrifft sogar das Durchschnittsaufkommen in den alten Ländern.

Wie die Analyse der Einnahmenstruktur gezeigt hat, werden die Steuereinnahmen bei weiter anhaltender Abwanderung der Bevölkerung weiter sinken. Während die Grundsteuer davon nicht direkt betroffen ist, wird vor allem der Einkommensteueranteil überproportional zur Bevölkerungsabnahme zurückgehen. Bei Gewerbesteuer und der Beteiligung an der Umsatzsteuer bestehen unter günstigen Voraussetzungen auch beschränkte Möglichkeiten eines absoluten Steueranstiegs.

Die geringen originären Einnahmen werden bisher zu einem großen Teil von Zuweisungen kompensiert. Die kompensierende Funktion zeigt sich am Beispiel Johanngeorgenstadts sehr deutlich. Während die Steuereinnahmen sowie die Einnahmen aus Gebühren und zweckgebundenen Einnahmen deutlich gesunken sind, hat sich das Zuweisungsniveau stark erhöht. Auf Dauer ist indessen nicht mit einer ständig zunehmenden Zuweisungsmenge zu rechnen. Auch die Schlüsselzuweisungen werden in Zukunft aufgrund der Bevölkerungsschrumpfung tendenziell überproportional zum Einwohnerverlust zurückgehen. Die künftig verminderten Finanzmittel des Landes aus den bisherigen föderalen Hilfen wirken dabei zusätzlich als restringierende Faktoren.

In den meisten Funktionsbereichen des Verwaltungshaushaltes wird eine weitere Anpassung an die Bevölkerungsentwicklung erforderlich werden; sie ist in Grenzen auch noch möglich, sodass die Pro-Kopf-Ausgaben auch bei weiteren Abwanderungen zumindest konstant gehalten werden können. Weitergehende Einsparpotenziale sind aber sicherlich nur zu realisieren, indem bisher von der Stadt wahrgenommene Aufgaben abgebaut oder in Kooperation mit den Nachbargemeinden günstiger erbracht werden. Im Versorgungsbereich sind Anpassungen an eine dauerhaft kleinere zu versorgende Bevölkerung oft nur durch Investitionen in eine Anpassung der Kapazitäten möglich, die wiederum zunächst zusätzliche Ausgaben erfordern. Insgesamt ist daher eher mit steigenden Ausgaben pro Kopf zu rechnen, soweit die Abwanderungstendenzen anhalten.

Für Johanngeorgenstadt ist allerdings die hohe Schuldenbelastung das größte Zukunftsrisiko. Die Stadt muss zunehmend Ausgaben für Zins und Tilgung der Wohnbau GmbH übernehmen. Solange die Stadt mit dieser Schuldenbelastung konfrontiert wird, ist eine langfristig tragfähige Haushaltskonsolidierung nicht vorstellbar. Johanngeorgenstadt ist vielmehr darauf angewiesen, die fehlenden Mittel zum Haushaltsausgleich in Form zusätzlicher Bedarfszuweisungen vom Land „aufzutreiben". Ein autonomer finanzieller Handlungsspielraum ist nicht mehr gegeben. Dies zeigen die Tragfähigkeitsberechnungen für den städtischen Haushalt.

Die Darstellung der bisherigen Haushaltsentwicklung und die für Johanngeorgenstadt durchgeführten Tragfähigkeitsrechnungen lassen keinen Zweifel offen, dass die Gemeinden im Untersuchungsraum vor einschneidenden Haushaltsanpassungsprozessen stehen. Dies gilt vor allem für Johanngeorgenstadt.[18] Die Stadt wird die notwendigen Budgetkonsolidierungen

- im Rahmen der bisherigen Strukturen der einzelgemeindlichen Aufgabenwahrnehmung
- und unter Berücksichtigung der Lasten sowie Risiken der Wohnbaugesellschaft
- aus eigener Kraft nicht bewältigen können.

Anhand der Tragfähigkeitsanalysen zeigt sich, dass bereits ohne den Problemfall Wohnbaugesellschaft der Haushalt Johanngeorgenstadts eine deutliche Nachhaltigkeitslücke aufweist, die nur beschränkt durch eigene Einsparungen und Umstrukturierungen geschlossen werden kann. Angesichts der strukturellen Gegebenheiten im Untersuchungsraum ist daher davon auszugehen, dass auch in den übrigen Gemeinden ähnliche Entwicklungstendenzen auftreten werden.

Angesichts der finanziellen Ausgangslage und der sich immer weiter auftuenden Finanzierungslücken erscheinen auch stadtplanerische und stadttechnische „Sanierungskonzepte" – so interessant und zukunftsweisend sie auch sein mögen – nicht finanzierbar. Alle diese Pläne, die z. T. durchaus zur Senkung der laufenden spezifischen Kosten beitragen können, setzen hohe Investitionen voraus.

---

[18] Für die übrigen Gemeinden wurden allerdings keine Tragfähigkeitsberechnungen angestellt.

- Dafür können von der Stadt keine Eigenmittel bereitgestellt werden; die Kreditaufnahmefähigkeit ist nicht vorhanden.
- Die Finanzierung müsste also – so die eine Möglichkeit – durch privates Kapital erfolgen. Angesichts der geringen bisherigen Standortattraktivität, die ja gerade zu den Schrumpfungsproblemen führt, und der regionalen Gesamtentwicklung erscheint es indessen unrealistisch, dass private Investoren in hinreichendem Umfang gewonnen werden können.
- Die Alternative besteht in einer Finanzierung aus staatlichen Zuschüssen. Sie ist – angesichts der staatlichen Haushaltssituation und der Häufigkeit der Krisenphänomene in den Städten und Gemeinden – nicht wesentlich realistischer.

Die Frage, wie auf den Befund und die Tragfähigkeitslücken der Kommunalbudgets reagiert werden sollte, kann hier nur ansatzweise beantwortet werden. Zum einen werden die Gemeinden im Untersuchungsraum nicht umhin kommen, alle Möglichkeiten auszunutzen, um ihre noch vorhandenen Kostensenkungspotenziale auszuschöpfen. Die Darstellung der spezifischen und funktionsorientierten Ausgabenwerte zeigt, dass hier sicherlich noch einzelne Reserven bestehen. Es bedürfte einer gezielteren Untersuchung, in welchem Maße durch regionale Kooperationen und Zusammenschlüsse von Gemeinden und Institutionen zusätzliche Einsparungspotenziale auf der Ausgabenseite erschlossen werden können. Regionale Kooperationen bieten sich aber zumindest im allgemeinen Verwaltungsbereich an.

Darüber hinaus bieten Kooperationen auf regionaler Ebene auch die Möglichkeit, die vorhandenen Einnahmequellen besser zu erschließen. Dies erscheint im Untersuchungsraum nicht zuletzt durch ein gemeinsames Tourismuskonzept, das die vielen spezifischen Angebote der Einzelgemeinden für eine bessere Gesamtvermarktung bündelt und darüber hinaus auch einen zusätzlichen Beitrag zur Belebung der Wirtschaftskraft und der Besteuerungsbasis liefern kann, möglich.

Es besteht aber kein Zweifel daran, dass die Tragfähigkeitslücken in den Kommunalbudgets durch solche Anstrengungen nur vermindert, kaum aber ganz geschlossen werden können. Das Problem schrumpfender Gemeinden und ihrer Haushalte ist – jenseits der einzelgemeindlichen Zuständigkeit – letztlich ein staatliches und raumordnerisches Gesamtproblem. Dabei steht vor allem die Frage im Mittelpunkt, inwieweit ubiquitär – also auch in extrem peripheren Regionen – Mindestausstattungsniveaus aufrechterhalten werden können bzw. sollen. Da eine abnehmende und stark alternde Bevölkerung nicht nur das Problem weniger Teilräume Deutschlands ist, wird diese Frage auch die Entwicklung des gesamten Föderalismus und seines Finanzausgleichssystems bestimmen. Die bisherigen Verteilungskriterien und Ausgleichsniveaus im Länderfinanzausgleich und in den ländereigenen kommunalen Finanzausgleichssystemen werden jedenfalls zur Lösung der Schrumpfungs- und Strukturprobleme nicht ausreichen. Sie absorbieren andererseits für den Ausgleichseffekt zu viele Mittel, die dann der wachstumsorientierten Förderung unter Effizienzaspekten und unter dem Aspekt der Anreizverträglichkeit fehlen. Sollte sich im föderalistischen Diskurs die Strategie der auf Wachstumspole beschränkten oder zumindest konzentrierten Förderung durchsetzen, so wird in peripheren Regionen mit Bevölkerungsverlusten – wie im Untersuchungsraum – der künftige staatliche Zuweisungsanteil zurückgehen. Umso dringlicher erscheint es, auch im Raum „Zentrales Erzgebirge um Johanngeorgenstadt" an überkommunale Zusammenarbeit und an regionale Strategien zu denken, um die vorhandenen Potenziale besser nutzen und Kostensenkungsspielräume ausschöpfen zu können. Einige der in der Region vorhandenen Probleme lassen sich allerdings nur mithilfe von Bund und Land lösen. Eine regionale Kooperation in Form einer Entwicklung homogener Konzepte und Zielvorstellungen sollte daher auch hinsichtlich der Generierung von Landes- und Bundesmitteln unterstützend wirken.

Literatur

Deutscher Städtetag (Hrsg.) (2003): Gemeindefinanzreform vor dem Scheitern? Gemeindefinanzbericht 2003. Der Städtetag Nr. 9, 2003.

Haug, P. (2004): Sinkende Einwohnerzahlen und steigende Kosten für kommunale Leistungen. In: Wirtschaft im Wandel 11/2004.

Loeffelholz, H. D.; Rappen, H. (2002): Demographischer Wandel im Ruhrgebiet. Bevölkerungsentwicklung und Kommunalfinanzen im Ruhrgebiet – Ein Problemaufriss. Rheinisch-Westfälisches Institut für Wirtschaftsforschung e. V. (RWI), Essen.

Müller, B.; Matern, A. (2003): Bevölkerungsprognose im Aktionsraum um Johanngeorgenstadt. Teilstudie im Rahmen des Forschungsvorhabens Umbau von Siedlungsstrukturen unter Schrumpfungsbedingungen als Grundlage einer nachhaltigen Entwicklung, TU Dresden.

Sächsisches Staatsministerium der Finanzen (2003): Die Gemeinden und ihre Finanzen 2003.

Seitz, H. (2004a): Demographischer Wandel in Sachsen: Teilprojekt: Analyse der Auswirkungen des Bevölkerungsrückgangs auf die Ausgaben und Einnahmen des Freistaates Sachsen und seiner Kommunen. Endbericht. Frankfurt/Oder.

Seitz, H. (2004b): Perspektiven der ostdeutschen Kommunalfinanzen bis zum Jahr 2020, Dresden.

Thöne, M. (2005): Tragfähigkeit der Finanzpolitik bei Lenkungsbesteuerung. Dissertation, Universität zu Köln. URL: http://kups.ub.uni-koeln.de/volltexte/2005/1453/

Winkel, R. et al. (2003): Auswirkung des Bevölkerungsrückganges auf die Kommunalentwicklung unter besonderer Berücksichtigung der Schulen und Kindertagesstätten. Teilstudie im Rahmen des Forschungsvorhabens Umbau von Siedlungsstrukturen unter Schrumpfungsbedingungen als Grundlage einer nachhaltigen Entwicklung, TU Dresden.

Wissenschaftlicher Beirat beim Bundesministerium der Finanzen (2001): Nachhaltigkeit in der Finanzpolitik. Konzepte für eine langfristige Orientierung öffentlicher Haushalte. Schriftenreihe des Bundesministeriums der Finanzen, Heft 71.

Umgang mit den Folgen des Uranbergbaus im Zentralen Erzgebirge um Johanngeorgenstadt und Zusammenhang zum Schrumpfungsprozess*

Holger Dienemann

Einführung

Der Schrumpfungsprozess im Zentralen Erzgebirge wird nicht nur vor dem Hintergrund der wirtschaftlichen Strukturprobleme, sondern auch im Zusammenhang mit dem frühen Uranerzbergbau in der DDR diskutiert. Schließlich war die Zusammenarbeit der Kommunen ursprünglich mit dem Ziel verbunden, die Entwicklungschancen der Region durch die Sanierung der Uranbergbaufolgen zu verbessern (vgl. Kapitel 2). Erst im Laufe der Zeit wurde klar, dass es unter den gegebenen Ausgangsbedingungen unrealistisch ist, im Untersuchungsraum wieder produzierendes Gewerbe in größerem Ausmaß anzusiedeln. Stattdessen stellen sich die Kommunen nun dem Schrumpfungsprozess und wollen adäquate Anpassungsstrategien entwickeln. Hier soll die Frage verfolgt werden, wie dies mit den Folgeproblemen des Uranbergbaus in Einklang zu bringen ist.

1 Problemgeschichte: Zur Entstehung des Uranbergbaus im Zentralen Erzgebirge

Im Gebiet des heutigen Johanngeorgenstadt kam es infolge der Intrusion des Eibenstocker Granits während der variszischen Orogenese zur Bildung einer hydrothermalen Erzlagerstätte (Gangtyp). Der Absatz der verschiedenen Gangmineralisationen erfolgte dann vor 250 bis 180 Millionen Jahren. Dabei sind die Uran-Quarz-Karbonat-Abfolge und die Bi-Co-Ni-Ag-Formation (Wismut-Kobalt-Nickel-Silber) die Hauptträger der Uranerze. Bereits vor der Entdeckung des Urans wurde Uranerz (die so genannte Pechblende) bei der Gewinnung von Silber zu Tage gebracht und aufgehaldet. Das Element Uran wurde (als UO_2) 1789 von Klaproth aus der Pechblende isoliert. Als *Locus classicus* gilt die Grube „George Wagsfort" in Johanngeorgenstadt.

Wenige Jahrzehnte später hatte sich bereits ein nennenswerter Uranbergbau im Erzgebirge und um St. Joachimsthal etabliert. 1855 ist die erste Blüte in der Uranförderung mit der Gründung der „k.u.k. Urangelbfabrik" in Joachimsthal zu verzeichnen.

---

* Dieser Beitrag ist auf der Grundlage von Forschungsarbeiten am Institut für Allgemeine Ökologie und Umweltschutz, Professur für Allgemeine Ökologie (Prof. Dr. Gert E. Dudel), der TU Dresden entstanden.

In den Jahren bis einschließlich 1898 wurden ca. 136 t Uranfarben hergestellt (Kirchheimer 1963).

Einen weiteren bedeutenden Aufschwung erlebte die Uranförderung in der Gegend um Johanngeorgenstadt durch die Entdeckung der Kernspaltung und deren Umsetzung als Atombombe nach dem 2. Weltkrieg. In den Jahren 1946-1959 wurden ca. 5 000 t Uran in den verschiedenen Lagerstätten (u. a. Fastenberg, Weißer Hirsch, Seifenbach) durch die SAG Wismut bzw. deren Vorläufer gewonnen. Die Lagerstätte Tellerhäuser, Hämmerlein (Gemeinde Pöhla), deren Ausbeutung durch die SDAG Wismut sich im Wesentlichen auf den Zeitraum von 1968-1990 erstreckt, lieferte ca. 1 200 t Uran (Wismut 1999). Mit der deutschen Vereinigung ging der Gesellschaftsanteil der DDR an der SDAG Wismut auf die Bundesrepublik über. Im Jahre 1991 übernahm sie außerdem den sowjetischen Gesellschaftsanteil und sämtliche daraus resultierende Verpflichtungen. Als Folge davon kommt die bundeseigene Wismut GmbH für die Sanierung auf. Hierfür wurden seit 1991 7,5 Milliarden Euro bereitgestellt (Gatzweiler, Mager 1993). Im Gegensatz dazu erhielten die Kommunen, in denen der Uranbergbau bis zum 31.12.1962 eingestellt war (so genannte Wismutaltstandorte wie z. B. Johanngeorgenstadt, Breitenbrunn, Erla), lange Jahre keine nennenswerten Sanierungsmittel durch den Bund. Der Freistaat Sachsen stellte trotz seiner schwachen Finanzausstattung allein für die Sanierung von Johanngeorgenstadt in den Jahren von 1993 bis 1998 ca. 15 Millionen DM zur Verfügung, um die Absetzbecken zu sichern (Sächsisches Oberbergamt 1999). Erst durch das Verwaltungsabkommen zwischen der Bundesrepublik Deutschland und dem Freistaat Sachsen zu den sächsischen Wismut-Altstandorten vom 05.09.2003 wurden 39 Millionen Euro vom Bund und die gleiche Summe vom Freistaat Sachsen für die Sanierung aller sächsischen Wismut-Altstandorte bereitgestellt.

2   Umweltschäden und -belastungen

Halden

Die im Raum Johanngeorgenstadt auftretenden Bergbaufolgen sind denen in anderen Bergbaugebieten vergleichbar. Besonders augenfällig ist die Veränderung der Landschaft durch Halden und ähnliche Objekte. In der Region „Zentrales Erzgebirge um Johanngeorgenstadt" befinden sich mehr als 500 Halden mit Größen von einigen Quadratmetern bis zu mehreren Hektar (die größte ca. 25 ha). Diese Halden unterscheiden sich auch nach ihrer Form; es treten im Wesentlichen abgestumpfte Halden und Haldenhangschüttungen auf. Das Volumen der Halden umfasst ca. 14 Mio. m³, insgesamt ca. 350 ha Fläche. Zusätzlich zu den Halden befinden sich auf dem Gebiet von Johanngeorgenstadt auch zwei Industrielle Absetzanlagen (Tailings) mit einer Fläche 8,8 bzw. 10,8 ha (BfS 2001).

Nach Beendigung der Schüttung wurden ausgewählte Haldenflächen mithilfe tschechischer Technik profiliert. Die Untersuchungen zur Nährstoffversorgung des Haldenmaterials wiesen unmittelbar nach der Schüttung geringe bzw. vernachlässigbare Stickstoffgehalte auf. Daher wurde in den Jahren 1956 und 1957 auf einer Halde in der Nähe vom Külliggut Lupine ausgesät. Bei dem Versuch sollte überprüft werden, ob Lupine auf dem steinigen Haldenmaterial wächst. Der Versuch war erfolgreich. Somit konnte das Lupinensaatgut manuell gesammelt und auf anderen Halden ebenfalls ausgesät werden. In späteren Jahren wurde sogar von den „Blauen Bergen Johanngeorgenstadt" gesprochen. Auch andere Pflanzen wie Süßlupine, Steinklee und Erlenarten wurden zur Melioration eingesetzt. Neben dieser biologischen Düngung wurden auch konventionelle Dünger wie Thomasmehl eingesetzt. Bis 1989 wurden u. a. 16 große Haldenobjekte mit einer Gesamtfläche von 135 ha sowie die Fläche der 1953 abgerissenen Altstadt von Johanngeorgenstadt einer Rekultivierung unterzogen und i. d .R. einer forstlichen Nutzung zugeführt (Weigelt 1960; Weigelt 1970; Ranft 1965). Nach heutigen Maßstäben würde die Aufforstung von ca. 1 ha zwischen 4.000 und 10.000 Euro kosten.

Stollen, Schächte, Schurfe

Die Förderung von Uranerz und anderen Metallen erfolgte in Johanngeorgenstadt im Untertagebau. Dafür war die Anlage von Stollen, Schächten und Schürfen erforderlich. Im Untersuchungsgebiet befinden sich mehr als 300 dieser Objekte. Die Verfüllung/Verwahrung ist häufig kostenintensiv. Als Beispiele sind der Tagesschacht Katharina (ca. 1,5 Millionen DM), Schacht 53 (ca. 336.000 DM) und der Schacht 112 (ca. 650.000 DM) zu nennen. Auch die Verwahrung von Stollen kann erhebliche Finanzmittel erfordern – kostenintensive Objekte waren z. B. der Stollen 61b (1985: 563.000 M) oder der Aaron Stollen (ca. 1 Mio. DM). Der Verwahrung von oberflächennahen Stollen und Schächten kommt bei der Sicherung des unterirdischen Grubengebäudes eine besondere Bedeutung zu. Trotz dieser Maßnahmen kommt es immer wieder zu Tagesbrüchen, deren Sanierungskosten größenabhängig sind. Ein sehr kostenintensives Objekt ist z. B. der Tagesbruch am Henneberger Flügel gewesen (ca. 1,5 Mio. DM) (Sächsisches Oberbergamt 1999).

Bei einigen Erzbergbaugruben ist eine Sanierung der Flutungswässer notwendig. Dafür sind konventionelle Ionenaustauscheranlagen im Uranbergbau zwar hocheffektiv, aber im größeren Maßstab auf Dauer sehr teuer (3-4 Euro/m³) (Kiessig, Hermann 2000). Im Aktionsraum werden die Wässer der Grube Pöhla gereinigt. Dabei handelt es sich um eine biologisch-technische Anlage, trotzdem entstehen im Vorfeld hohe Kosten (Beratung, Planung, Schulung und Konzeption bislang ca. 980.000 DM – Wisutec 2004). Auch die Fassung der Stollenwässer ist kostenintensiv – z. B. betrug die Fassung der Stollenwässer Bereich 01-09 (Johanngeorgenstadt) ca. 4,7 Mio. DM (Sächsisches Oberbergamt 1999).

Strahlung

Als Besonderheit gegenüber vielen anderen Altbergbaustandorten tritt bei Objekten des Uranbergbaus häufig eine deutliche Erhöhung der Umweltradioaktivität (terrestrische Ortsdosis-Leistung, Radon und dessen Zerfallsprodukte) auf. Damit unterliegen die Halden und ähnliche Objekte nicht nur dem Bergrecht, sondern auch dem Strahlenschutz. Für den Umgang mit den Bergbaufolgeobjekten wird das verbreitete Grundprinzip des Strahlenschutzes – die Strahlungsexposition so niedrig zu halten, wie dies sinnvollerweise erreichbar ist (ALARA-Prinzip: as low as reasonably achievable) – angewandt (Siehl 1996). Dazu wurden von der Strahlenschutzkommission (SSK 1992) Empfehlungen zum Umgang mit diesen Flächen/Objekten erarbeitet.

Das Bundesamt für Strahlenschutz gab für den Landkreis Aue-Schwarzenberg hinsichtlich der Gamma-Ortsdosis-Leistung einen Hintergund von 0,77 mSv/a (Median; Min. 0,48 und Max. 1,226 mSv/a) an. Dieser liegt schon deutlich über den durchschnittlichen für die deutsche Bevölkerung mit ca. 0,5 mSv/a, und ist – wie bereits erwähnt – geogen bedingt. Dieser maximale Hintergrundwert wurde bei ca. 165 Halden überschritten. Darunter befanden sich auch zahlreiche Werte über 2,226 mSv/a. Die mittlere effektive jährliche Äquivalentdosis für die deutsche Bevölkerung ist in Abbildung 1 wiedergegeben.

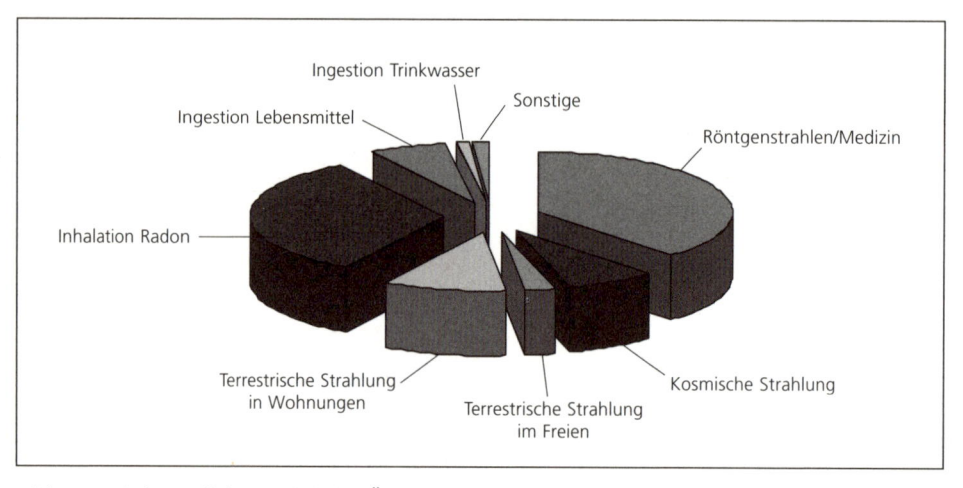

*Abb. 1: Mittlere effektive jährliche Äquivalentdosen der Bevölkerung in Deutschland. Inhalation von Radon umfasst auch seine Folgeprodukte
(Quelle: SMUL 1998)*

Die effektive jährliche Äquivalentdosis der Bevölkerung in Deutschland beträgt ca. 2,4 mSv/a. Aufgrund veränderter Radonaktivitätskonzentrationen (beispielsweise durch anstehende Granite und der Häufigkeit medizinischer Anwendungen (Röntgen u. a.) kann diese in der Regel in einem Bereich zwischen 1-10 mSv/a für den einzelnen Bürger schwanken (ICRP 65 1996). Als Ursachen sind u. a. radioaktive Kontrastmittel oder Strahlentherapien zu nennen. Die Zusammensetzung der natürlichen effektiven jährlichen Äquivalentdosen (also ohne medizinische Anwendungen etc.) bezogen auf die einzelnen Isotope bzw. Zerfallsreihen ist in Abbildung 2 dargestellt.

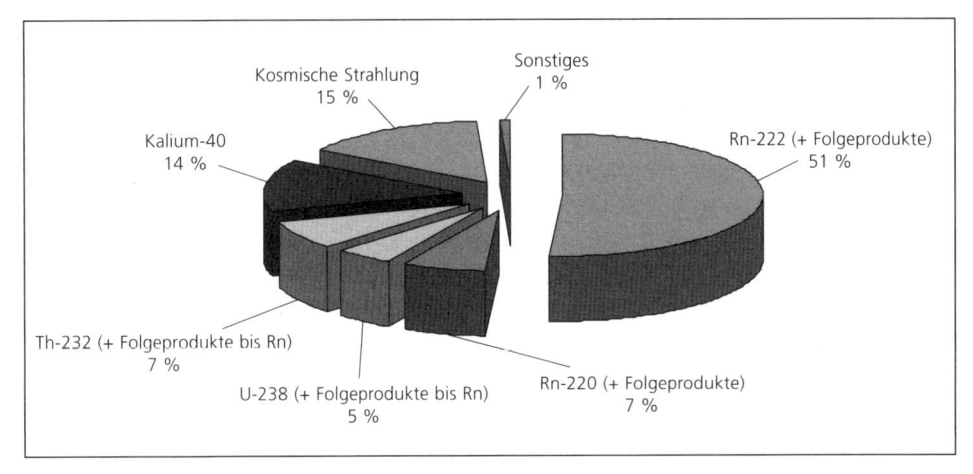

Abb. 2: Jährliche effektive Äquivalentdosis aus natürlichen Quellen
(Quelle: BMU 1996)

Radon-222 und seine Zerfallsprodukte stellen in der BRD den größten Anteil unter den natürlichen Quellen dar. Grundlage für die Ermittlung der effektiven Äquivalentdosis stellt der Median der Wohnluftaktivität von 250 Bq/m³ dar. Radon-222 ist ein Folgeprodukt von Uran-238. Daher ist u. a. in unmittelbarer Nähe von Uranbergbauhalden und Schächten mit erhöhten Aktivitätskonzentrationen zu rechnen. Im Untersuchungsgebiet wurde durch verschiedene Institutionen Radon in Räumen gemessen (Tab. 1).

Tab. 1: Radonaktivitätskonzentrationen (Bq/m³) in ausgewählten Gemeinden des Untersuchungsgebietes (Gans et al. 1993); * = (Leißring 1992) und Ergebnisse Radon-Langzeitmessung in Wohnungen der neuen Bundesländer (Zufallsstichprobe) (BMU 1996)

Gemeinde	Anzahl	Median (Bq/m³)	Maximum (Bq/m³)	Anzahl (%) >250 Bq/m³
Antonsthal	256	110	23 000	25
Breitenbrunn	289	260	17 000	53
Erla	198	280	20 000	55
Johanngeorgenstadt	196 (45)*	65	8 100 (54 187)*	25
Rittersgrün	91	415	340 000	69
Neue Bundesländer	1 500	33	1 300	
Dresden-Nord	27	31	120	

Deutlich wird, dass in einigen Gemeinden der Median von 250 Bq/m³ stark überschritten wird. Als Folge sind höhere effektive Äquivalentdosen zu erwarten. Bisher gab es in der BRD keinen Grenzwert für Radon in Gebäuden, nur Empfehlungen. Wissenschaftliche Untersuchungen legen jedoch Regelungsbedarf nahe. Epidemiologische Studien (an Nicht-Bergleuten) stellten in ausgewählten stärker mit Radon belasteten Gebieten gegenüber unbelasteten Regionen eine signifikant erhöhte Bronchialkarzinomrate fest (Wiechmann 1998). Aus medizinischer Sicht schätzt Wiechmann (1998), dass in den Altbundesländern im Niedrigdosisbereich ca. 4-12 % aller Lungenkrebstoten auf Radon zurückzuführen sind, was dem derzeitigen Modell der ICRP[1] entspräche. Die SSK (2000) kommt aufgrund der epidemiologischen Untersuchungen zum Lungenkrebsrisiko nach Radonexposition zu folgendem Schluss: „Die Ergebnisse bisheriger epidemiologischer Studien zeigen einen klaren Zusammenhang zwischen der Radonexposition und dem Lungenkrebsrisiko und sind mit einer linearen Dosis-Wirkungsbeziehung ohne Schwellenwert (so genannte LNT-Hypothese: Linear No-Threshold Hypothesis) konsistent." Bemerkenswert ist die gute Übereinstimmung zwischen den Ergebnissen aus den Kohortenstudien (hoch-exponierte Personen) und den Fall-Kontrollstudien, in denen das Lungenkrebsrisiko nach eher niedriger Exposition untersucht wird. Obwohl jede einzelne Studie allein nicht ausreicht, genaue Schätzwerte für die Bewertung des Risikos auch nach geringer Strahlenexposition zu liefern, rechtfertigen die Studien doch in ihrer Gesamtheit, von einem Zusammenhang von Radonexposition und Lungenkrebsrisiko auszugehen. Abweichende Ergebnisse in einzelnen Studien, besonders in solchen mit geringem Stichprobenumfang, sind nicht überraschend und führen daher nicht zu einer anderen Beurteilung des Gesamtbildes.[2] Das Lungenkrebsrisiko durch Radoninhalation wird noch durch Rauchen vervielfacht (Jung, Burkhardt 1997). Eine Ursache könnte im Partikeldurchmesser der Raumluft liegen. Dieser weist eine Abhängigkeit zur der effektiven Dosis auf (Porstendörfer 1998). Weitere begünstigende Faktoren sind Feinstäube und Feuchtigkeit sowie eine hohe Expositionsdauer. Dieses deckt sich auch mit Befunden der Pathologie Stollberg im Vergleich zur Pathologie Dresden. Bei Nicht-Wismutbeschäftigten im Einzugsbereich der Pathologie Stollberg lag der Anteil von Lungentumoren bei ca. 15,6 %, bei denen in Dresden bei 8,8 % HVBG (1996).

Diese und weitere Befunde bewogen das BMU 2004 eine Initiative zur Änderung der Baurichtlinie zu ergreifen. Die geplanten Regelungen geben einen Zielwert von 100 Bq/m³ vor. Dieser soll für Gebäude, die öffentlich genutzt oder anderen Personen zur Nutzung überlassen werden, gelten, aber nicht für vom Eigentümer selbst genutzte Räume.

---

[1] ICRP: Internationale Strahlenschutzkommission.

[2] SSK (2000): Epidemiologische Untersuchungen zum Lungenkrebsrisiko nach Exposition gegenüber Radon, S. 10, 1. Abs. der Zusammenfassung.

Das BMU (2004) geht dabei von Kosten für das radonsichere Bauen von ca. 20 Euro pro überbautem Quadratmeter aus (Folienabdichtung im Keller und/oder Kellerlüftung). Die Kosten für die Sanierung sind aufgrund des Bauzustandes schwer schätzbar – aber im Allgemeinen werden mit ca. 3.000 Euro „gute Ergebnisse" erzielt.

Aus Tabelle 1 wird deutlich, dass der Median der Radonaktivitätskonzentrationen häufig 100 Bq/m³ überschreitet. Im Falle des Inkrafttretens der Änderung der Baurichtlinie und der Ergänzung des Strahlenschutzvorsorgegesetzes wären Kommunen und Unternehmen der Wohnungswirtschaft besonders betroffen, weil sie den Nachweis der Radonaktivitätskonzentration übernehmen und ggf. Sanierungsmaßnahmen einleiten müssten.

3 Subjektive Wahrnehmung der Gefahren

Bei einer Befragung der *Bürgermeister* und ausgewählter Akteure hinsichtlich der Bewertung von Einzelproblemen in den Sanierungsgebieten wird deutlich, dass die Bergbaufolgen nicht als vordergründiges Problem angesehen werden. Nach Aussage der Befragten waren die Hauptproblemfelder der Bevölkerungsrückgang, Industriebrachen und -ruinen sowie mangelnde Unterstützung durch den Staat. Erst auf Platz 7 folgten radioaktive Kontaminationen und auf Platz 10 Standsicherheitsprobleme (Tagesbrüche etc.). Hinsichtlich der Betroffenheit ergab sich in der Vorstellung der Befragten eine mäßige bis starke Betroffenheit nur bei den Kommunen Johanngeorgenstadt und Pöhla (Müller et al. 2000).

Zu ähnlichen Ergebnissen kommt die 2003 erstellte Teilstudie des UFZ zum Thema Binnen- und Außenimage (vgl. Kap. 3.6). Aus Sicht der Bürger und Gäste in Johanngeorgenstadt zählen die wirtschaftliche Schwäche, Arbeitslosigkeit, Abwanderung und der Leerstand zu den Hauptproblemen der Stadt. Die Bergbauschäden werden dagegen nur von einem kleineren Teil der Befragten (11 % der Gäste und 28 % der Einwohner) genannt.

Bei den *Landes- bzw. Bundesbehörden* stehen meist Genehmigungs- und Überwachungsaufgaben im Vordergrund. Aktivitäten werden bzw. dürfen erst nach Absicherung (z. B. durch Gesetze, Verordnungen und Durchführungsbestimmungen) entfaltet werden. Dazu kommt eine personelle Unterbesetzung der Stellen. Die effektive Abarbeitung der Vorgänge muss zwangsläufig stark formalisiert werden. Diese Formalisierung führt aber dazu, dass die Bürger vor Ort nicht einbezogen werden können. Vorläufige Bewertungen wie die Messdaten des A.Las.Ka.[3] (Bodenkontaminationen mit Radionukliden) konnten bzw. durften lange Zeit nur für ein konkretes Objekt an den anfragenden Bürgermeister übergeben werden, nicht für die Fläche einer Ge-

---

[3] Altlastenkataster des Bundesamtes für Strahlenschutz.

meinde. Der Zwiespalt für eine Bewertung wird deutlich, wenn für eine Fläche z. B. 0,5 ha lediglich 2 Bodenproben vorliegen und der Bauabschnitt nur eine Fläche von ca. 0,05 ha betrifft. Bis 2002 existierte keine ausreichende digitale Verschneidung der Katasterkarten mit den Ergebnissen der Datenbank A.Las.Ka., die aber eine Grundlage bilden.

Für den *Bürger* spielt das Gewohnheitsrecht eine entscheidende Rolle. „Wir haben hier immer Pilze gesucht."[4] ist eine typische Antwort von Pilzsammlern. Die Anlage von Kanzeln für die Jagd in unmittelbare Haldenumgebung, die Errichtung und Nutzung von Gärten in Haldenabstrombereichen gehören leider nicht der Vergangenheit an. Dieses ist nicht nur auf die Gegend um Johanngeorgenstadt begrenzt, auch an anderen Uranbergbaustandorten wie in Schlema (1996-1998) oder im Raum Mechelgrün (2001-2004) konnte es beobachtet werden. Die Verharmlosung (oder Vernachlässigung von Aufsichtspflichten) führten dazu, dass Kinder sich in den 70er und 80er Jahren mit Tailingschlämmen bewarfen („konnte man so gut formen und sind auch nicht mehr gefährlich, Uran ist ja raus" – Vogtland) oder dass an einer hochexponierten Stelle (Pechblendestücken im Oberboden) in den 90er Jahren in Breitenbrunn eine Lager- und Feuerstelle errichtet wurde. An anderen Wismut-Altstandorten wird Wasser aus Grubenmischwasserstellen entnommen („Ist doch nur für die Rüben") etc.

4 Schrumpfung – Chance für den ökologischen Umbau in umweltbelasteten Räumen

Bergbauregionen erleben – ähnlich anderen monostrukturierten Regionen – nach dem Ende der Abbautätigkeit meist einen Bevölkerungsrückgang. Auch Umweltprobleme (Kontamination der Umweltmedien, Flutung von Gruben, Standsicherheit) zählen zu den typischen Hinterlassenschaften. Das betrifft auch das Zentrale Erzgebirge um Johanngeorgenstadt.

Fasst man die vorausgegangenen Abschnitte zusammen, so können zwei Grundaussagen hervorgehoben werden: Erstens gibt es im Zentralen Erzgebirge nach wie vor zahlreiche radiologische Belastungen und bergbauliche Schäden. Diese sind hinsichtlich räumlicher Verbreitung und Intensität sehr gut bekannt. Zum anderen gibt es Hinweise darauf, dass Bewohner und kommunale Entscheidungsträger Gefährdungspotenziale vernachlässigen bzw. negieren. Dies ist der Punkt, um auf die Ausgangsfrage zurückzukommen: Wie ist das Verhältnis zwischen der Anpassung an die Schrumpfungsprozesse und der Bewältigung der Uranbergbaufolgen?

Die Untersuchungen des Bundesamtes für Strahlenschutz (BfS 2001, 61) machen auf der einen Seite deutlich, dass im Bereich der so genannten „Verdachtsfläche Johanngeorgenstadt" lediglich auf einer Fläche von ca. 300 Hektar Ortsdosis-Leistungen ge-

---

[4] Eigenerhebungen des Autors.

messen wurden, die über dem geogenen Niveau liegen. Selbst wenn man unterstellt, dass die konkret betroffenen Einzelobjekte und ihr Umfeld (insbesondere Haldenrandbereiche) Nutzungs- und Betretungseinschränkungen erfordern, kann damit in keinem Fall die Entsiedelung einer ganzen Region begründet werden. Auf der anderen Seite liegen einige Siedlungsbereiche tatsächlich im Bereich „erhöhter bergbaubedingter Kontaminationen" (vgl. BfS 2001, VF 16, 59 f.). Die Bundesbehörde macht geltend, die betroffenen Gebiete näher zu untersuchen bzw. Sanierungsmaßnahmen durchzuführen (ebenda, 63/64). Dies soll im Wesentlichen durch Landesbehörden erfolgen.

Die eigentliche Chance der demographischen Schrumpfung besteht darin, dass der ökologische Umbau von Städten und Regionen durch ohnehin notwendige Nutzungsänderungen und Rückbaumaßnahmen gefördert und Gefährdungspotenziale reduziert werden können. Wenn nämlich die durch Wohnungsleerstand, Gewerbebrachen usw. erforderlichen Bestandsreduzierungen auch nach Kriterien des Umweltrisikos erfolgen, ist eine Nutzenoptimierung möglich. Allerdings erfordert eine solche Strategie zwei Voraussetzungen. Zum einen bedarf es genauer Planungsgrundlagen. Zum anderen ist der Umbauprozess durch die betroffenen Kommunen effizient zu steuern.

Hier besteht das eigentliche Problem: Obwohl die radiologische Situation im Betrachtungsraum akribisch untersucht wurde und nach 10 Jahren Forschung durch die zuständige Bundesbehörde detaillierte Ergebnisse vorliegen, stehen den betroffenen Kommunen um Johanngeorgenstadt keine allgemein zugänglichen und allgemein verständlichen Planungsgrundlagen zur Verfügung. Interne Berichte geben nur eine vorläufige Orientierung für Rückbaumaßnahmen in radiologisch riskanten Bereichen. Problematisch ist aus der Sicht der Stadtplanung die sehr stark objektbezogene Bewertung, die angrenzende Nutzungen kaum berücksichtigt. Sicherheitszonen, die aufgrund von Unsicherheiten bei der Klassifizierung von Bergbauobjekten[5] sinnvoll wären und Spielraum für städtebauliche Maßnahmen auch bei veränderter Bewertungslage ließen, konnten bisher nicht berücksichtigt werden. Dabei wurden entsprechende Vorschläge unter maßgeblicher Mitwirkung des Autors dieses Beitrages bereits in einer vorangegangenen Untersuchung entwickelt (enthalten in Müller et al. 2000, Teil II, 52 ff.). Der Ansatz besteht darin, die Bergbauobjekte je nach Gefährdungspotenzial in drei Klassen – geringes, mittleres, hohes Risiko – einzustufen, denen allgemeine Nutzungseignungen und -beschränkungen zugeordnet werden. Die betroffenen Flächen werden in einer Gefahrenkarte dargestellt, wie sie etwa in der Hochwasservorsorge bereits gesetzlich vorgeschrieben ist. Für die Kommunen könnte auf diesem Wege mehr Planungssicherheit geschaffen werden. Allerdings wurde dieser Vorschlag durch die zuständigen Fachbehörden bisher nicht aufgegriffen. Den Hinter-

---

[5] Ursachen liegen u. a. in der z. T. geringen Probenanzahl bei den Untersuchungen. Aufgrund der derzeitigen Rechtslage sind dafür die Kommunen bzw. das Land zuständig. Um weitere Verzögerungen bei Planungsarbeiten zu vermindern, stellen Sicherheitszonen eine Kompromisslösung dar.

grund bildet offensichtlich die Tatsache, dass durch die Darstellung in öffentlichen Plänen eine Handlungspflicht entstehen könnte, die vermieden werden soll. Nicht zu unterschätzen ist auch der Effekt, dass im Gefolge entsprechender Klassifizierungen Grundstücke abgewertet werden könnten, sodass auch das private Interesse an derartigen Bewertungen eher gering ist.

Was den Steuerungsbedarf betrifft, so sei angemerkt, dass gerade kleine Kommunen häufig nicht über die personellen und finanziellen Kapazitäten verfügen, die erforderlich wären. Dass auch in solch schwierigen Situationen Lösungen möglich sind, zeigt wiederum ein Beispiel aus der Hochwasservorsorge. Der Freistaat Sachsen hat nach dem August-Hochwasser 2002 mit Röderau-Süd einen kompletten Ortsteil an der Elbe umgesiedelt, da ein effizienter Hochwasserschutz als nicht möglich angesehen wurde (http://www.justiz.sachsen.de/smj/sites/justiz/3187.htm). Letztlich wäre ein Zusammengehen von Staat und Kommune auch im Fall Johanngeorgenstadt notwendig, wenn gezielte Umsiedlungen von Häusern, Straßen oder Ortsteilen ins Auge gefasst würden.

Als Fazit ergibt sich der Befund, dass der Schrumpfungsprozess in der Untersuchungsregion Chancen beinhaltet, vom ehemaligen Uranbergbau ausgehende Umweltrisiken zu vermindern. Um dies sicherzustellen, müssten Defizite in der Planung und in der Prozesssteuerung behoben werden.

Literatur

BfS (2001): Radiologische Erfassung, Untersuchung und Bewertung bergbaulicher Altlasten. Abschlussberichte zu den Verdachtsflächen Johanngeorgenstadt (VF 16) und Pöhla (VF 17). Bundesamt für Strahlenschutz. Berlin.

BMU (1996): Umweltradioaktivität und Strahlenbelastung. Jahresbericht 1993.

BMU (2004): Begrenzung von Radon in Gebäuden. www.bmude/de1024/js/sachthemen/strahlen/radon_gebaede/main.htm

Gans, I.; Kahl, T.; Rühle, H. (1993): Radonmessungen im Rahmen der deutsch-deutschen Zusammenarbeit auf dem Gebiet des Strahlenschutzes. Schriftenreihe Reaktorsicherheit und Strahlenschutz. BMU-1993-384.

Gatzweiler, R.; Mager, D. (1993): Altlasten des Uranbergbaus. der Sanierungsfall Wismut, Geowiss. 11 (5/6), 164-172.

HVBG (1996): Berufsgenossenschaftliche Aktivitäten und Forschungsvorhaben zum Thema Wismut – Erkenntnisstand und Perspektiven. Fachkolloquium. Dresden 09. und 10.12.1996.

Jung, T.; Burkhardt, W. (1997): Die Bewertung kombinierter Expositionen in Toxikologie und Strahlenschutz. In: Materialien zu Strahlenschutz/Umweltradioaktivität 3/1997. Workshop Integrierte Bewertung radiologischer und chemisch-toxischer Kontaminanten. Dresden.

Kiessig, G.; Hermann, E. (2000). Nachfolgelösungen für die Behandlung kontaminierter Wässer. In: WISMUT GmbH (Hrsg.), Tagungsband zur Internationalen Konferenz „Wismut 2000 – Bergbausanierung", Schlema, 11.-14.07.2000.

Kirchheimer, F. (1963): Das Uran und seine Geschichte. E. Schweizbart'sche Verlagsbuchhandlung Stuttgart.

Leißring, B.; Brandt, J.; Just, G.; Tschiedel, J. (1992): Abschlussbericht zum Pilotprojekt Johanngeorgenstadt, Bergsicherung Schneeberg.

Melchior, S. (1997): The Application of Containment technologies on Landfills and Contaminated Sites in Europe. In: Proceedings of the 1997 Int. Containment Technology Conf. and Exhibition, Febr. 09-12, St. Petersburg, Florida, USA, 9 p.

Müller, B. et al. (2000): Sanierungs- und Entwicklungsgebiet Uranbergbau. Modellvorhaben der Raumordnung. Abschlussbericht. Institut für ökologische Raumordnung e. V., Dresden.

Porstendörfer, J. (1998): Radon-Inhalation: Dosiskonversionsfaktoren der verschiedenen Aufenthaltsplätze des Menschen. Radon – Statusgespräch. Berichte der Strahlenschutzkommission (SSK) des Bundesministeriums für Umwelt, Naturschutz und Reaktorsicherheit, Heft 17, Gustav Fischer Verlag, Stuttgart, Jena, New York.

Ranft, H. (1965): Begrünungs- und Aufforstungsversuche zur Erarbeitung von Rekultivierungsvorschlägen für die durch den Erzbergbau neu entstandenen Halden des Erzgebirges. Abschlussbericht, TU Dresden, Institut für Pflanzenchemie.

Sächsisches Oberbergamt (1999): Rahmenplan für die Sanierung des Uranbergbaus in Johanngeorgenstadt. Chemnitz.

SMUL (1998): Strahlenschutz im Freistaat Sachsen. Materialien zu Strahlenschutz/Umweltradioaktivität.

Siehl, A. (Hrsg.) (1996): Umweltradioaktivität: Ernst & Sohn, Berlin.

SSK (1992): Strahlenschutzgrundsätze für die Verwahrung, Nutzung oder Freigabe von Kontaminierten Materialien, Gebäuden, Flächen oder Halden aus dem Uranerzbergbau. Empfehlungen der Strahlenschutzkommission. Band 23, Gustav Fischer Verlag, Stuttgart, Jena, New York.

SSK (2000): Epidemiologische Untersuchungen zum Lungenkrebsrisiko nach Exposition gegenüber Radon. Stellungnahme der Strahlenschutzkommission. 169. Sitzung, 31.10.2000.

SSK (2003): Strahlenexposition durch Blei-210 und Polonium-210 im Trinkwasser. Empfehlungen der Strahlenschutzkommission. 188. Sitzung, 02.12.2003.

Veröffentlichungen der Internationalen Strahlenschutzkommission ICRP 65 (1996): Schutz vor Radon-222 zu Hause und am Arbeitsplatz. Gustav Fischer Verlag, Stuttgart, Jena, New York.

Verwaltungsabkommen zwischen der Bundesrepublik Deutschland und dem Freistaat Sachsen zu den sächsischen Wismut-Altstandorten (VA-Wismut-Altstandorte). Berlin 05.09.2003.

Weigel, W. (1960): Die Neuaufforstung der einst alten Bergstadt Johanngeorgenstadt. Ing.-Arbeit. Forstfachschule Schwarzburg.

Weigel, W. (1970): Die Aufforstung devastierter Siedlungsflächen der ehemaligen Bergstadt Johanngeorgenstadt. IV. Internationales Symposium. Wiedernutzbarmachung in Leipzig, Teil II, 491-495.

Wiechmann, H. E.; Kreienbrock, L.; Kreuzer, M.; Gerken, M.; Dingerkus, G.; Wölke, G.; Heinrich, J.; Wellmann, J.; Keller, G. (1998): Lungenkrebsrisiko durch Radon in der Bundesrepublik Deutschland. Erste Risikoanalysen in West- und Ostdeutschland. Radon-Statusgespräch. Berichte der Strahlenschutzkommission (SSK) des Bundesministeriums für Umwelt, Naturschutz und Reaktorsicherheit, Heft 17, Gustav Fischer Verlag, Stuttgart, Jena, New York.

Wismut GmbH (1999): Chronik der Wismut. Chemnitz (elektronischer Datenträger, CD).

Wisutec (2004): Referenzen für den Geschäftsbereich Wasserbehandlungen. www.wisutec.de/refenzen_wasserbehandlung.htm

Perspektiven des Zentralen Erzgebirges aus der Sicht der Fachdisziplinen – ein Überblick

Peter Wirth, Marc Bose

Aus sehr unterschiedlichen fachlichen Perspektiven wurden bisherige sowie zu erwartende Entwicklungen im Zentralen Erzgebirge diskutiert und Handlungsoptionen der betroffenen und zuständigen Akteure entworfen. Bevor im letzten Abschnitt auf die Fragen der Steuerung von Entwicklungsprozessen in schrumpfenden peripheren Regionen eingegangen wird, sollen die wichtigsten Ergebnisse der Fachdebatte zunächst zusammengefasst und gegenübergestellt werden. Dabei greifen die Herausgeber auf die Einzelergebnisse der Forschungspartner zurück, versuchen aber auch, diese zu interpretieren und zu verknüpfen.

Bevölkerung

Wie die Analyse der Bevölkerungsentwicklung zeigt, ordnet sich der Untersuchungsraum mit 18 % Bevölkerungsrückgang im Zeitraum 1990-2001 in die Spitzengruppe der Gebiete mit Bevölkerungsrückgang in Deutschland ein. Johanngeorgenstadt selbst gehört unter den schrumpfenden Kommunen in Sachsen sogar zu den drei Spitzenreitern. Auslöser für den Bevölkerungsrückgang sind sowohl eine niedrige Geburtenrate (Sterbefallüberschuss) als auch eine starke Abwanderung (Wanderungsdefizit). Prognostisch gesehen hält der Prozess längerfristig an, wenn auch voraussichtlich mit abnehmender Dynamik. Bis 2016 ist selbst bei optimistischer Prognoseannahme mit einem weiteren Rückgang der Einwohnerzahl um ca. 25 % zu rechnen. Dieser Prozess wird von einer Alterungstendenz begleitet, sodass sich der Bevölkerungsanteil im nichterwerbsfähigen Alter zu Ungunsten der Erwerbsbevölkerung vergrößern wird. Im Vergleich werden zwar alle Kommunen in der Region vom Schrumpfungstrend betroffen sein, allerdings mit unterschiedlicher Intensität. So tendieren die dörflich geprägten und in der Nähe der erzgebirgischen Mittelstädte gelegenen Gemeinden zu einem moderaten Bevölkerungsrückgang, während die kleinstädtisch geprägten zentrenfernen Kommunen stärker schrumpfen werden.

Wohnungsmarkt

Die unmittelbarste Folge des Bevölkerungsrückganges ist der Wohnungsleerstand. Bei etwa gleich bleibendem Wohnungsbestand in der Untersuchungsregion in den 90er Jahren ist der Wohnungsleerstand auf fast 18 % geklettert. Wenig überraschend ist, dass die Leerstandsquoten in jenen Kommunen am höchsten sind, in denen die Bergarbeitersiedlungen der 1950er Jahre liegen bzw. in denen der DDR-Geschosswohnungsbau der 70er/80er Jahre Spuren hinterlassen hat. Dabei haben die Kommunen im Zentralen Erzgebirge bereits auf den Wohnungsüberhang reagiert! Wurden doch bereits in den 90er Jahren etwa 1 400 Wohnungen durch Abriss „vom Markt genommen".

Überraschend sind die Ergebnisse der Wohnungsmarktprognose. Es gehr dabei weniger um die Tatsache, dass die Wohnungsnachfrage bis 2016 im Betrachtungsraum schneller zurückgehen wird als im übrigen Sachsen. Nicht vermutet wurde, dass der in den vorliegenden Konzepten (z. B. Integrierte Stadtentwicklungskonzepte) geplante Rückbau nicht zur Verbesserung der Situation führen wird. Da die Zahl der Haushalte noch schneller abnehmen wird als die Anzahl der Wohnungen, klafft die Lücke zwischen Angebot und Nachfrage am Ende des Prognosezeitraums sogar noch weiter auseinander als jetzt. Der Leerstand steigt auf ca. 22 %. Dies ist ein klarer Hinweis darauf, dass Rückbaukonzepte noch stärker auf die Bedarfe der betroffenen Räume zugeschnitten und staatliche Förderbudgets differenziert zur Verfügung gestellt werden müssen.

Die Konsequenzen für die Kommunen sind klar: Der Rückbau von Überbeständen muss forciert, der Wohnungsbestand an sich veränderte Nachfragen angepasst werden. Der Neubaubedarf muss auf besondere Nachfragerwünsche, z. B. nach Einfamilienhäusern, fokussiert werden. Eine Schlüsselfunktion kommt der Wohnumfeldgestaltung zu, denn auch in Rückbaugebieten muss die Mieterzufriedenheit gewahrt bleiben, um eine Negativspirale zu vermeiden. Diese vielfältigen Aufgaben sind nur zu bewältigen, wenn die Wohnungsmarktakteure besser zusammenarbeiten.

Wohnfolgeinfrastruktur

Neben dem Wohnungsleerstand gilt die Unterauslastung der Wohnfolge- bzw. sozialen Infrastruktur als weitere schwerwiegende Folge des demographischen Wandels. Innerhalb der sozialen Infrastruktur gelten Schulschließungen als das Problem mit den größten Folgen innerhalb der Gemeinden. Bedingt durch den Rückgang der Grund- und Mittelschülerzahlen kam es bereits in den letzten Jahren zu Schulschließungen im Untersuchungsgebiet. Prognosen bis 2016 gehen in Bezug auf die Zahl der Grundschüler von einer Talsohle im Jahr 2004 mit einem anschließenden Anstieg und einem erneuten Rückgang ab 2011 aus. Bei den Mittelschülern soll sich der Rückgang ab 2008 stabilisieren. Weitere unmittelbare Schließungen stehen deshalb bevor, sodass in absehbarer Zeit nur noch eine einzige Mittelschule im gesamten Untersuchungsgebiet vorhanden sein wird. Durch die Zentralisierung der Schullandschaft kommt es nicht nur zu einer Verschlechterung des wohnortnahen Bildungsangebotes, sondern auch zu deutlichen Einschnitten des (vereins-)sportlichen und kulturellen Angebotes einzelner Gemeinden. Alternative Konzepte zum Erhalt der dezentralen Schullandschaft, wie der jahrgangsübergreifende Unterricht, die Senkung der Mindestschülerzahlen und die Profilierung des freiwilligen Bildungsangebotes (z. B. grenzübergreifender Sprachunterricht) können diese Entwicklung abmildern. Die Voraussetzung dafür ist aber ein interkommunaler Konsens, der bisher nicht erzielt werden konnte.

Weniger dringlich sind die Probleme bei den übrigen sozialen Infrastruktureinrichtungen. Durch die altersübergreifende Nutzung vieler Einrichtungen für Kinder kann auf die zurückgehenden Kinderzahlen mit zum Teil „wellenförmigem" Verlauf flexibel reagiert werden (z. B. Kombination von Schulhort und Kita). Bei den Einrichtungen für Jugendliche besteht noch Anpassungsbedarf, um dem bevorstehenden Rückgang der jugendlichen Bevölkerung begegnen zu können.

Für die zahlreicher werdende ältere Bevölkerung gilt es einerseits Angebote für die Einbindung in ehrenamtliche Aufgaben bereitzustellen („Leihoma", „Seniorentaxi", Museumsdienst). Auf der anderen Seite werden die ungenutzten Pflegeheimplätze bis 2016 zunehmen, denn auch die Anzahl der über 65-Jährigen wird bis 2016 je nach Altersklasse in unterschiedlicher Stärke abnehmen (-1 bis -18 %).

Stadttechnik

Im Zusammenhang mit dem Wohnungsmarkt wurde bereits der Rückbaubedarf hervorgehoben. Neben dem Abriss von Gebäuden ergibt sich auch die Anforderung, die stadttechnischen Leitungssysteme an die verringerte Nachfrage anzupassen. Für die Stadt Johanngeorgenstadt wurden dazu vier Entwicklungsvarianten untersucht, indem unterschiedliche Rückbaukonzepte den damit verbundenen Rückbaukosten und der Entwicklung der Jahresgebühren (Mietnebenkosten für Trinkwasser, Abwasser, Gas, Strom) bis 2016 gegenübergestellt wurden.

Die Untersuchung zeigt, dass es aufgrund des prognostizierten Bevölkerungsrückgangs variantenübergreifend zu einem deutlichen Anstieg der stadttechnischen Kosten kommen wird. Jedoch kann der Mietnebenkostenanstieg durch die Anpassung der stadttechnischen Leitungssysteme gemildert werden. Zunächst wird eine Statusquo-Variante (kein weiterer Rückbau) gerechnet, die inflationsbereinigt, also zu Preisen von heute, zu einem Anstieg der stadttechnischen Jahresgebühr um 38 % (2001-2016) führen wird. Drei Alternativvarianten kommen zu sehr unterschiedlichen Ergebnissen hinsichtlich der Gebührenentwicklung. Der Rückbau in den Varianten 1 und 2 erfolgt unter dem Aspekt stadttechnisch optimaler Lösungen und führt zu einem geringeren Anstieg der Gebühren (21 % und 14 %). Für die städtebaulich realistischste Variante 3 wird dagegen ein Gebührenanstieg von 31 % prognostiziert. Insgesamt wird damit verdeutlicht, dass es zwar beträchtliche Einsparpotenziale gibt, deren Realisierung aber eine Steuerungskapazität voraussetzt, über die die Kommunen nicht verfügen.

Für die beteiligten Akteure aus Wohnungswirtschaft, Kommune und Versorgungsunternehmen ergibt sich aus diesen komplexen Zusammenhängen die Notwendigkeit, stärker als bisher zu kooperieren, um Rückbaugebiete festzulegen und den Rückbau voranzutreiben. Staatliche Förderprogramme zum Stadtumbau sind so auszurichten, dass Gebäude- und Infrastrukturrückbau Hand in Hand gehen.

Landschafts- und Siedlungsstruktur

Auf der Grundlage umfassender Analysen wird das „Johanngeorgenstädter Bergreich" als Leitbild für die zukünftige städtebauliche und freiraumplanerische Entwicklung Johanngeorgenstadts empfohlen, dem der Siedlungsstrukturtyp der Streusiedlung zugrunde liegt. Da eine kompakte Stadt voraussichtlich nicht erhalten werden kann, wird vorgeschlagen, Johanngeorgenstadt als dezentralisierte Stadt mit neun Siedlungskernen zu entwickeln. Die Ortsteile Altstadt, Neustadt, Schanzenblick, Sockendorf, Grauer Mann, Schwefelwerk, Pachthaus, Külliggut und Wittigsthal sollen das zukünftige dezentralisierte Johanngeorgenstadt bilden. „Instabile" Siedlungselemente wie die Plattenbausiedlungen, Bergarbeitersiedlungen und größere Garagenkomplexe werden schrittweise zurückgebaut, „stabile" Siedlungsteile durch Einfamilienhäuser ergänzt. Es wird angeregt, das Rathaus zentraler unterzubringen, etwa im Bereich des Grenzüberganges. Das „Johanngeorgenstädter Bergreich" ist im Wesentlichen durch folgende Grundzüge gekennzeichnet:

– Betonen der Bergbauvergangenheit: Diese soll durch eine stärkere Hervorhebung von Bergbau-Relikten in der Landschaft erzielt werden. Gedacht ist an die Bestockung der Halden mit Laubwald und die Kennzeichnung ehemaliger Stollen und Schächte. Außerdem soll die Bergbaulandschaft durch ein Wegenetz besser erschlossen werden.

– Tourismus: Er stützt sich sowohl auf die Erlebnismöglichkeiten des Bergbaus als auch auf neue Attraktionen. Neben dem Wintersport werden zunehmend auch Potenziale für den Sommer erschlossen. Ein touristischer Erlebnispfad soll die Attraktionen verbinden.

– Landschaft: Dominierende Landschaftselemente sind der Fichtenwald, der die Stadt umrahmt, der Laubwald, der Halden und Siedlungsränder markiert und die Siedlungskerne durchgrünt, sowie Bergwiesen, die z. T. durch Rückbau von Wohnungen neu entstehen.

Durch dieses Leitbild soll erreicht werden, dass auch unter Bedingungen des demographischen Wandels ein attraktives Siedlungsgefüge erhalten bleibt, das sowohl den Anforderungen der Bewohner als auch touristischen Ansprüchen genügt.

Binnen- und Außenimage

Der demographische Wandel hat nicht nur Auswirkungen auf die physischen Strukturen einer Region, sondern auch auf deren Wahrnehmung durch Einwohner und Besucher (Image). Von dieser Grundthese ausgehend hat die Untersuchung des Binnen- und Außenimages einige äußerst interessante Ergebnisse erbracht.

Zunächst konnte die Annahme widerlegt werden, dass die Stadt Johanngeorgenstadt ein schlechtes Außenimage hat – und zwar weder durch den Uranbergbau noch durch städtebauliche Missstände oder den Bevölkerungsrückgang. Die befragten Urlauber nehmen diese Negativmerkmale kaum wahr, sondern reflektieren eher Landschaft und Wintersport. Hier liegt die zukünftige Chance der Stadt bei der Entwicklung von Perspektiven.

Eine völlig andere Ausprägung hat das Binnenimage. Die Einwohner selbst bewerten die wirtschaftlichen und städtebaulichen Probleme sehr hoch und die eigenen Perspektiven eher schlecht. Die Umweltprobleme werden ebenfalls kaum wahrgenommen. Diese Meinung ist stark verfestigt und die Spielräume für eine Veränderung sind gering (Peripherisierung im Kopf).

Da das wichtigste Potenzial der Stadt die landschaftliche Attraktivität ist, sollten städtebauliche und landschaftsgestalterische Maßnahmen hier ansetzen. Zwar wird von aufwändigen Imagekampagnen abgeraten. Aber bereits vorhandene Initiativen und Institutionen sollten das positive Außenimage noch stärker nutzen (Internetauftritt, Tourismus-Marketing, Fremdenverkehrsämter). Potenziale bei der Aufarbeitung der jüngeren Stadtgeschichte liegen noch brach. Die Uranbergbauvergangenheit könnte in Form eines kleinen Museums oder einer Ausstellung dargestellt werden, wobei die Identität der Bewohner ein wichtiger Bestandteil sein könnte.

Finanzierungsprobleme schrumpfender Gemeinden

Die Auswirkungen des demographischen Wandels auf die Einnahmen- und Ausgabensituation des kommunalen Haushalts von Johanngeorgenstadt sind vielfältig und drastisch. Die Einnahmenseite ist geprägt durch überdurchschnittlich niedrige Steuern und Gebühren, die durch Zuweisungen aus dem kommunalen Finanzausgleich im sehr großen Umfang kompensiert werden müssen. Bei anhaltenden und sich dynamisch verstärkenden demographischen und ökonomischen Schrumpfungsprozessen wird dieser Ausgleichsmechanismus nicht aufrecht zu erhalten sein. Auf der Ausgabenseite prägen Kostenremanenzen den Haushalt. Unter anderem kommt es durch die Unteilbarkeit oder mangelhafte Anpassungsfähigkeit der Infrastrukturen zu einem Anstieg der Ausgaben pro Einwohner.

Grundlage für eine langfristig orientierte kommunale Finanzpolitik soll eine Tragfähigkeitsanalyse sein, die sich am Konzept der fiskalischen Nachhaltigkeit orientiert. Ziel der Konsolidierung soll dabei sein, für ein bestimmtes Zieljahr eine bestimmte „nachhaltige" Schuldenquote im Haushalt zu erreichen. Für Johanngeorgenstadt wird dabei die durchschnittliche sächsische Schuldenquote von 8 % angenommen. Die Tragfähigkeitsanalyse wird anhand von drei Szenarien mit unterschiedlichen Annahmen zur Einnahmen- und Ausgabenentwicklung vorgenommen. Alle Szenarien verdeutlichen: Je länger mit der Konsolidierung des Haushalts gewartet wird, desto dramatischer reißen die Lücken im städtischen Haushalt auf.

Unvermeidlich sind deshalb weitere Anpassungen im Verwaltungshaushalt von Johanngeorgenstadt. Hauptsächlich geht es dabei um Einsparpotenziale, indem bisher von der Stadt wahrgenommene Aufgaben abgebaut oder durch interkommunale Kooperation günstiger erbracht werden. Zu denken ist hier an das Fremdenverkehrsamt. Die größte Belastung für den Haushalt bleiben jedoch die Ausgaben für Kreditzins und -tilgung der Wohnungsgesellschaft. Eine langfristig tragfähige Haushaltskonsolidierung wird mit dieser Belastung nicht möglich sein.

Insgesamt zeigt sich, dass die Probleme schrumpfender Gemeinden und ihrer Haushalte nicht ein einzelgemeindliches, sondern ein staatliches und raumordnerisches Gesamtproblem darstellten. Mindestausstattungsniveaus und kommunaler Finanzausgleich sind nicht ausreichend auf schrumpfende Gebiete ausgerichtet. Sollte sich der föderale Förderschwerpunkt weiter hin zu Wachstumspolen verschieben, so verbliebe schrumpfenden Kommunen einzig das Instrument der Kooperation. Viele der finanziellen Defizite sind jedoch nur mit Hilfe von Bund oder Land zu lösen.

Umweltbelastungen und demographischer Wandel

Ein eigenständiger Teil der Untersuchung widmet sich dem Zusammenhang zwischen den aus dem abgeschlossenen Uranbergbau im Zentralen Erzgebirge verbliebenen Gefährdungspotenzialen und dem Schrumpfungsprozess. Bedeutung haben dabei die Befunde, dass an ausgewählten Standorten im Modellgebiet nach wie vor radiologische Belastungen existieren und die davon ausgehenden Gefährdungen von regionalen Akteuren und Bewohnern in der Regel verharmlost oder negiert werden.

Es zeigt sich, dass eine Entsiedelung der Region aus Umweltgründen weder notwendig noch sinnvoll ist. Die Chance der Schrumpfung besteht darin, dass der ökologische Umbau von Städten wie Johanngeorgenstadt gefördert werden könnte, wenn der Rückbau auch nach Umweltkriterien durchgeführt würde. Allerdings wird deutlich, dass der Kommunalverwaltung hierzu die erforderlichen Planungsgrundlagen und die Steuerungskapazitäten fehlen.

Querbezüge zwischen den einzelfachlichen Befunden

Der Umbau von Siedlungsstrukturen hat vier zentrale Handlungsbereiche, die in ihrem Wirkungsspektrum eng miteinander verwoben sind: Wohnungsmarkt, Siedlungsstruktur, Stadttechnik und soziale Infrastruktur. Diese Bereiche haben vielfältige Querbezüge untereinander. Drei weitere Bereiche – Image, öffentliche Finanzen, Umwelt – können als rahmensetzend für die bereits genannten vier Bereiche betrachtet werden (Abb. 1).

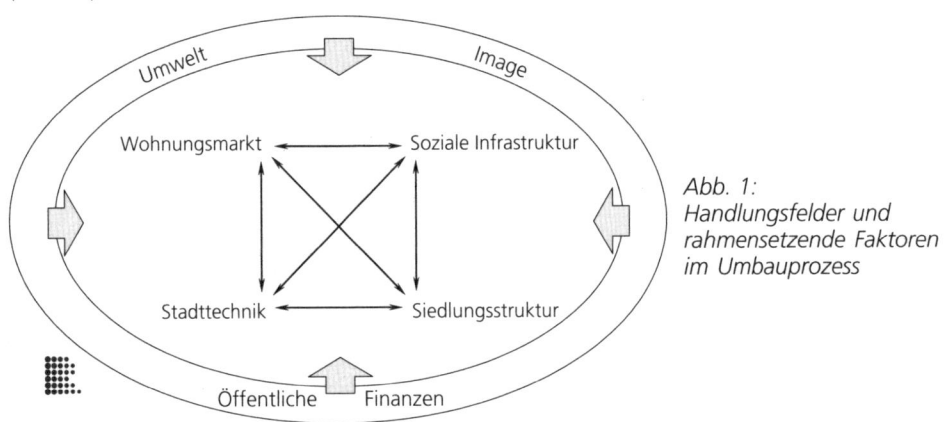

Abb. 1:
Handlungsfelder und rahmensetzende Faktoren im Umbauprozess

Vor dem Hintergrund des anhaltenden Schrumpfungsprozesses in den Gemeinden ergibt sich für die Bereiche Wohnungsmarkt, Siedlungsstruktur, Stadttechnik und soziale Infrastruktur die übergreifende Frage: Welche Präferenzen gelten in Zukunft für die Entwicklung der Siedlungsstruktur?

Aus stadttechnischer Sicht sollte sie linear entlang der stadttechnisch günstigen Korridore konzentriert werden (zwei bis drei größere Siedlungskerne mit hohe Dichte). Aus städtebaulicher und freiraumplanerischer Sicht wird dagegen eine größere Anzahl von (Rest-)Siedlungskernen, empfohlen. Beide Konzepte decken sich nicht, haben aber eines gemeinsam: In Anbetracht des fortschreitenden Bevölkerungsrückgangs muss die Siedlungsstruktur angepasst werden. Dabei ist es nicht ausreichend, leerstehende Gebäude abzureißen. Wohnungsrückbau und Infrastrukturrückbau müssen vielmehr integriert geplant werden. In dieser Hinsicht reicht das Integrierte Stadtentwicklungskonzept (INSEK) von Johanngeorgenstadt nicht aus. Zwar werden wichtige analytische Grundlagen geschaffen und das Rückbaupotenzial sehr detailliert dargelegt. Eine strategische Orientierung der kommunalen Akteure fehlt aber im INSEK genauso wie ein Umsetzungskonzept. Es bedarf deshalb der engeren Abstimmung der Kommunen mit den Wohnungsgesellschaften und den für die stadttechnische Versorgung zuständigen Versorgungsunternehmen und Zweckverbänden. Denn unterschiedliche fachliche Ansätze (wie oben beschrieben) können zu sehr unterschiedlichen Vorzugslösungen für den Umgang mit schrumpfenden Siedlungen führen. Eine

Abstimmung von Zielen des Rückbaus, Rückbaugebieten, Etappen und Zuständigkeiten durch die am Umbau beteiligten Akteure ist deshalb dringend erforderlich.

Auch die Ausstattung und die Standorte der sozialen Infrastruktur (v. a. Schulen) stehen auf dem Prüfstand. Denn diese Einrichtungen sind ein wesentlicher Bestandteil der Siedlungsstruktur. Den Bevölkerungsrückgang betreffend ist es also nicht ausreichend, in Zukunft nur über die Standorte von Wohngebieten nachzudenken. Bildung, Kultur, Sport, Pflegeeinrichtungen sind elementare Bestandteile der Lebensqualität. Soll das Angebot auf gleichem qualitativem Niveau bleiben, aber dafür zentralisiert werden? Oder soll das dezentrale Infrastrukturangebot erhalten bleiben, dafür aber mit geringerem Ausstattungsgrad? Vor dem Hintergrund des demographischen Wandels erhält die Diskussion über die Herstellung gleichwertiger Lebensverhältnisse in allen Teilräumen (§ 1 Abs. 2 ROG) deshalb neue Brisanz.

Das Binnenimage beeinflusst alle bereits genannten Bereiche mittelbar. Ist dieses Image durch die Folgen des demographischen Wandels negativ und damit auch durch die ökonomische Situation geprägt, so kann es zur „Peripherisierung in den Köpfen" kommen. Viele Aktivitäten, die notwendig wären, um den demographischen Herausforderungen zu entsprechen, würden von einer „strukturellen Melancholie" eingeholt werden. In einer solchen Situation bedarf es starker „Zugpferde", die mit ihrer Ausstrahlung andere mitreißen können.

Die öffentlichen Finanzen haben ebenfalls übergreifenden Einfluss auf alle Bereiche. Die Finanzierung von öffentlicher (sozialer wie auch stadttechnischer) Infrastruktur erzeugt unter Schrumpfungsbedingungen Kostenremanenzen und damit eine Pro-Kopf-Ausgabenerhöhung. Durch den fortschreitenden Leerstand in Wohnungen der Wohnungsgesellschaften entstehen zusätzliche Kosten, die durch Einnahmen nicht gedeckt sind. Zurückgehenden Mieteinnahmen stehen stagnierende Betriebskosten gegenüber. Gleichzeitig drücken die Last der Altschulden sowie der Tilgung und Zinszahlung von Sanierungskrediten immer stärker auf die Wohnungsgesellschaften und die bürgenden Gemeindeverwaltungen. Insolvente Wohnungsunternehmen stellen eine erhebliche Gefahr für den Wohnungsmarkt und die gesamte Siedlungsentwicklung dar. Ein integrierter Rückbau wird deshalb aus Kosteneinspargründen immer dringender, andererseits aber auch immer schwieriger, weil die Problemkulisse erdrückt und zur Kapitulation der Akteure verleitet. Ergänzend kommt die bisher unzureichende Förderung für den stadttechnischen Rückbau hinzu, die den integrierten und frühzeitig koordinierten Rückbau bis dato sehr erschwert. Der stadttechnische Rückbau beinhaltet ein enormes Kostenpotenzial, das in der Förderkulisse „Stadtumbau Ost" bisher noch nicht gebührend berücksichtigt wurde.

Schrumpfung an der Peripherie – Welche Chancen haben die Kommunen?

Bernhard Müller, Peter Wirth, Marc Bose

Der demographische Wandel hat in Deutschland viele Regionen erfasst. Der Rückgang der Bevölkerungszahlen (Schrumpfung), die Alterung und selektive Migrationsprozesse sind Erscheinungen, die in Politik, Medien und Wissenschaft in kurzer Zeit einen hohen Stellenwert erhalten haben. Die Ursache dafür ist, dass der demographische Wandel Auswirkungen auf eine Vielzahl gesellschaftlicher Handlungsfelder wie zum Beispiel die Absicherung der Sozialsysteme oder die Gewährleistung gleichwertiger Lebensbedingungen in den Teilräumen hat. Bereits jetzt ist klar, dass es sich um ein Entwicklungsphänomen mit langfristiger und tiefgreifender Wirkung handelt.

Wenn hier die „Peripherie" in den Mittelpunkt der Betrachtungen gestellt wird, so ist damit nicht primär und insbesondere nicht ausschließlich Peripherie im räumlichen Sinne gemeint. Vielmehr liegt der Arbeit ein weiteres Begriffsverständnis zugrunde.

Peripherie ist im funktionalen Sinn in ihrer Verflechtung und Ausgleichsfunktion zu Zentren zu sehen. Ökonomisch kann damit geringere Wirtschaftskraft, das Fehlen von Betrieben oder der erschwerte Zugang zu Arbeitsplätzen gemeint sein. Politisch-administrativ geht es um Handlungs- und Entscheidungspotenziale von Akteuren.

Peripherie wird insbesondere nicht mit ländlichen oder strukturschwachen Räumen gleichgesetzt. Gegen eine solche Pauschalisierung spricht, dass in der Bundesrepublik in den letzten Jahren auch etliche Peripherräume eine sehr positive Entwicklung genommen haben. Zu denken wäre etwa an den Bodenseeraum, die Ostseeküste und das Emsland. Im europäischen Kontext wird heute Irland als Musterbeispiel einer prosperierenden Peripherie gekennzeichnet.

Neuere Überlegungen beschäftigen sich mit den räumlichen Wirkungen der „Wissensökonomie". Hightech-Standorte, Knoten unternehmensbezogener Dienstleistungen und Standorte der Medien- und Informationsindustrie konzentrieren sich in den Zentren. Die Peripherie kann von diesen Impulsen nur sehr eingeschränkt profitieren, wie beispielhafte Untersuchungen in Brandenburg zeigen. Die wirtschaftlichen Disparitäten zwischen zentralen und peripheren Räumen nehmen dadurch tendenziell zu (Kilper, Kujath 2006, 21).

Trotzdem erscheint es möglich, auch in peripheren Räumen Entwicklungsimpulse zu setzen. Die Internationale Bauausstellung (IBA) Fürst-Pückler-Land versucht dies mit „punktuellen lokalen Wachstumszentren" und einem „Wachstum an Lebensqualität in der Region" (Lauinger 2006). Peripherie wird in diesem Kontext als „Zwischenland" der Zentren betrachtet, in dem gezielt geschaffene Attraktionen dazu beitragen, Aufmerksamkeit zu erzeugen und Investitionen anzuziehen.

Die modellhafte Untersuchung über Schrumpfungsprozesse im Zentralen Erzgebirge um Johanngeorgenstadt, die Gegenstand dieser Arbeit und zugleich Grundlage für die hier dargestellten Schlussfolgerungen ist, macht – ebenso wie einige weitere Studien (BBR 2005b, 2005c), die in den letzten Jahren erstellt wurden – deutlich, dass die Handlungspotenziale von Akteuren in peripheren Räumen in Bezug auf die Folgen der Schrumpfung nur gering sind. Dies trifft vor allem dort zu, wo schon zu Beginn der in den 1990er Jahren einsetzenden Veränderungen Infrastrukturen an der Untergrenze der Tragfähigkeit betrieben wurden und die finanzielle Ausstattung der Kommunen schlecht war.

Das Zentrale Erzgebirge um Johanngeorgenstadt war in dreifacher Hinsicht für das Modellvorhaben gut geeignet. Zum einen treffen gleich mehrere der hier aufgeführten Merkmale peripherer Räume auf das Modellgebiet zu. Zweitens hat der Schrumpfungsprozess sehr früh begonnen und beträchtliche Ausmaße erreicht, während viele der in Johanngeorgenstadt vorgefundenen Probleme in anderen Gebieten gerade erst entstehen. Drittens schließlich konnten im Modellgebiet aufgrund des „Vorsprungs" bereits viele Erfahrungen im Umgang mit den Folgen der Schrumpfung gewonnen werden.

Im Folgenden werden die Ergebnisse der Untersuchungen im Zentralen Erzgebirge hinsichtlich ihrer Anwendbarkeit auf ähnliche Problemfälle interpretiert. Adressaten sind dabei in erster Linie Kommunen. Es geht um die Frage, was andere Regionen, die dasselbe Problem haben, aus dem Modellfall lernen können. Es geht um die Steuerung kommunaler und regionaler Prozesse in peripheren Räumen unter Schrumpfungsbedingungen. Eine wichtige Rolle spielt dabei die interkommunale Kooperation. Aber auch im Hinblick auf die Rolle des Staates werden Empfehlungen formuliert.

Natürlich ist es bei der Übertragung der Befunde auf andere Räume notwendig, die konkreten örtlichen Bedingungen einzubeziehen. Denn was unter einer bestimmten Problemsituation mit ganz spezifischen Rahmenbedingungen möglich ist, wird an anderer Stelle nicht automatisch funktionieren. Hier soll es vielmehr darum gehen, den betroffenen Kommunen und Regionen Optionen aufzuzeigen, wie sie unter bestimmten Rahmenbedingungen agieren *können*. Das Ziel besteht also darin, Orientierungen zu geben.

Den Ausgangspunkt dieser Betrachtung bildet eine Problemkennzeichnung, die Schrumpfung als komplexen Prozess mit langer Dauer charakterisiert (Abschn. 1). Daran anknüpfend werden raumordnerische Kontexte erörtert, die sehr eng mit dem Problem verknüpft sind (2). Zum einen wird auf Unterschiede schrumpfender Zentren und schrumpfender Peripherien eingegangen, wobei gezeigt wird, dass die Gefahr des

"Ausblutens" an der Peripherie akuter ist. Zum anderen wird die Debatte um gleichwertige Lebensverhältnisse aufgegriffen. Es wird darauf hingewiesen, dass nur der Staat über die Ressourcen verfügt, um gravierende räumliche Disparitäten zu vermeiden. Danach werden zentrale Themenfelder von Schrumpfungsprozessen in ihren Wirkungen diskutiert und allgemeine Handlungsoptionen der Kommunen dargestellt (3). In einem ersten Unterpunkt zur Siedlungsstruktur wird den Kommunen nahe gelegt, die Siedlungsentwicklung auf "stabile Kerne" und "günstige Korridore" zu lenken. Danach werden konkretere Vorschläge zur Entwicklung kommunaler Wohnungsgesellschaften und der stadttechnischen Versorgungssysteme vorgestellt. Ein weiterer Aspekt sind die kommunalen Finanzen, wobei hervorgehoben wird, dass es gerade unter Schrumpfungsbedingungen notwendig ist, finanziell nachhaltig zu planen. Auch hier kommt dem Staat eine zentrale Rolle zu, denn er regelt den kommunalen Finanzausgleich. Nachdem die wichtigsten Sachthemen besprochen sind, wird die Frage gestellt, ob und wie es unter schwierigen Rahmenbedingungen möglich ist, innovative Ansätze in peripheren Räumen zu initiieren (4). Hierbei sind Engpässe durch "sklerotische Milieus" zu erwarten, die nicht ohne weiteres zu überwinden sind. Ungeachtet dessen verfügen auch periphere Räume über Innovationspotenziale, die zu erkennen und zu mobilisieren sind. Der Abschluss des Beitrags ist der Steuerungsfrage gewidmet (5). Es geht um die Leistungsfähigkeit interkommunaler Kooperation und um die kommunalpolitisch ungeliebte, aber doch sinnfällige Alternative Gemeindezusammenschluss. Schließlich wird mit der Integrierten Regionalen Anpassungsstrategie (INRAS) ein konzeptionelles Instrument vorgestellt, das die interkommunale Kooperation strukturiert und in ein Maßnahmenprogramm mündet.

1   Schrumpfung – komplexe Folgen und lange Dauer

Nimmt man das Problem Schrumpfung genauer unter die Lupe, so lassen sich einige Charakteristika hervorheben:

- Es ist komplex, denn die Wirkungen sind vielfältig und stark miteinander verzahnt (Killisch, Siedhoff 2005; Müller, Siedentop 2004; Wiechmann, Fuchs 2004).
- Es wirkt eher langfristig, denn die Bevölkerungsentwicklung vollzieht sich im Takt von Generationen (Effenberger, Deilmann 2004; Statistisches Bundesamt 2000), was von Kommunen und Regierungen strategische Handlungsansätze erfordert.
- Es ist durch einzelne Maßnahmen von kommunaler oder staatlicher Seite nicht lösbar, sondern erfordert ein ebenen-, gemeinde- und sektorübergreifendes Handeln (Müller 2002; BBR 2005b; BBR 2005c).
- Seine Lösung erfordert das Zusammenwirken vieler Akteure unterschiedlicher gesellschaftlicher Gruppen mit heterogenen Interessenkonstellationen, was hohe Anforderungen an die Koordination von Prozessen stellt (Kabisch, Bernt 2002; Doehler-Behzadi et al. 2005).

Es handelt sich um eine komplexe Handlungssituation, die eine Reihe von Risiken einschließt. Sie bestehen u. a. darin, dass die Akteure in der Regel jeweils nur einen Teil des Problems kennen, durch „Reparaturdienstverhalten" neue Probleme an anderer Stelle oder in anderen Handlungsfeldern auslösen und die Handlungsziele der einzelnen Akteure nicht aufeinander bzw. nicht auf die Problemlösung abgestellt sind (Dörner 2006, 74 ff.). Es sind dies Erscheinungen, die uns in der Stadt- und Regionalentwicklung immer wieder begegnen.

Für den Fall der demographischen Schrumpfung sollen einige dieser Verkettungen beschrieben werden. Die Verringerung der Schülerzahlen führt zur Verminderung der Klassenstärke, dann der Anzahl der Klassen und letztlich auch zur Schließung von Schulen. In den peripheren Räumen kann dies die letzte Schule im Ort betreffen. Für junge Familien sinkt dadurch die Attraktivität der Gemeinde. Kommunale und private Wohnungen stehen leer, der Leerstand nimmt rasch zu und private Vermieter sowie Wohnungsgesellschaften geraten in wirtschaftliche Turbulenzen. Der parallel zum Wohnungsrückbau notwendige Rückbau von stadttechnischen Versorgungssystemen hält nicht Schritt, sodass hohe Folgekosten entstehen, die letztlich auf die Mieter umgelegt werden müssen. Das Siedlungsgefüge wird zunehmend perforiert, der Rückbau ganzer Ortsteile kann zur Debatte stehen. Schließlich führt der demographische Wandel zu einer Verengung der finanziellen Spielräume in den kommunalen Haushalten – die Einnahmen gehen zurück, die Ausgaben bleiben (Seitz 2002; Ragnitz 2005, 18; Ewringmann et al. 2004). Eine solche Kettenreaktion ist nicht ohne weiteres zu stoppen, insbesondere dann, wenn sie in den Köpfen der Akteure Spuren hinterlassen.

Nicht selten ist das Resultat dieser Entwicklungen eine „Negativspirale [die durch] wegziehende Einwohner und ein weiteres Wegbrechen von Infrastruktureinrichtungen" gekennzeichnet ist (Doehler-Behzadi et al. 2005, 72). Da Prognosen nicht selten eine lange Dauer des Schrumpfungsprozesses voraussagen, können bei den Betroffenen (Bewohner, Unternehmer, Kommunalverantwortliche) Eigenwahrnehmungen entstehen, die pessimistisch und lethargisch geprägt sind (vgl. den Beitrag von A. Steinführer und S. Kabisch in diesem Band).

Für die Schlüsselakteure von Bund, Ländern und Kommunen ist dies eine gigantische Herausforderung. Dass Komplexität hierbei zu Fehlorientierungen führen kann, zeigt übrigens auch die Geschichte des Johanngeorgenstadt-Beispiels. Dort hatte das Modellvorhaben „Sanierungs- und Entwicklungsgebiete" 1997 die Hoffnungen der Kommunen genährt, den Schrumpfungsprozess stoppen oder sogar in einen Wachstumsprozess umkehren zu können (Müller et al. 2002). Freyer (1999, 50) hat diesbezüglich geäußert, dass es eines „Urknalls" bedürfe, um dieses Ziel zu erreichen. Es hat im Zentralen Erzgebirge viele Jahre bis zu der Einsicht gedauert, dass es vielmehr um den schrittweisen Abbau von Entwicklungshemmnissen, die Verlangsamung des Schrumpfungsprozesses und das Finden einer tragfähigen Perspektive geht, dass das Sich-gegen-das-Schicksal-wehren der Kern der Aufgabe ist.

2 Schrumpfung im Kontext der Raumordnung

2.1 Schrumpfende Zentren – schrumpfende Peripherie

In der bisherigen wissenschaftlichen und politischen Diskussion galt den Schrumpfungsproblemen der großen Städte die meiste Aufmerksamkeit. Die Ursachen liegen in der Fokussierung der Medien und der öffentlichen Problemwahrnehmung. Hier wird die Frage gestellt, ob die Peripherie „anders" schrumpft. Auch wenn dazu keine eigenen Vergleichsbetrachtungen angestellt wurden, soll dieser Aspekt nicht übergangen werden – rechtfertigt die Besonderheit der Peripherie doch erst diese Auseinandersetzung. Behauptet wird, dass sich diese Besonderheit sowohl an den Ursachen als auch an den Wirkungen des Schrumpfungsprozesses feststellen lässt.

Die natürliche Entwicklung und die Wanderungsbewegungen sind die Determinanten der Bevölkerungsentwicklung. Der untersuchte Modellraum „Zentrales Erzgebirge" gehört zum Typus schrumpfender Peripherien. Die Bevölkerungsentwicklung ist sowohl durch Geburtendefizite als auch durch starke Wanderungsverluste geprägt. Negative natürliche und räumliche Trends der Bevölkerungsentwicklung addieren sich dort seit vielen Jahren. Dazu kommt, dass Wanderungsprozesse selektiv verlaufen, das heißt, insbesondere Jugendliche und junge Erwachsene bis 35 Jahre verlassen die Region (siehe den Beitrag von A. Matern in diesem Band). Dadurch tendieren die schrumpfenden Peripherräume zum „Ausbluten", weil gegenläufige Tendenzen fehlen oder nur schwach ausgeprägt sind. Weitere Beispiele für diesen Typus sind in Deutschland die Lausitz, Vorpommern und der Bayerische Wald.

Natürlich sind auch die städtischen Zentren durch Geburtendefizite geprägt. Die Wanderungsdynamik ist aber viel differenzierter. Besonders seit Ende der 1990er Jahre sind dort teilweise auch Tendenzen einer Re-Urbanisierung (Herfert 2002; Siedentop 2004), des verstärkten Zuzugs in die Kernstädte, erkennbar, die dort die Schrumpfung mindern oder sogar ein leichtes Wachstum ermöglichen.

Beide idealtypisch dargestellten Schrumpfungsmuster haben sehr unterschiedliche Wirkungen. Im Fall der Stadtregion wird ein Teil des Verlustes an Bevölkerung durch Zuzug kompensiert. Für die durch den Wegzug von Einwohnern verloren gegangene Nachfrage nach Wohnungen, Dienstleistungen, Infrastrukturen usw. gibt es eine teilweise Kompensation. In Städten und Stadtteilen, die vorher durch hohe Einwohner- und Bebauungsdichte geprägt waren, können sich sogar positive Effekte im Sinne von „Gesundschrumpfen" ergeben, wenn z. B. durch den Rückbau von Wohngebäuden neue Freiräume entstehen.

Im Fall der schrumpfenden Peripherie fehlt dagegen das Kompensationsmoment. Negative Trends verstärken sich gegenseitig. Denn durch den Wegzug von jungen Frauen wird es in wenigen Jahren zu einem weiteren Absinken der Geburtenrate kommen. Die Folge ist ein „Ausbluten" der Region. Je länger dieser Zustand anhält, desto schwieriger wird es für die betroffenen Regionen, eine Alternative zu gestalten.

In den meisten schrumpfenden Stadtregionen, zu denken wäre hier etwa an Chemnitz oder Braunschweig, ist der Bevölkerungsrückgang hauptsächlich oder sogar gänzlich auf die Geburtendefizite zurückzuführen. Abwanderungen werden ganz oder überwiegend durch Zuwanderung ausgeglichen. Hinzu kommt, dass in den Großstädten in den vergangenen Jahren Stadt-Umland-Wanderungen eine große Rolle gespielt haben. Diese haben zwar zu intraregionalen Umverteilungen der Bevölkerung geführt, im regionalen Maßstab aber keine Bevölkerungsverluste verursacht (Müller 2002, 30). Die Migranten bleiben der Region als Steuerzahler sowie Nachfrager von Waren und Leistungen erhalten.

2.2 Zur Gleichwertigkeit der Lebensverhältnisse

Die Diskrepanzen zwischen wachsenden und schrumpfenden Regionen vergrößern sich in Deutschland ebenso wie jene zwischen armen und reichen Regionen. Zu den Leitvorstellungen der Raumordnung in Deutschland zählt die Aufgabe, „gleichwertige Lebensverhältnisse in allen Teilräumen herzustellen"[1]. Die Aktivitäten des Staates sollen auf die Minderung regionaler Disparitäten ausgerichtet werden (vgl. Borchard et al. 2005, 2). Es verwundert nicht, dass die jüngsten demographischen Veränderungen, die durch das Wachstum einiger großer Stadtregionen auf der einen Seite und durch großflächige Schrumpfungstendenzen auf der anderen Seite gekennzeichnet sind, eine neue Debatte um die Beibehaltung des Ziels gleichwertiger Lebensverhältnisse ausgelöst haben. Die Frage lautet: Sind gleichwertige Lebensverhältnisse unter Bedingungen der Schrumpfung noch zu gewährleisten?

Wie schon gezeigt werden konnte, wird in peripheren Räumen mit Bevölkerungsrückgang die Sicherung der öffentlichen Daseinsvorsorge schwieriger. Die Diskrepanz zwischen der Leitvorstellung der Raumordnung, gleichwertige Lebensverhältnisse in allen Landesteilen zu gewährleisten, und der von den Folgen der Schrumpfung geprägten Realität wird tendenziell größer.

Zwei vorstellbare Entwicklungsalternativen können skizziert werden. Zum einen wäre es denkbar, den Verlust an Versorgungsqualität zu tolerieren. Zu befürchten wäre eine Negativspirale: sinkende Attraktivität – beschleunigte Abwanderung – weiterer Einwohnerrückgang – zusätzlicher Rückgang der Nachfrage. Dieses Konzept der passiven Sanierung wurde in der raumordnungspolitischen Diskussion der letzten 30 Jahre weitgehend abgelehnt (vgl. Lanner 1996, 109 ff.; Henkel 2004), hat aber in ländlichen Räumen, Berggebieten usw. durchaus Anwendung gefunden.

Die Alternative dazu wäre eine aktive Strategie, die die Wirkungen des Bevölkerungsrückganges dämpft (vgl. auch BBR 2005c, 114). Sie basiert darauf, dem Negativtrend mit auf die Region zugeschnittenen Lösungen entgegenzuwirken, d. h. alternative

---

[1] ROG § 1 (2).

Betreibermodelle für Infrastrukturen stärker zu fördern, die Wirtschaftsförderung auf die Bedarfe der Peripherie zuzuschneiden, die Verkehrserschließung zu verbessern usw. Das bedeutet auch, dass soziale Infrastrukturen bei Unterauslastung nicht automatisch geschlossen, sondern in den betroffenen Regionen gezielte Fördermaßnahmen getätigt werden, um diese zu erhalten. Im Bildungsbereich ist hier z. B. an die Duldung niedrigerer Mindestschülerzahlen oder die Senkung des Klassenteilers zu denken. Innovative Lösungen wären jahrgangsübergreifender Unterricht oder Filialschulen. Auf diese Weise würde die soziale Dimension der nachhaltigen Raumentwicklung berücksichtigt.

Da die Kommunen nur unzureichend über die Steuerungskompetenzen und Finanzen verfügen, um die Daseinsvorsorge zu sichern, bedarf es hierbei der Kooperation mit dem Staat (vgl. dazu Diller 2004, 272). Nur auf dem Wege der Verhandlung zwischen Kommunen und Staat scheint es in den betroffenen Gebieten noch möglich, bestimmte Grundfunktionen zu erhalten und dadurch die Lebensverhältnisse zu stabilisieren. Wenn im Weiteren über Problemlösungen für periphere Räume nachgedacht wird, spielen die Ausgleichsmechanismen des Staates also stets eine Rolle.

3 Zentrale Themenfelder von Schrumpfungsprozessen

3.1 Über stabile Kerne und günstige Korridore

Die „kompakte europäische Stadt [als] einzige nachhaltige Stadtform" (Doehler-Behzadi 2005, 75) wird unter anhaltenden Schrumpfungsbedingungen an der Peripherie infrage gestellt. Bisherige Vorstellungen zur nachhaltigen Siedlungsentwicklung, die von einer qualifizierten Dichte, effizienten Anordnung der Infrastrukturen und guter Erreichbarkeit der Versorgungseinrichtungen ausgehen, werden ad absurdum geführt.

Die Anpassung der Siedlungsstrukturen bei abnehmender Bevölkerungszahl unterliegt bestimmten Rahmenbedingungen. Einerseits zwingen die finanzielle Belastbarkeit der Bürger (Mietnebenkosten) und der öffentlichen Verwaltung (z. B. Unterhaltung der Verkehrsinfrastruktur) zu Rückbaumaßnahmen. Andererseits verschieben sich räumliche Schwerpunkte und Zusammensetzung der Bevölkerung sowie deren Nachfrage nach Infrastrukturen, wodurch ein Bedarf an Um- und natürlich auch Neubaumaßnahmen entsteht.

Damit unter den problematischen Rahmenbedingungen der Schrumpfung eine zukunftsfähige Siedlungsstruktur erhalten werden kann, können einige Regeln abgeleitet werden:
– Stabile Siedlungskerne sollten als Leitelement zukünftiger Siedlungsstrukturen betrachtet werden. Als „stabil" werden Gebiete bezeichnet, die eine gewisse Beständigkeit und Kontinuität aufweisen (Privatbesitz, sanierte Gebäude, homogene städ-

tebauliche Ensembles, nachgefragte Stadtteile). Stabile Siedlungskerne beinhalten auch strategisch wichtige Siedlungsbereiche (z. B. Altstadt-/Dorfkern, Fußgängerzone, Touristenattraktionen). Dort geht es darum, Funktionsvielfalt zu erhalten und zu mehren. Der Rückbau sollte dagegen in so genannten variablen Bereichen geschehen, die auch als flexibel zu entwickelndes „Plasma" bezeichnet werden (Lütke Daldrup 2001, 45). Dazu zählen u. a. öffentliche Flächen mit bereits erfolgtem oder noch ausstehendem Funktionsverlust. Die Einwirkungsmöglichkeiten sind generell im öffentlichen Wohnungsbestand günstiger als bei privatem Eigentum (vgl. den Beitrag von Sieweke in diesem Band).

- Ebenso wird es wichtig sein, zur gleichen Zeit Teile des Wohnungsbestandes rückzubauen (s. o.: variable Bereiche), andere Teile im Bestand zu erhalten und neue zu bauen. Der Neubau sollte dabei die stabilen Siedlungskerne stärken und sich an den stadttechnisch günstigen Korridoren (s. u.) orientieren. Damit kann man das Siedlungsgefüge stabilisieren und andererseits Anreize schaffen, um in den stabilen Kernen die Versorgung mit einwohnerbezogenen Dienstleistungen zu verbessern.

- Aus stadttechnischer Sicht sollten „günstige Korridore" als Orientierung für die zukünftigen zentralen Siedlungsachsen dienen. Gemeint sind damit die zentral gelegenen Hauptleitungen von Trink-, Abwasser, Gas, Elektroenergie und Fernwärme mit hoher Restnutzungsdauer, die die Grundlage für eine effiziente Erschließung sowie kostengünstige Netzbetreibung sind. Dies ist gerade in peripheren Räumen wichtig, in denen die Netzlänge in Bezug auf die Einwohnerzahl deutlich höher ist als in Agglomerationen (vgl. Herz et al. 2002).

Um den Rück-, Um- und Neubau zu koordinieren sollte die Städtebaupolitik der einzelnen Bundesländer durch entsprechende Ausrichtung der Gesetzesinitiativen und Förderprogramme den durch den demographischen Wandel bedingten Bedarf berücksichtigen. Ein wichtiger Schritt wurde bereits 2004 mit der Verankerung von städtebaulichen Entwicklungskonzepten im Städtebaurecht getätigt[2]. Für die Bundesländer eröffnet sich damit die Möglichkeit, dass Förderinstrumente den Bevölkerungsrückgang und dessen städtebauliche Konsequenzen stärker als zukünftiges planerisches Paradigma annehmen (Müller 2002).

Integrierte Stadtentwicklungskonzepte (INSEK), die in Ostdeutschland seit 2001 gefördert werden, sollen den Kommunen hierbei Hilfestellung leisten. Von einer Bevölkerungsprognose ausgehend werden Rückbaubedarf und Grundzüge der zukünftigen Stadtentwicklung bestimmt. Jedoch offenbart auch dieses Instrument die Problematik der Planung von Schrumpfungsprozessen. Die Kommunen sollen sich in einem integrativen, geschlossenen Konzept langfristig auf Entwicklungslinien festlegen, während sich in der Planungspraxis inkrementelle Vorgehensweisen verfestigt haben und moderne Stadtentwicklung in der Praxis eher über Projekte und Initiativen gesteu-

---

[2] BauGB § 171b, Abs. 2 (Fassung vom 23.09.04).

ert wird (vgl. Bernt 2002). Dazu kommt, dass INSEKs von manchen Kommunen eher als Kontrollinstrument des Staates denn als kommunales Entwicklungsinstrument interpretiert werden. Deshalb ist es erforderlich, die Stadtentwicklungskonzepte fortzuschreiben, an sich verändernde Rahmenbedingungen anzupassen und den Kommunen größere Spielräume in der Planung einzuräumen.

Ebenso wichtig ist die Abstimmung mit den Nachbargemeinden. Sinnvoll und notwendig sind in vielen Fällen gemeinsame Flächennutzungspläne. Die interkommunale Abstimmung des Rückbaus und die Ausweisung von neuen Wohngebieten können aber genauso auf informellem Wege erfolgen. Im Zentralen Erzgebirge soll dieser Weg beschritten werden.

3.2 Wohnungsmarkt und Rückbau

Eine sehr ernste Konsequenz des demographischen Wandels ist der Wohnungsleerstand. Praktisch ganz Ostdeutschland ist von Angebotsüberhängen gekennzeichnet. In Sachsen beträgt die Leerstandsquote 15,3 % (2005). Das sind 255 000 Wohnungen (SAB 2006, 71 f.). Öffentliche und private Bestände, großstädtische Zentren und kleinstädtisch-dörfliche Peripherie sind im gleichen Maße betroffen. Obwohl durch den staatlich geförderten Rückbau (Stadtumbau Ost, zusätzliche Programme der Länder) inzwischen Tausende Wohnungen abgerissen wurden, konnte bisher nur eine geringe Minderung des Wohnungsüberhangs erzielt werden (ebenda, 73). Allerdings deuten in Sachsen Prognosen darauf hin, dass der Leerstand bis 2020 trotz Rückbaus aufgrund der demographischen Entwicklung weiter zunehmen wird (Effenberger, Deilmann 2004).

Leerstehende Wohnungen erzeugen laufende Kosten, denen keine Mieteinnahmen gegenüberstehen. Diese Kosten-Einnahme-Lücke kann Wohnungsgesellschaften, Wohnungsgenossenschaften und private Vermieter in extreme ökonomische Probleme bis hin zur Insolvenzgefahr versetzen. Die Problemlage wird umso dramatischer, je stärker die Vermieter durch Modernisierungskredite oder Altschulden vorbelastet sind.

Für Ostdeutschland ist die Altschuldenproblematik von großer Bedeutung. Die bisher durch das Altschuldenhilfegesetz von 1993 (AHG) und die AHG-Novelle (2001) ermöglichte Entlastung von Altschulden reicht in der Regel nicht aus, um ostdeutsche Wohnungsunternehmen zu sanieren (Freitag 2001, 73, und mündliche Auskunft des Bundesverbandes deutscher Wohnungsunternehmen). Weitere Maßnahmen zur Entlastung der ostdeutschen Wohnungsunternehmen von den Altschulden sind notwendig. Die für die Antragseinreichung bis 31.12.03 befristete Novelle (§ 6a AHG) sollte zeitlich unbefristet fortlaufen und die Antragsbedingungen sollten entschärft werden. Insbesondere das Kriterium des Leerstands von mindestens 15 % hindert viele Unternehmen an der Modernisierung ihres Wohnungsbestandes.

Ein weiterer Faktor sind die Betriebskosten, denn die stadttechnischen Kosten vergrößern sich durch zunehmenden Leerstand und durch dispersen Gebäuderückbau[3]. Pro Einwohner muss ein immer längeres Leitungsnetz aufrechterhalten werden. In kleinstädtisch-dörflichen Siedlungsgebieten wird dieses Problem schneller relevant als in Großstädten, weil die relative Netzlänge pro Einwohner dort bereits vor dem Beginn des Schrumpfungsprozesses größer war. Denn die Fixkosten betragen ca. 80 % der Gebühren, verbrauchsabhängige Kosten dagegen nur 20 % (BBR 2005b, 54). Im Untersuchungsgebiet um Johanngeorgenstadt ergeben die Szenario-Rechnungen Kostensteigerungen um bis zu 38 % bis 2016 nur bei der stadttechnischen Versorgung.

Um den Wohnungsmarkt zu konsolidieren, bedarf es deshalb verschiedener Reaktionen der Wohnungsmarktakteure. Dazu gehören die Kommunen, die Wohnungsunternehmen, die privaten Vermieter, die Versorgungsunternehmen, die Träger kommunaler Infrastrukturen, die Banken und letztlich die Akteure der staatlichen Politik, die den Wohnungsmarkt regulieren. Bei den folgenden Überlegungen wird vor allem auf die kommunalen Wohnungsunternehmen und auf die Wohnungsgenossenschaften und deren Bezüge zu anderen Akteuren eingegangen. Handlungsebene ist die Region.

Zunächst gilt es, der Problemkulisse von Wohnungsunternehmen genügend Aufmerksamkeit zu verschaffen und diese unter den Wohnungsmarktakteuren zu kommunizieren. Hierzu wird ein Wohnungsmarkt-Stammtisch vorgeschlagen, der in peripheren Räumen eher regional als kommunal zu organisieren ist. Im Westerzgebirge wurde eine Arbeitsgemeinschaft der Wohnungsunternehmen gegründet, in die punktuell weitere öffentliche und private Akteure einbezogen werden. Dadurch wird der im hier beschriebenen Modellvorhaben vorgegebene Rahmen interkommunaler Kooperation (7 Kommunen) gesprengt und der Akteurskreis aufgeweitet. Es geht um Informationsaustausch und Meinungsbildung. Die Kooperation ist zunächst wenig verbindlich.

Je nach Problem- und Interessenlage können sich unterschiedliche Handlungsoptionen für die Akteure ergeben. Zu denken wäre an eine Dachgesellschaft der Wohnungsunternehmen. Aber auch die Fusion kleiner Wohnungsunternehmen kommt infrage. Dies kann die wirtschaftliche Leistungsfähigkeit verbessern und kleinräumige Konkurrenz um Mieter ausschalten. Auch die Planung des Rückbaus wird dadurch erleichtert, was für die beteiligten Kommunen mehr Planungssicherheit bedeutet.

Unabhängig von der gewählten Form der Zusammenarbeit ist das wichtigste Handlungsfeld die integrierte Rückbaustrategie, die nur dann Sinn macht, wenn sie gemeindeübergreifend erstellt wird. Hier ist das Modell informeller Kooperation vollkommen ausreichend. Ein unter Kostengesichtspunkten wichtiges Kriterium für den Rückbau

---

[3] Der „geordnete" Rückbau von außen nach innen ist häufig nicht möglich. In der Praxis sind eher Kriterien wie Leerstandsquote und Sanierungszustand ausschlaggebend. Dadurch wird die Perforierung des Siedlungsgefüges unterstützt. Pro Einwohner verlängern sich die Leitungslängen der einzelnen Medien.

leer stehender Gebäude ist die Orientierung an stadttechnisch günstigen Korridoren (vgl. 3.1). Es ist notwendig, dass der Rückbau von Gebäuden möglichst sinnvoll mit dem Rückbau des stadttechnischen Leitungsnetzes kombiniert wird. Versorgungs- und Wohnungsunternehmen müssen hierbei stärker zusammenarbeiten. Gleichzeitig sollte das Förderprogramm „Stadtumbau Ost" um die Förderung des Rückbaus der Versorgungsleitungen (im sog. „Rückbauteil", der jeweils zu 50 % von Bund und Land gefördert wird) ergänzt werden. Dezentrale Versorgungslösungen können die Strategie für Gebiete ergänzen, in denen ein Anschluss an zentrale Leitungssysteme aufgrund der immer kleiner werdenden Abnehmergröße nicht mehr rentabel ist (Blockheizkraftwerk, regenerative Energieversorgung, Einzelbrunnen, Senkgrube).

Wohnumfeldgestaltung und Umzugsmanagement sind weitere Handlungsfelder der Kommunen und Wohnungsgesellschaften. Auf einem Wohnungsmarkt mit starkem Leerstand (Mietermarkt) entwickelt der Mieter als „Kunde" einen zunehmend hohen Anspruch, was das Wohnumfeld und den möglicherweise durch Rückbau notwendig gewordenen Umzugsservice betrifft.

Der hier vorgeschlagene Weg führt zu einem Wohnungsmarkt-Management, das notwendig ist, wenn der Wohnungsmarkt wie anfangs geschildert durch einen extrem starken und anhaltenden Angebotsübergang gekennzeichnet ist und deshalb mit Marktmechanismen nicht mehr reguliert werden kann. Wird dieser Weg nicht begangen, sind steigende Leerstandskosten, ein anhaltend niedriges Mietertragspotenzial und eine steigende Zahl insolventer Wohnungsgesellschaften zu erwarten (Staudt 2003).

3.3 Kommunale Finanzen

Ein überdurchschnittlicher Bevölkerungsrückgang führt in den Kommunen tendenziell zu einem Rückgang der kommunalen Einnahmen bei gleichbleibenden Ausgaben. In peripheren Gebieten mit kleinteiliger Siedlungsstruktur entsteht die Gefahr der Überschuldung kommunaler Haushalte, der Abhängigkeit von staatlichen Schlüsselzuweisungen und damit des faktischen Verlusts kommunaler Handlungsfreiheit.

Die kommunale Finanzsituation ist der zentrale Aspekt in der Problemkulisse peripherer, von Bevölkerungsrückgang betroffener Gebiete, da die öffentlichen Finanzen alle Felder politisch-administrativen Handelns berühren (vgl. Mäding 2004). Der Nachfragerückgang führt zwangsläufig zu Deckungsdefiziten bei den Kosten für öffentliche Infrastrukturen, kommunale Wohnungen und freiwillige kommunale Leistungen. Eine Kompensation dieses Defizits durch den Staat wird zunehmend schwieriger. Denn in Zukunft ist grundsätzlich mit sinkenden Einnahmen durch Steuern, aus dem Länderfinanzausgleich, den Fehlbetragsergänzungszuweisungen sowie insgesamt mit Einnahmenrückgängen auf Landesebene zu rechnen (Seitz 2002, 3).

Zu den monetären Folgen des demographischen Wandels für die Kommunen zählen:

- Kostenremanenzen: Viele Pflichtaufgaben müssen trotz Bevölkerungsrückgang im gleichen Umfang bereitgestellt werden. Der Bevölkerungsrückgang führt zu höheren Betreibungskosten pro Einwohner, da die gleiche Infrastruktur auch bei einer geringeren Zahl von Nutzern zur Verfügung gestellt werden muss (z. B. Schulen, Kitas, Winterdienst, Unterhaltung von Straßen und öffentlichen Anlagen). Haushaltslöcher und nicht genehmigte Haushalte sowie letztendlich der drohende finanzielle Kollaps einer Gemeinde zählen zu den Folgen (Seitz 2002, 4 f.).

- Kostendeckungsprobleme durch den Wohnungsleerstand in kommunalen Beständen: Wohnungsunternehmen haben durch den Leerstand sowohl Einnahmeverluste als auch erhöhte laufende Kosten. Zu den Kosten zählen u. a. Instandhaltung, Versicherung, Steuern und Gebühren sowie Kredittilgungen (Killisch, Siedhoff 2005, 61). Die leer stehenden Wohnungen sind mit Kredittilgungen der Altschulden und der Sanierungskredite aus den 1990er Jahren belastet, die in Fällen wie in Johanngeorgenstadt weder das kommunale Wohnungsunternehmen noch die haftenden Gemeinden jemals werden tilgen können.

- Kosten des Siedlungsrückbaus: Es gilt den Leerstand zu reduzieren, unsanierten Bestand von außen nach innen rückzubauen, dabei die Versorgung der verbleibenden Bewohner zu gewährleisten sowie sich an stadttechnischen Hauptleitungssträngen zu orientieren. Es ist fallbezogen abzuwägen, welche Rückbauprinzipien prioritär sind. Welche Folge-/Restkosten des Rückbaus sind tragbar (vgl. Herz et al. 2002)?

Aus raumordnungspolitischer Sicht ist dabei zu beachten, dass die Sicherung der öffentlichen Daseinsvorsorge sowohl die Förderung der Entwicklung in Wachstumsregionen als auch den Ausgleich von Entwicklungsnachteilen in peripheren Regionen vorsieht (BBR 2005a, 107 f.). Schlüsselzuweisungen zählen zu den „wirksamsten Instrumenten einer Politik für gleichwertige Lebensverhältnisse" (Borchard et al. 2005, 2, vgl. Abschnitt 2.2). Um die finanzielle Notlage betroffener Gemeinden zu beheben, bedarf es einer veränderten Ausrichtung im Finanzausgleich. Mäding (2004, 84) betont, dass es auch unter nationalen Schrumpfungsbedingungen möglich ist, „Einnahmedisparitäten zwischen den einzelnen Kommunen ... durch Finanzausgleich [zu] nivellieren". Die Ausnahme bilden dabei jene Kommunen, in denen sich Geburtendefizite und Abwanderung so kumulieren, dass die Bevölkerung weit überdurchschnittlich schrumpft. In diesen Fällen können die unterdurchschnittlichen Einnahmen durch den Finanzausgleich nicht ausgeglichen werden (ebenda, 97). Für solche Fälle wird vorgeschlagen, im kommunalen Finanzausgleich einen zusätzlichen „Schrumpfungsfaktor" vorzusehen, um den erhöhten Bedarf an Schlüsselzuweisungen im Falle des überdurchschnittlichen Bevölkerungsrückgangs bzw. bei geringer Bevölkerungsdichte zu berücksichtigen.

Ein Weg, um die Handlungsfähigkeit von Kommunen in Extremschrumpfungsgebieten zu sichern, ist die nachhaltige Finanzkonsolidierung. Ewringmann et al. (2004)

beziehen sich hierbei auf das OECD-Konzept zur „fiscal sustainability". Dies sieht vor, die zukünftigen demographischen Effekte im Sinne einer so genannten Generationenbilanzierung in die Haushaltsanalyse einzubauen. Ziel der Konsolidierung soll dabei sein, für ein bestimmtes Zieljahr (z. B. 2020) eine bestimmte „nachhaltige" Schuldenquote im Haushalt zu erreichen. Je früher der Konsolidierungsweg eingeschlagen wird, desto höher ist die Chance der Zielerreichung (Ewringmann et al. 2004; BMF 2001). Dabei sollte gerade den kleinen Kommunen von staatlicher Seite Unterstützung angeboten werden.

4   Zur Innovationsfähigkeit schrumpfender Peripherräume

Die Untersuchungen zur Imageausprägung im Zentralen Erzgebirge um Johanngeorgenstadt haben gezeigt, dass die Eigenwahrnehmung der Bewohner im Modellgebiet negativ geprägt ist und sogar deutlich schlechter ist als die Außenwahrnehmung durch Touristen. Diese negative Selbstwahrnehmung ist, wie Kabisch und Steinführer herausgearbeitet haben (siehe auch den entsprechenden Beitrag in diesem Band), „in erster Linie durch die kollektive Erfahrung einer multiplen Peripherisierung geprägt – geographische Randlage, ökonomische Rezession, demographische Schrumpfung und Alterung, unzureichende Sanierungsmittel sowie mentale Selbstverortungen ‚am Rande' der Gesellschaft und ‚ohne Zukunft'". Es stellt sich die Frage, ob Kommunen und Regionen, die von extremen Schrumpfungsfolgen betroffen sind, überhaupt noch in der Lage sind, Gegenstrategien zu entwickeln oder ob sie dem Schrumpfungsprozess mit seinen vielfältigen Wirkungen eher ausgeliefert sind (Verwaltung des Niedergangs).

Stagnative Situationen wie hier beschrieben entstehen unter anderem, „if a crisis situation becomes too severe and blocks collective learning because the actors are unable to reach a consensus on […] how to cope with the insecurity of the developments"[4] (Benz, Fürst 2002, 28). Resignation, Lähmung, Selbstzweifel und kulturelle Abschirmung bilden dabei typische strukturell bedingte Stagnationsmerkmale (Lipsius in Keim 2003a, 15; vgl. auch Keim 2003b, 5; Liebmann, Robischon 2004, 96). Auslöser sind nicht nur die vom demographischen Wandel ausgelösten materiellen Probleme (Wohnungsleerstand, Kostensteigerungen). Auch mentale Aspekte spielen dabei eine bedeutende Rolle. So prägte Pfeiffer (2001, 28) bereits 2001 das Wort vom „Leerstandsschock".

In der Regionalforschung wird der Frage der Überwindung derartiger Problemsituationen bereits seit längerem Aufmerksamkeit geschenkt (Häußermann, Siebel 1994),

---

[4] Stagnative Situationen entstehen unter anderem, wenn Krisensituationen zu schwerwiegend werden und zu einer allgemeinen Lernblockade führen, bedingt durch mangelnden Konsens der Akteure im Umgang mit den Unsicherheiten der Entwicklung. [eigene Übersetzung]

insbesondere im Zusammenhang mit Strukturkrisen in ländlichen (Lanner 1996: „Die Aushungerung der Dörfer") und altindustrialisierten Räumen (Kunze 1997: „Strukturkrisen altindustrialisierter Regionen"). Welcher Voraussetzungen bedarf es aber, um wieder zu einer positiven Eigenwahrnehmung zu gelangen? In den Entwicklungstheorien finden sich hierzu unterschiedliche Zugänge.

Eine plausible Erklärung, wie Krisenregionen neue Entwicklungsimpulse erhalten können liefert der Capacity-Ansatz (vgl. Fichter et al. 2004; Bieker, Othengrafen 2005). Um die Voraussetzungen für die Aktivierung von Kooperationsstrukturen zu schaffen gilt es, die so genannte „Social, Intellectual und Political Capacity" zu stärken. „Intellectual Capacity" bezieht sich auf die notwendige Wissensbasis für Politik und Planung, die durch Förderung wissensgenerierender Institutionen unterstützt werden kann. Die „Social Capacity" zielt auf die Stärkung der Kooperationskultur durch Vertrauen sowie eine Verhandlungs- und Problemlösungskultur (Fichter et al. 2004, 333). Durch die Kombination dieser beiden Kapazitäten kann das Wissensmilieu entstehen, das als Grundlage für die Gremienarbeit dient (ebenda, 330). Und deshalb bedarf es letztlich Entscheidungsstrukturen (Gremien), um die Handlungsfähigkeit einer Region außerhalb der formellen Gremienstrukturen zu gewährleisten. Die als „Political Capacity" gebildeten Strukturen zielen darauf ab, „kollektiv die gemeinsamen Interessen zu artikulieren und durchzusetzen" (ebenda, 331).

Einen geeigneten Zugang in diese Richtung bietet das auch im Zentralen Erzgebirge angewendete Regionalmanagement (Fürst 1998), ein akteurs-, handlungs- und prozessorientierter Ansatz, das die Schaffung konzeptioneller Grundlagen mit der Koordination der regionalen Zusammenarbeit und einer projektbezogenen Umsetzung von regionalen Zielen verbindet. Noch nicht geklärt ist damit allerdings die Frage, wie der erforderliche Impuls ausgelöst werden kann. Hierzu gibt es kontroverse Auffassungen.

Die milieutheoretisch begründete Auffassung von Matthiesen (2005, 53) orientiert auf „Creative Governance Arrangements". Als Voraussetzung für deren Entstehung wird eine gewisse „kulturelle Heterogenität" angesehen, die die Basis für eine öffentliche Debatte über realistische Handlungsalternativen bietet. Aufgrund empirischer Untersuchungsergebnisse – Gegenstand waren deutsch-polnische Grenzstädte – kommt der Autor zu dem Schluss, dass vor dem Hintergrund lang anhaltender Schrumpfungsprozesse ein Anstoß von außen notwendig sein kann, um das fehlende interne kreative Potenzial zu kompensieren (ebenda, 59).

Das Konzept des Policy Learning setzt im Gegensatz dazu auf die Eigenkräfte der Region und wird als nicht von außen initiierbar betrachtet (Bennett, Howlett 1992). Benz und Fürst (2002, 23) gehen davon aus, dass dabei die Organisationsform regionaler Netzwerke ausschlaggebend ist, wobei vier Faktoren im Mittelpunkt stehen: die Struktur des Netzwerkes, die Aktionsorientierung der Akteure, die Unabhängigkeit der Akteure und die Dynamik des Netzwerkes. Gelingt es den regionalen Akteuren, ungeachtet ungünstiger Rahmenbedingungen Strategien zu entwickeln, Arrangements mit dem Staat zu treffen, ein projektorientiertes Netzwerkmanagement aufzubauen, einen internen Ideenwettbewerb zu führen und mit externen Akteuren zu kooperieren, so sind die Grundvoraussetzungen zur Überwindung der Entwicklungskrise gegeben.

Wie Erfahrungen zeigen, ist es sowohl durch innere als auch durch äußere Impulse möglich, in Umgebungen, die durch Strukturkrisen geprägt sind, Innovationen auszulösen (u. a. Wirth, Kochan 2000). Allerdings sind solche Konstellationen kaum planbar. Sie werden von Akteurskonstellationen hervorgebracht, die zufällig entstehen können und deren Gedeihen stark von den Rahmenbedingungen beeinflusst wird. Schrumpfende Regionen bilden hierbei keine Ausnahme.

5 Steuerung von Schrumpfungsprozessen im kommunal-regionalen Kontext

5.1 Potenziale von informellen regionalen Kooperationen und Netzwerken

Wie die Befunde aus dem Zentralen Erzgebirge zeigen, ist es für kleine Gemeinden schwierig, die Herausforderungen des demographischen Wandels zu bewältigen. Die Sachgebiete in den Verwaltungen werden in der Regel durch eine einzige Fachkraft besetzt. Schon unter quantitativem Aspekt ist die Verwaltungskapazität nicht vergleichbar mit dem eines zahlenmäßig besser besetzten Großstadt-Dezernates, in dem die personelle Kapazität und das Know-how größer sind.

Ein weiterer begrenzender Faktor in den bezeichneten Kommunen ist die finanzielle Misere. Betragen die Steuereinnahmen westdeutscher Kommunen mit weniger als 10 000 Einw. durchschnittlich 505 EUR/Kopf, so liegen diese in Ostdeutschland bei nur 216 EUR/Kopf und in vielen peripheren Gebieten – wie auch im Untersuchungsgebiet – noch deutlich darunter. Zwar werden die Einnahmendefizite durch Zuweisungen kompensiert. Jedoch werden diese zukünftig aufgrund zurückgehender Landeseinnahmen und geringer werdender Mittel aus dem kommunalen Finanzausgleich geringer ausfallen, sodass die finanziellen Handlungsspielräume gering sind (Seitz 2002, 3).

Im Ergebnis haben viele Kommunen Schwierigkeiten, freiwillige Aufgaben wahrzunehmen. Selbst bei investiven Förderungen fehlt häufig die Finanzkraft, um die erforderlichen Eigenanteile aufzubringen. Insgesamt entstehen für die Kommunen „immer mehr neue Aufgaben oder werden traditionelle Aufgaben mit neuen Lösungen besetzt, die nicht mehr auf Gemeindeebene zu erfüllen sind" (Fürst 2003, 441).

Informelle Kooperationen und Akteursnetzwerke stellen in dieser Situation eine Handlungsalternative dar, um Kompetenzen zu bündeln, mehr Aufmerksamkeit für die eigenen Probleme und Potenziale zu erzielen sowie die Kreativität der Akteure zu stärken:

- Kapazitäten und Kompetenzen können gebündelt, die Handlungsfähigkeit über gemeinsame Projekte verbessert werden.
- Koordinierte Initiativen in Kooperationsverbünden werden seit den 90er Jahren in Deutschland förderpolitisch hoch bewertet und sind zum Teil sogar eine Fördervoraussetzung (vgl. Gerlach, Kattein 1998).
- Aber auch in ideeller Hinsicht vergrößert die regionale Kooperation die Handlungspotenziale der Akteure. Denn es besteht die Chance, durch die Vernetzung einzelner Ideen neue, innovative Lösungen zu entwickeln, die die kommunalen Möglichkeiten übertreffen.

Gleichzeitig sind regionale Kooperationsinitiativen eine Herausforderung für die Schlüsselakteure, denn diese sind aufgefordert, kommunale Konkurrenzen zu überwinden und neue Denkmuster zu entwickeln, die lokale Nutzenkalküle mit regionalen verknüpfen. Dabei ist es ratsam, zunächst konsensfähige Kooperationsfelder zu bestimmen und andere, problematische Handlungsfelder, bei denen etwa die Verteilung knapper Güter eine Rolle spielt und ein interkommunaler Konsens kaum zu erreichen ist, auszuschließen.

Wie die Ergebnisse im Zentralen Erzgebirge zeigen, ist die Bildung eines informellen Kooperationsverbundes ein probates Mittel, um die Gestaltungsspielräume einzelner Kommunen zu vergrößern und Kapazitäten zu bündeln. Als Handlungsfelder bieten sich die Planung des Rückbaus von Wohnungen und stadttechnischer Infrastruktur, die gemeinsame Betreibung von sozialen Infrastruktur-Einrichtungen, die Bewirtschaftung der kommunalen Wohnungsbestände, das Tourismus-Marketing und die grenzübergreifende Zusammenarbeit an.

Außerdem haben Gemeinden die Möglichkeit der gemeinsamen Planung, die durch informelle Zusammenarbeit unterstützt werden kann. Laut Baugesetzbuch sollen benachbarte Gemeinden einen gemeinsamen Flächennutzungsplan aufstellen, wenn bestimmte Gründe dies erfordern, u. a. „wenn ihre städtebauliche Entwicklung wesentlich durch gemeinsame Voraussetzungen und Bedürfnisse bestimmt wird oder ein gemeinsamer Flächennutzungsplan einen gerechten Ausgleich der verschiedenen Belange ermöglicht" (§ 204 Abs. 1 BauGB). Für kooperierende Kommunen bietet sich hier die Chance, die Grundzüge der Entwicklung der Siedlungsstruktur abzustimmen. Unter Schrumpfungsbedingungen erscheint dies auch deshalb sinnvoll, um eine zerstörerische interkommunale Konkurrenz um Baugebiete und Einwohner zu vermeiden.

Allerdings stößt eine informelle Kooperation auch rasch an Grenzen, die vor allem bei konkurrierenden Interessenlagen der Kommunen spürbar werden. Betreffen diese Konkurrenzen nur einzelne Handlungsfelder, so können diese aus der Kooperation ausgeklammert werden. Handelt es sich hingegen um existenzielle Probleme, die das

Instrument Kooperation überfordern, sind auch weitergehende Lösungen ins Auge zu fassen. Sie werden in den folgenden Abschnitten diskutiert.

5.2 Zur Stärkung der kommunalen Leistungsfähigkeit durch formalisierte Formen der kommunalen Zusammenarbeit

In Deutschland gibt es verschiedene formalisierte Formen kommunaler Kooperation. Rechtlich geregelt werden sie durch die Länder. Da es hier nicht möglich ist, auf alle länderspezifischen Regelungen einzugehen, wird Bezug auf die sächsische Gesetzgebung genommen, in deren Geltungsbereich auch die Modellregion im Zentralen Erzgebirge liegt. Die Möglichkeiten interkommunaler Kooperation sind in Sachsen im Gesetz über kommunale Zusammenarbeit (SächsKomZG) geregelt. Dieses beinhaltet in § 2 Abs. 1 vier Optionen:

- Zweckvereinbarungen
- Zweckverbände
- Verwaltungsverbände
- Verwaltungsgemeinschaften

Zweckvereinbarungen sollen regeln, dass eine der beteiligten Körperschaften bestimmte Aufgaben für alle Beteiligten wahrnimmt, insbesondere den übrigen Beteiligten die Mitbenutzung einer von ihr betriebenen Einrichtung gestattet (§ 71 f. SächsKomZG). Unter Schrumpfungsaspekten bietet sich die Zweckvereinbarung an, um Infrastrukturen gemeinsam zu betreiben. Diese einfache Form der interkommunalen Kooperation ohne eigene Rechtspersönlichkeit wurde u. a. auch als rechtlicher Rahmen für die interkommunale Kooperation im Fall des Zentralen Erzgebirges gewählt. Hauptsächlich werden darin die Vertretung der Kooperation durch die Stadt Johanngeorgenstadt geregelt und die Arbeitsschwerpunkte benannt.

Eine weitere mögliche Kooperationsform sind Zweckverbände (§§ 44 ff. SächsKomZG). Kommunale Gebietskörperschaften können sich freiwillig zu einem Zweckverband zusammenschließen, um bestimmte (einzelne) Aufgaben, zu deren Durchführung sie berechtigt oder verpflichtet sind, für alle oder für einzelne gemeinsam erfüllen. Da die Rechtsverhältnisse in Zweckverbänden förmlich und streng geregelt sind (Müller, Beyer 1999, 250 f.), eignen sie sich insbesondere für die Erfüllung kommunaler Pflichtaufgaben, deren gemeindeübergreifende Erfüllung zweckmäßig ist, etwa bei der Wasserver- und Abwasserentsorgung. Auch bei der Erschließung von Gewerbegebieten und im Tourismusmarketing sind Zweckverbände durchaus üblich. Zweckverbände können insofern in Teilbereichen mehr Verbindlichkeit schaffen, einen breiten und flexiblen interkommunalen Kooperationsansatz aber nicht tragen.

Eine besondere Form des Zweckverbandes sind Verwaltungsverbände (§§ 3 ff. SächsKomZG). In Sachsen können sich Gemeinden innerhalb eines Landkreises unter Wahrung von deren Selbstständigkeit zu einem Verwaltungsverband zusammenschließen, um einzelne oder Gruppen von Aufgaben wahrzunehmen. Sein Zweck ist die Stärkung der Leistungs- und Verwaltungskraft der Kommunen unter Aufrechterhaltung ihrer rechtlichen Selbstständigkeit. Zum Beispiel kann dem Verwaltungsverband die Aufgabe der Flächennutzungsplanung übertragen werden. Eine weitere Möglichkeit besteht darin, dass eine der beteiligten Körperschaften bestimmte Aufgaben für alle wahrnimmt (Müller, Beyer 1999, 251). Unter Bedingungen der Schrumpfung bietet der Verwaltungsverband die Möglichkeit, knapper werdende Ressourcen effizient einzusetzen.

Die am weitesten reichende Form kommunaler Kooperation ist die Verwaltungsgemeinschaft (§§ 36 ff. SächsKomZG). Sie ist dadurch gekennzeichnet, dass eine Gemeinde (erfüllende Gemeinde) für die anderen beteiligten Gemeinden die Aufgaben eines Verwaltungsverbandes wahrnimmt. Es geht also nicht um einzelne oder eine Gruppe von Aufgaben, sondern um die Durchführung der gesamten Verwaltungsaufgaben durch die erfüllende Gemeinde. Die Vorzüge entsprechen denen des Verwaltungsverbandes.

5.3 Zusammenschlüsse von Gemeinden

Grundsätzlich ist es denkbar, dass eine informelle interkommunale Kooperation mit zunehmender Kooperationsdauer durch verbindlichere Regelungen in einzelnen Handlungsfeldern und in Bezug auf das gesamte Verwaltungshandeln ergänzt bzw. ersetzt wird. Letztlich stellt sich bei kleinen Kommunen mit geringer Finanzkraft und starken Einwohnerverlusten aber auch die Frage, ob die Wahrnehmung öffentlicher Aufgaben nicht besser durch den Zusammenschluss von Gemeinden[5] realisiert werden kann.

Im Zentralen Erzgebirge haben sich in der Vergangenheit einzelne Gemeindezusammenschlüsse als unumgänglich erwiesen, um kommunale Notlagen zu kompensieren. Obwohl Gemeindezusammenschlüsse ein ungeliebtes Instrument sind, da sie in der Regel mit dem Verlust von Autonomie, Macht und lokaler Identität verbunden sind, eröffnen sie auch neue Handlungsperspektiven (Schröder, Sinning 2005, 4). Verwaltungskompetenzen werden gebündelt. Die Ressourcen einzelner Ressorts (Personal, Wissen, Finanzen) vergrößern sich. Konkurrenzen um knappe öffentliche Güter wie Schulen werden beseitigt oder wenigstens vermindert. Infrastrukturen können effektiver bewirtschaftet werden. Durch Gemeindezusammenschluss kann sogar ein Anstieg der Schlüsselzuweisungen pro Einwohner erreicht werden, wenn die neue Kommune durch den Zusammenschluss in eine höhere Gemeindegrößenklasse aufrückt und dadurch einen höheren Gewichtungsfaktor erhält.

---

[5] Die Gemeindeordnung für den Freistaat Sachsen unterscheidet hierbei zwischen der „Eingliederung" einer Gemeinde in eine andere und der „Vereinigung" von Gemeinden zu einer neuen (§§ 8 und 9 SächsGemO).

Die Tendenz, die Leistungsfähigkeit der Verwaltungen durch Gemeindezusammenschlüsse zu stärken, ist auch in anderen peripheren Regionen Deutschlands und in deutschen Nachbarstaaten zu beobachten. Interessant ist ein Modell in Thüringen, wo ein Gemeindezusammenschluss durch einen raumordnerischen Vertrag vorbereitet wurde (TMBV 2005, 12). In der Schweiz zählt der ostschweizerische Kanton Graubünden zu den peripheren Gebieten mit Bevölkerungsrückgang (Heisch 2002). Dort diskutierte man verschiedene kommunale Reformmodelle, von denen sich schließlich eine Kombination aus Reform der einzelnen Kommunalverwaltungen, Verstärkung der interkommunalen Zusammenarbeit und Gemeindezusammenschlüssen durchgesetzt hat.

Es bleibt festzustellen, dass Gemeindezusammenschlüsse als Alternative zu anderen Konzepten bei der Bewältigung der Schrumpfungsfolgen geprüft werden sollten. Sie könnten auch als Schritt eines Stufenkonzeptes angesehen werden, das von der informellen Kooperation (siehe 5.1) über Verwaltungsverbände (siehe 5.2) zum Gemeindezusammenschluss führt: Indem die kommunalen Partner zunächst informell zusammenarbeiten, wird eine Vertrauensbasis geschaffen. Die Zusammenarbeit erfolgt auf der Basis von Projekten. Im nächsten Schritt werden Aufgaben (z. B. Bauleitplanung oder Fremdenverkehrsmarketing) gemeinsam durchgeführt (Zweckvereinbarung oder Verwaltungsverband). Die Zusammenarbeit wird themenbezogen formalisiert. Mit dem Gemeindezusammenschluss geht die informelle bzw. themenbezogene Zusammenarbeit in der Einheitsgemeinde auf. Kompetenzen und Kapazitäten in einer Hand. Auch wenn diese Vorgehensweise in der hier dargestellten idealtypischen Form in der Praxis nur selten möglich sein wird, gibt es doch mehrere Optionen, um netzwerkartige Zusammenschlüsse in stärker geregelte Kooperationsformen zu überführen.

6 Die Integrierte Regionale Anpassungsstrategie (INRAS) – Konzept für die interkommunale Kooperation und Instrument zur Umsetzung von Maßnahmen

Wie im Abschnitt 5.1 gezeigt wurde, verspricht die interkommunale Kooperation einige Vorteile, die gerade für Kommunen in Schrumpfungsgebieten interessant sind: die Vergrößerung von Ressourcen, eine stärkere Vernetzung von Entwicklungsinitiativen und die bessere Wahrnehmung durch den Staat. Am Ende des Projektes „Umbau von Siedlungsstrukturen unter Schrumpfungsbedingungen als Grundlage einer nachhaltigen Entwicklung" wurde deshalb für den Untersuchungsraum um Johanngeorgenstadt beispielhaft eine Integrierte Regionale Anpassungsstrategie (INRAS) erarbeitet. Der Begriff der Anpassungsstrategie wird zwar bereits in Politik, Verwaltung, Planung und Wissenschaft verwendet, wenn es um die Bewältigung der Folgen des demographischen Wandels geht. Ziele, Inhalte und das Vorgehen bei der Umsetzung sind aber wissenschaftlich noch nicht systematisch dargestellt worden. Deshalb werden hier zunächst einige grundlegende Betrachtungen zur INRAS vorgenommen, um dann eine Strategie für das Modellgebiet abzuleiten. Sie ist im Anhang auszugsweise abgedruckt.

Die Überlegungen beruhen auf drei Quellen:

(1) Das Bundesamt für Bauwesen und Raumordnung hat in einem Modellvorhaben „Anpassungsstrategien für ländliche/periphere Regionen mit starkem Bevölkerungsrückgang in den neuen Bundesländern" in drei ostdeutschen Regionen untersucht, wie das Angebot ausgewählter Infrastrukturen an die zurückgehende Nachfrage aufgrund hoher Bevölkerungsverluste angepasst werden kann (BBR 2005b; BBR 2005c). In der im Mai 2004 verabschiedeten „Cottbuser Erklärung" heißt es, dass insbesondere auf regionaler Ebene Lösungen zu suchen sind, die die konkreten räumlichen Bedingungen berücksichtigen. Interkommunale, intersektorale und interinstitutionelle Kooperationen seien notwendig, um Infrastrukturangebote an den Bedarf anzupassen.

(2) Im Freistaat Sachsen wurde der demographische Wandel mit seinen Folgen vom Ministerpräsidenten zur Querschnittsaufgabe der Landespolitik erklärt. In diesem Sinne hat die Landesregierung eine Reihe wissenschaftlicher Studien zu den Folgen des Bevölkerungswandels für den Freistaat anfertigen lassen, im April 2004 den so genannten „Demographiegipfel" durchgeführt und eine Expertenkommission aus Wissenschaftlern und Praktikern berufen (Milbradt 2004). Im Oktober 2004 wurden zudem durch das Sächsische Staatsministerium des Innern zwei regionale Modellvorhaben „Optimierung der Infrastrukturangebote und Aufwertung der Lebensbedingungen in Regionen mit starkem Bevölkerungsrückgang" gestartet (SMI 2005).

(3) Im Rahmen des Modellvorhabens „Umbau von Siedlungsstrukturen unter Schrumpfungsbedingungen" wurden Ursachen, Verlauf und Folgen des Bevölkerungsrückganges innerhalb des dreijährigen Forschungsprozesses analysiert. Im Rahmen des bereits 1997 von sieben Kommunen begonnenen Kooperationsprozesses wurden Fragen des demographischen Wandels intensiv zwischen Wissenschaftlern und Praktikern diskutiert. Dabei wird seitens der beteiligten Kommunen die Position vertreten, dass eine Anpassungsstrategie nicht nur die Reaktion auf äußere Zwänge sein darf, sondern positive Signale für die künftige Regionalentwicklung beinhalten muss (vgl. Bose, Wirth 2006).

Die Zielrichtung einer Integrierten Regionalen Anpassungsstrategie ist somit im Groben klar: Eine auf gleichwertige Lebensbedingungen im Gesamtraum orientierte Raumordnungspolitik muss darauf gerichtet sein, den negativen Folgen der Schrumpfung entgegenzuwirken. Eine INRAS soll dafür die Schwerpunkte aufzeigen und Handlungsoptionen der regionalen Akteure benennen. Methodisch stehen kooperative Ansätze im Mittelpunkt der Überlegungen. Konzeptionell ist die Anpassung mit den vorhandenen Instrumenten der Raumordnung und Regionalentwicklung zu verknüpfen, wobei ein Steuerungsverständnis zugrunde gelegt wird, das Planung als Prozess und den Planvollzug als Prozessmanagement versteht (Fürst 2005, 20 f.). Im Detail gibt es aber eine Vielzahl von Fragen zu klären: Was ist eine INRAS? Wer sind die Initiatoren und Schlüsselakteure? Welche Anforderungen sind inhaltlich an eine INRAS zu stellen? Wie grenzt sich die INRAS zu anderen Instrumenten ab? Wie sollte eine INRAS in den Regionen umgesetzt werden?

6.1 Zum Profil der INRAS

Folgt man der dominierenden Meinung, so ist die INRAS ein **Instrument der Regionalentwicklung**, mit dem den Folgen des demographischen Wandels begegnet werden soll. Es ist Bestandteil einer Entwicklungsstrategie, die den Bevölkerungsrückgang als Rahmenbedingung gesellschaftlichen Handelns versteht und mit geeigneten Maßnahmen darauf reagiert. Anpassungsstrategien erwachsen aus einem erweiterten Verständnis von Raumordnung, zu dem sowohl die räumliche Ordnungsfunktion als auch die Entwicklungsfunktion gehören (vgl. hierzu die Ausführungen von Bose/Wirth zum Wandel des Planungsverständnisses in diesem Band).

Anpassungsstrategien haben grundsätzlich einen themenübergreifenden Ansatz. Zum Beispiel bilden der Bevölkerungsrückgang, der Rückbau von Wohnungen und der Rückbau von technischen Infrastrukturen einen Kontext. Die INRAS baut auf interkommunale Kooperation. Für die beteiligten Kommunen bedeutet dies einen Perspektivenwechsel, da lokale Entscheidungen häufiger in einen regionalen Kontext zu stellen sind. Der Abstimmung der Flächennutzungsplanung der einzelnen Kommunen kommt dabei große Bedeutung zu.

Anpassung bedeutet zum einen die Reaktion auf den Bevölkerungsrückgang und Veränderungen der Bevölkerungsstruktur (Altersstruktur, Sozialstruktur). Das heißt u. a., dass der Rückbau von Wohnungen und Infrastruktur koordiniert werden muss. Dies allein genügt aber nicht. Ein strategischer Ansatz erfordert vielmehr die zielgerichtete, langfristig orientierte Anwendung von Instrumenten und die Nutzung von Potenzialen (inhaltlich, personell, finanziell). Es sind also alternative Konzepte zu entwickeln, z. B. zur wirtschaftlichen Betreibung von Infrastrukturen und zur Gestaltung des Wohnumfeldes in Rückbaugebieten. Fasst man dies zusammen, so lässt sich die folgende Definition formulieren:

> Eine Integrierte Regionale Anpassungsstrategie (INRAS) ist ein gemeinde- und themenübergreifendes Konzept zum Umgang mit dem demographischen Wandel und seinen Folgen, das langfristig orientiert ist, auf der gezielten Anwendung von Instrumenten beruht und die Nutzung regionaler Potenziale einschließt.

6.2 Zu den Schlüsselakteuren und Beteiligten

Integrierte Regionale Anpassungsstrategien beruhen auf einem Grundkonsens der beteiligten Kommunen. Insofern gehören die Kommunalpolitik und die Kommunalverwaltungen zu den Schlüsselakteuren des Anpassungsprozesses. Dies hängt auch damit zusammen, dass grundlegende Entscheidungen durch die Stadt- und Gemeinderäte zu treffen und Maßnahmen durch die kommunalen Haushalte zu finanzieren sind.

Allerdings wäre ein rein kommunaler Ansatz zu kurz gegriffen. Denn es gibt eine große Anzahl weiterer öffentlicher und privater Akteure, die einerseits vom demographischen Wandel betroffen sind, andererseits über Steuerungspotenziale verfügen. Zu denken ist hierbei an die Mieter und Vermieter (insbesondere die Wohnungsgesellschaften), die Betreiber der technischen Infrastrukturen einschließlich kommunaler Zweckverbände, die Schulen, die Anbieter sozialer Leistungen u. a.

Schließlich gibt es auf regionaler und staatlicher Ebene Akteure, die Beiträge zum Anpassungsprozess leisten können. Dazu gehören die Landkreise, die verschiedene kommunale Aufgaben erfüllen (Öffentlicher Personennahverkehr, Abfallwirtschaft, Katastrophenschutz, Straßenwesen, …). Aber auch die Banken sind in erheblichem Maße betroffen, da sie Darlehen für den Wohnungsbau, die Wohnungssanierung und die Erschließung von kommunalen Gewerbegebieten ausgeben. Nicht vergessen werden darf die Regionalplanung. Idealerweise könnte Sie – wie im Zentralen Erzgebirge in den letzten Jahren – die Prozessmoderation übernehmen. Auch wenn eine solche Planungsphilosophie in Deutschland noch wenig verbreitet ist und die Kapazitäten der Planungsstellen vielfach gering sind (vgl. Wiechmann 1999), ist dieser Ansatz zweckmäßig, denn die Regionalplanung ist durch ihren integrativen und sektorübergreifenden Ansatz für eine solche Aufgabe prädestiniert.

6.3 Anforderungen an eine INRAS

Der Bevölkerungsrückgang hat eine Fülle von Auswirkungen auf die Raumstruktur (vgl. den Einführungsbeitrag von P. Wirth). Die erste Anforderung an eine INRAS ist deshalb, den Sachstand zu bestimmen, die Entwicklungsbedingungen der betreffenden Region gut einzuschätzen. Im Mittelpunkt steht dabei zwangsläufig die Bevölkerungsentwicklung und -prognose. Regionale Prognosen sollten aus großräumigeren Prognosen (zum Beispiel der Landesplanung) abgeleitet werden. Um die Nachfrage nach bestimmten Leistungen in der Zukunft bestimmen zu können, ist es auch erforderlich, einzelne Bevölkerungsgruppen zu untersuchen (z. B. Schüler, junge Erwachsene, Rentner, …).

Außerdem geht es um die Verknüpfung von Anpassung und Entwicklung. Wie die Erfahrungen aus diesem und anderen Modellvorhaben zeigen, ist eine „reine" Anpassungsstrategie, die sich ausschließlich auf die Bevölkerungsprognose, die daraus resultierenden Zwänge für die Kommunen und den Rückbau kommunaler und sozialer Substanz orientiert, politisch schwer vermittelbar. Deshalb müssen gleichzeitig Optionen aufgezeigt werden, wie der Region neue Impulse vermittelt werden können, die mittel- bis langfristig zur Verbesserung der Situation beitragen. In dieser Situation ist es von Vorteil, wenn – wie im Zentralen Erzgebirge – bereits Leitvorstellungen der Regionalentwicklung existieren.

Es geht also darum, ein überzeugendes Zukunftsbild der Region zu entwerfen. In diesem Sinne ist der demographische Wandel auch als Chance zu begreifen, z. B. für den ökologischen Umbau von Stadtteilen mit einer schlechten Lebensqualität. Dies bedarf der Vermittlung in der Öffentlichkeit, um auch die Bewohner einzubeziehen und die Akzeptanz von Entscheidungen der Schlüsselakteure zu erhöhen.

Großer Wert ist schließlich auf das Maßnahmenprogramm zu legen. Die Maßnahmen sollen plausibel, schwerpunktorientiert, untereinander abgestimmt und mit den Möglichkeiten der Region umsetzbar sein. Es kommt darauf an, die Leistungspotenziale und Kompetenzen der Akteure richtig einzuschätzen, um eine Überforderung zu vermeiden. Es ist häufig besser, wenige integrative Projekte zu planen als eine Vielzahl von Einzelmaßnahmen, die einen hohen Koordinierungsaufwand erfordern.

6.4 Abgrenzung Integrierter Regionaler Anpassungsstrategien zu anderen Instrumenten

Unstrittig ist, dass INRAS zu den Instrumenten kooperativer Regionalentwicklung gehören. Hier gäbe es nun drei Möglichkeiten der Einordnung:

(a) INRAS als neues Instrument mit eigener Struktur und Methodik,

(b) INRAS als Modifizierung eines vorhandenen Instruments,

(c) INRAS als neuer Name für ein vorhandenes Instrument.

Grundsätzlich sollte vor der Einführung neuer Instrumente geprüft werden, ob es bereits geeignete Instrumente gibt, die die methodischen und inhaltlichen Anforderungen erfüllen. Die Autoren sind der Überzeugung, dass im vorliegenden Fall eine starke methodische Nähe zu Regionalen Entwicklungskonzepten (REK) besteht. Denn auch eine INRAS kann über die folgenden Arbeitsschritte entwickelt werden, die für ein REK typisch sind:

- Bestandsanalyse
- Zielformulierung (Leitbild)
- Maßnahmenprogramm
- Umsetzung

Inhaltlich ist eine INRAS anders gewichtet als ein REK. Bei der Bestandsanalyse steht die Bevölkerungsentwicklung im Mittelpunkt. Andere Entwicklungsfaktoren wie Wirtschaft, Verkehr und Kultur haben den Status von Rahmenbedingungen. Im Leitbild einer INRAS nehmen die Anpassungsziele für die Infrastruktur und den Wohnungsbestand den größten Raum ein.

6.5 Zur Umsetzung der INRAS

Hierbei sind zwei Fälle zu unterscheiden: Zum Ersten wäre die Umsetzung von Anpassungsstrategien im Rahmen bestehender Aktionsräume der Regionalentwicklung denkbar. Da es in Deutschland ungefähr 400 regionale Kooperationsverbünde gibt (Diller 2003), sind die Voraussetzungen hierfür günstig. Der Vorteil besteht darin, dass sich die beteiligten Akteure bereits kennen und ein Vertrauensvorschuss vorausgesetzt werden kann. Außerdem ist davon auszugehen, dass in diesen Kooperationsräumen bereits gemeinsame Konzepte und Maßnahmenprogramme existieren, an die angeknüpft werden kann. Zum Zweiten ist auch die Bildung neuer Kooperationsräume denkbar, wobei in diesen Fällen mit einer längeren Auftaktphase gerechnet werden muss, in der Grundfragen zu klären sind und eine Vertrauensbasis zu schaffen ist.

Entsprechend der inzwischen gängigen Praxis der Regionalentwicklung sollten Strategieerstellung und -umsetzung parallel stattfinden (vgl. auch Müller et al. 2002, 59). Schon in der Anfangsphase der Kooperation sollen erste unstrittige Projekte begonnen werden, um über Umsetzungserfolge die Motivation für die Zusammenarbeit zu erhöhen.

Auch benötigt ein guter regionaler Entwicklungsprozess – hier bilden Integrierte Regionale Anpassungsstrategien keine Ausnahme – ein gewisses Maß an Institutionalisierung, um Professionalität und Zielstrebigkeit des Regionalmanagements zu sichern. Die Frage ist, wie die Moderation des Prozesses und die Initiierung von Projekten organisiert werden. Im Freistaat Sachsen werden die Moderation regionaler Initiativen in der Anfangsphase und die Konzepterstellung seit vielen Jahren gefördert[6]. Dies ist sehr hilfreich, um die Anfangshürden regionaler Kooperation zu überwinden.

Nach Ende der Anschubfinanzierung sind die Kommunen gefordert, die Zusammenarbeit eigenständig fortzuführen. Hier zeigt sich, dass die Erstellung und Umsetzung Regionaler Anpassungsstrategien nicht zum Nulltarif zu haben sind. Es bedarf sowohl des intensiven Dialogs der Schlüsselakteure als auch einer guten Prozessmoderation, um zu einer für den Kooperationsraum maßgeschneiderten Strategie zu gelangen.

Um interessierten Kommunen eine Anregung zu geben, wie sie selbst mit diesem Instrument umgehen können, ist die Integrierte Regionale Anpassungsstrategie für das Modellgebiet diesem Band als Anlage beigefügt.

---

[6] Derzeit durch die Förderrichtlinie FR-Regio vom 8. Januar 2002.

7 Fazit

Es zeigt sich, dass periphere Räume gegenüber der Schrumpfung „empfindlicher" sind als großstädtische Zentren. Dies gilt insbesondere dann, wenn Infrastrukturen bereits vor Beginn des Schrumpfungsprozesses an der Untergrenze ihrer Tragfähigkeit betrieben wurden und die Leistungskraft der betroffenen Kommunen gering ist. Am deutlichsten war dies in den letzten 10 Jahren an der Veränderung der Schullandschaft zu spüren. Die Peripherie erlebt somit einen schleichenden Funktionsverlust. Sie kann diese Verluste viel schlechter kompensieren als großstädtische Schrumpfungsgebiete, in denen die Schließung einer Schule nicht den Verlust der letzten bedeutet.

Der Staat verfügt generell über Steuerungspotenziale, mit denen schrumpfende Peripherräume unterstützt werden können. Solche Möglichkeiten bieten sich im Finanzausgleich, in der sektoralen Förderpolitik und durch die entsprechende Auslegung von Rechtsinstrumenten (etwa zu Mindestschülerzahlen in Klassen und Schulen). Es stellt sich die Frage, inwieweit der Staat – vor dem Hintergrund des Bedeutungsgewinns von Metropolregionen – bereit und in der Lage ist, die Peripherie zu stärken. Diese Diskussion ist in Deutschland in vollem Gange.

Für die Kommunen in den Peripherräumen geht es darum, sich nicht in das Schicksal zu ergeben. Dass sich das lohnt, zeigt eine Reihe guter Beispiele, in denen es gelungen ist, trotz rückläufiger Bevölkerungszahlen Entwicklungsprozesse zu initiieren oder in Gang zu halten. Mit verschiedenen Projekten, zu denen das hier geschilderte gehört, wird zudem versucht, Strategien zu entwickeln, um die Handlungsspielräume der Kommunen zu vergrößern.

Eine Möglichkeit bildet die interkommunale Kooperation. Gerade unter den Bedingungen der Peripherie mit kleinen und oftmals finanziell schwachen Kommunen bietet sie Chancen, um besser mit den Problemen schrumpfender Räume zurecht zu kommen. Die Abstimmung der Flächennutzungspläne einschließlich der Rückbaukonzepte, die Mitbenutzung von Infrastrukturen anderer Kommunen und ein gemeinsames Fremdenverkehrsmarketing sind nur einige Beispiele dafür, die im Rahmen informeller regionaler Kooperation umgesetzt werden können. Eine weitergehende Zusammenarbeit, die die Leistungskraft der kommunalen Verwaltungen stärkt, ist im Rahmen formalisierter kommunaler Kooperationsverbünde möglich (Zweckverbände, Verwaltungsverbände, Verwaltungsgemeinschaften). Nicht vergessen werden darf, dass in vielen Handlungsbereichen wie dem Wohnungsmarkt private Akteure eine entscheidende Rolle spielen und deshalb in den Prozess einbezogen werden müssen.

Integrierte Regionale Anpassungsstrategien können als gemeinde- und themenübergreifende Konzepte dazu eine Orientierung geben. Sie sind ein handlungs-, umsetzungs- und projektbezogenes Instrument, das langfristig ausgerichtet ist und auf der Nutzung regionaler Potenziale beruht. Es ist als Beitrag der Raumordnung zur Lösung der Probleme schrumpfender Räume zu verstehen, wobei der integrative Ansatz der Raumordnung zum Tragen kommt.

Wenngleich die wissenschaftlichen Untersuchungen, die diesem Buch zugrunde liegen, bereits eine Vielzahl von Ergebnissen erbracht haben, so steht die Wissenschaft bei der Erforschung des Schrumpfungsphänomens und seiner räumlichen Folgen doch noch am Anfang. Die offenen Fragen beziehen sich auf mehrere Handlungsfelder. Ein erstes Thema ist die Verknüpfung sektoraler Ansätze. Es gibt zwar, auch in diesem Band, bereits sehr gute fachliche Konzepte zum Umgang mit dem Phänomen Schrumpfung. In Bezug auf die Kombination von thematischen Ansätzen sind aber noch beträchtliche Lücken festzustellen. Es ist notwendig, dass die Fachdisziplinen enger zusammenarbeiten, um diese Defizite zu beheben. Forschungsnetzwerke, wie das Zentrum Demographischer Wandel an der TU Dresden, können hierzu einen wichtigen Beitrag leisten.

Ein zweites wichtiges Themenfeld der Forschung sind raumbezogene Leitbilder. Eng verbunden damit ist die Schaffung gleichwertiger Lebensverhältnisse in allen Teilen des Gesamtraumes. So konnten periphere Räume in Deutschland in der Vergangenheit meist von starken Zentren profitieren (Spill-over-Effekte). In den großräumigen deutschen Schrumpfungslandschaften, die in den letzten Jahren entstanden sind, finden wir aber strukturschwache Zentren neben strukturschwachen Peripherien. Mitnahmeeffekte der Zentren sind dort nur schwach ausgebildet. Es stellt sich die Frage nach der funktionalen Arbeitsteilung von Teilräumen. Hier sind strategische Überlegungen gefragt, wie sie beispielsweise im Verbund des raumwissenschaftlichen Netzwerkes 4R[7] der Leibniz-Gemeinschaft angestellt werden.

Drittens schließlich geht es um die Steuerung der Prozesse auf kommunaler, regionaler und staatlicher Ebene. Die Wirksamkeit von Instrumenten der Landes-, Regional- und Stadtentwicklung ist unter Schrumpfungsbedingungen zu hinterfragen. Vor dem Hintergrund einer zurückgehenden Nachfrage nach Flächen und Leistungen stehen die klassischen Steuerungsinstrumente der Raumplanung auf dem Prüfstand. Auch hier sind disziplinäre wie interdisziplinäre Forschungsansätze gefragt, wie sie von den bereits genannten Instituten der Leibniz-Gemeinschaft, aber z. B. auch im Raumwissenschaftlichen Kompetenzzentrum Dresden durchgeführt werden.

---

[7] Dies sind: die Akademie für Raumforschung und Landesplanung (ARL), Hannover; das Institut für Länderkunde (IfL), Leipzig; das Institut für ökologische Raumentwicklung (IÖR), Dresden, und das Institut für Regionalentwicklung und Strukturplanung (IRS), Erkner.

Literatur

BBR (2005a): Raumordnungsbericht 2005. Bundesamt für Bauwesen und Raumordnung (Hrsg.), BBR-Berichte Bd. 21, Bonn.

BBR (2005b): Öffentliche Daseinsvorsorge und demographischer Wandel. Erprobung von Anpassungsstrategien in Modellvorhaben der Raumordnung. Bundesamt für Bauwesen und Raumordnung, Berlin/Bonn.

BBR (2005c): Anpassungsstrategien für ländliche/periphere Regionen mit starkem Bevölkerungsrückgang in den neuen Ländern. Bundesamt für Bauwesen und Raumordnung, Werkstatt: Praxis, Heft 38.

Bennett, C. R.; Howlett, M. (1992): The Lessons of Learning. Reconciling Theories of Policy Learning and Policy Change. In: Policy Science 25, 229-250.

Benz, A.; Fürst, D. (2002): Policy Learning in Regional Networks. In: European Urban and Regional Studies. Jg. 9. Nr. 1, 21-35.

Bernt, M. (2002): Risiken und Nebenwirkungen des „Stadtumbaus Ost". UFZ-Diskussionspapiere 5/2002, Umweltforschungszentrum Leipzig-Halle.

Bieker, S.; Othengrafen, F. (2005): Organising Capacity – Regionale Handlungsfähigkeit von Regionen im demographischen Wandel. In: Raumforschung und Raumordnung. Heft 3/2005, 167-178.

BMF Wissenschaftlicher Beirat beim Bundesministerium der Finanzen (2001): Nachhaltigkeit in der Finanzpolitik. Konzepte für eine langfristige Orientierung öffentlicher Haushalte. Schriftenreihe des Bundesministeriums der Finanzen. Heft 71.

Borchard, K. et al. (2005): Gleichwertige Lebensverhältnisse. Diskussionspapier des Präsidiums der ARL. In: ARL Nachrichten. 2/2005, 1-3.

Bose, M.; Wirth, P. (2006): Gesundschrumpfen oder Ausbluten? In: Bundeszentrale für politische Bildung (Hrsg.): Aus Politik und Zeitgeschichte 21-22/2006, 18-24.

Diller, C. (2004): Regional Governance im „Schatten der Hierarchie". In: Raumforschung und Raumordnung. Heft 4-5/2004, 270-279.

Diller, C. (2003): Regionalentwicklung durch neue Kooperationen – von wem und für wen? In: Standort – Zschr. f. Angew. Geogr. 27(2003)2, 79-84.

Dörner, D. (2006): Die Logik des Misslingens. Strategisches Denken in komplexen Situationen. (5. Auflage) Rowohlt Taschenbuch Verlag, Reinbek bei Hamburg, 74 ff.

Doehler-Behzadi, M. et al. (2005): Planloses Schrumpfen? Steuerungskonzepte für widersprüchliche Stadtentwicklungen. In: DISP 161, Heft 2/2005, 71-78.

Effenberger, K.-H.; Deilmann, C. (2004): Sachsen 2050 – Auswirkungen des demographischen Wandels auf den Wohnungsmarkt. IÖR-Texte, Bd. 145.

Ewringmann, D. et al. (2004): Finanzierungsprobleme schrumpfender Gemeinden im Zentralen Erzgebirge um Johanngeorgenstadt. Finanzwissenschaftliches Forschungsinstitut an der Universität zu Köln (Hrsg.). Gutachten im Auftrag des Leibniz-Instituts für ökologische Raumentwicklung e. V. Dresden, Köln.

Fichter, H.; Jähnke, P.; Knorr-Siedow, T. (2004): Governance Capacity für eine wissensbasierte Stadtentwicklung. In: Matthiesen, U. (Hrsg.): Stadtregion und Wissen. Analysen und Plädoyers für eine wissensbasierte Stadtpolitik. Wiesbaden, 309-336.

Freitag, L. (2001): Insolvenzen sind keine Lösungen. In: Bauwelt 24/2001, 72-73.

Freyer, W. (1999): Nachhaltige Tourismusentwicklung im Zentralen Erzgebirge. Teilprojekt für das Institut für ökologische Raumentwicklung e. V. im Rahmen des Modellvorhabens „Sanierungs- und Entwicklungsgebiet Uranbergbau". Dresden, Vervielf. Typoskript. TU Dresden, Institut für Wirtschaft und Verkehr.

Fürst, D. (1998): Projekt- und Regionalmanagement. In: Akademie für Raumforschung und Landesplanung (Hrsg.): Methoden und Instrumente räumlicher Planung. Hannover, 237-253.

Fürst, D. (2001): Regional governance – ein neues Paradigma der Regionalwissenschaften? In: Raumforschung und Raumordnung, Jg. 59, Nr. 5-6, 370-380.

Fürst, D. (2003): Steuerung auf regionaler Ebene versus Regional Governance. In: Informationen zur Raumentwicklung Nr. 8/9, 441-450.

Fürst, D. (2005): Entwicklung und Stand des Steuerungsverständnisses in der Raumplanung. In: DISP, Heft 4/2005, 16-27.

Gerlach, F.; Kattein, M. (1998): Regionale Wirtschaftsförderung in den neuen Bundesländern. Ein Vergleich von Thüringen, Sachsen und Sachsen-Anhalt. In: WSI-Mitteilungen 3/1998, 174-185.

Häußermann, H.; Siebel, W. (1994): Wie organisiert man Innovation in nichtinnovativen Milieus? In: Kreibich, R. et al. (Hrsg.): Bauplatz Zukunft. Dispute über die Entwicklung von Industrieregionen. Essen.

Heisch, H. (2002): Die Bündner Gemeinden rücken näher zusammen. Beitrag zur Tagung „Gemeindestrukturen und -fusionen". Veranstalter: Universitäten Bern, Neuchâtel, Fribourg. http://www.unifr.ch/finpub/doc/benefri/06_texte_Heisch.pdf (Zugriff: 22.11.05).

Henkel, G. (2004): Der Ländliche Raum. Gegenwart und Wandlungsprozesse seit dem 19. Jahrhundert in Deutschland. Studienbücher der Geographie. Berlin. Stuttgart.

Herfert, G. (2002): Disurbanisierung und Reurbanisierung: Polarisierte Raumentwicklung in der ostdeutschen Schrumpfungslandschaft. In: Raumforschung und Raumordnung, Nr. 5/6, 60. Jg., 334-344.

Herz, R. et al. (2002): Anpassung der technischen Infrastruktur. In: BMVBW und BBR (Hrsg.): Fachdokumentation zum Bundeswettbewerb Stadtumbau Ost. Expertisen zu städtebaulichen und wohnungswirtschaftlichen Aspekten des Stadtumbaus in den neuen Ländern. Bonn, 50-60.

Kabisch, S.; Bernt, M. (2002): Wohnungsleerstand und nachhaltiger Stadtumbau. In: Forschen für die Umwelt, 4. Ausgabe. UFZ Leipzig-Halle, 104-109.

Keim, K.-D. (2003a): Zur Notwendigkeit kreativer Arbeitsformen bei der Stadtentwicklung. In: Liebmann, Robischon (Hrsg.): Städtische Kreativität – Potenzial für den Stadtumbau. Erkner. Darmstadt, 14-25.

Keim, K.-D. (2003b): Peripherisierung in Brandenburg – Überzeugungssysteme und Diskurse in der Region. In: IRS Aktuell. Nr. 41, Oktober 2003, 5-6.

Killisch, W.; Siedhoff, M. (2005): Probleme schrumpfender Städte. In: Geographische Rundschau. Jg. 57. Heft 10, 60-67.

Kilper, H.; Kujath, H. J. (2006): Zwischen Metropole und Peripherie. Brandenburg im Sog metropolitaner Entwicklungen. In: Perspektive 21, H. 30/2006, 19-25.

Kunze, C. (Hrsg.) (1997): Strukturkrisen altindustrialisierter Regionen und ihre Bewältigung in West- und Osteuropa. Transformation – Leipziger Beiträge zu Wirtschaft und Gesellschaft, Nr. 6, Leipzig.

Lanner, S. (1996): Der Stolz der Bauern. Die Entwicklung des ländlichen Raumes. Gefahren und Chancen. Wien.

Lauinger, H. (2006): Zwischenlandschaft als Identität – Die Internationale Bauausstellung Fürst-Pückler-Land (IBA). Goethe-Institut. http://www.goethe.de/kue/arc/dos/dos/sls/ zup/de176885.htm (Zugriff 27.09.06).

Liebmann, H.; Robischon, T. (2004): Innovation, Kreativität und Lernprozesse – gelingt so der Stadtumbau? In: Altrock, U. et al. (Hrsg.): Innovation und Planung. Planungsrundschau 9. März 2004, 95-104.

Lütke Daldrup, E. (2001): Die perforierte Stadt. Eine Versuchsanordnung. In: Bauwelt 24/2001, 40-45.

Mäding, H. (2004): Demographischer Wandel und Kommunalfinanzen – Einige Trends und Erwartungen. In: Deutsche Zschr. für Kommunalwissenschaften 43(2004)I, 84-102.

Matthiesen, U. (2005): Governance Milieus in Shrinking Post-Socialist City Regions – and their Respective Forms of Creativity. In: DISP 162, Heft 3/2005, 53-61.

Milbradt, G. (2004): Sachsen wird Vorreiter bei der Bewältigung des demographischen Wandels. Demographie-Gipfel der Sächsischen Staatsregierung am 21. April 2004 in Dresden. http://www.sachsen.de/de/bf/ITForum (Zugriff: Juni 2004).

Müller, B. (2002): Regionalentwicklung unter Schrumpfungsbedingungen. Herausforderung für die Raumplanung in Deutschland. In: Raumforschung und Raumordnung, Jg. 60, Nr. 1-2, 28-42.

Müller, B.; Beyer, B. (1999): Regionalentwicklung im kommunalen Verbund. Städteverbünde in Sachsen. Dresden-München 1999.

Müller, B.; Siedentop, S. (2004): Wachstum und Schrumpfung in Deutschland – Trends, Perspektiven und Herausforderungen für die räumliche Planung und Entwicklung. In: Deutsche Zschr. für Kommunalwissenschaften 43(2004)I, 14-32.

Müller, B.; Rathmann, J.; Wirth, P. (2002): Sanierung und Entwicklung umweltbelasteter Räume. Modellvorhaben in einer ehemaligen Uranbergbauregion. Frankfurt am Main.

Pfeiffer, U. (2001): Der Leerstandsschock. In: Bauwelt 24/2001, 28-33.

Ragnitz, J. (2005): Möglichkeiten der wirtschaftlichen Entwicklung strukturschwacher Regionen in Ostdeutschland. Zukunftsforum Politik. Broschürenreihe der Konrad-Adenauer-Stiftung, Nr. 68.

SAB (2006): Wohnungsbaumonitoring 2005/2006. Sächsische Aufbaubank, Dresden.

Schröder, C.; Sinning, H. (2005): Stadt-regionale Kooperation und demographischer Wandel – am Beispiel Thüringen. In: ARL (Hrsg.): Umbau von Städten und Regionen, Arbeitsmaterial Nr. 325.

Seitz, H. (2002): Kommunalfinanzen bei schnell schrumpfender Bevölkerung in Ostdeutschland: Eine politikorientierte deskriptive Analyse. http://www.makro.euv-frankfurt-o.de/declinefinale.pdf (Zugriff: 25.10.05).

Siedentop, S. (2004): Siedlungsstrukturelle Entwicklung unter Schrumpfungsbedingungen – Trendkontinua oder Trendbrüche? In: Planung und Migration. Determinanten, Folgen und raumplanerische Implikationen von sozialräumlicher Mobilität (=ARL-Arbeitsmaterial 307), Hannover 2004, 28-38.

SMI (2005): Zukunftschancen in Sachsen – Regionale Modellvorhaben zum demographischen Wandel. Sächsisches Staatsministerium des Innern (Hrsg.), Dresden.

Statistisches Bundesamt (2000): Bevölkerungsentwicklung Deutschlands bis zum Jahr 2050. Ergebnisse der 9. Koordinierten Bevölkerungsvorausberechnung. www.statistik.bund.de (Zugriff: 23.01.03).

Staudt, R. (2003): Stadtumbau Ost. Beteiligte und Akteure. Sächsische Aufbaubank Dresden. Vortragsmanuskript.

TMBV (2005): Ergebnis einer erfolgreichen interkommunalen Zusammenarbeit: Stadt Zeulenroda-Triebes 2006. Modell- und Forschungsvorhaben zur Stadt- und Regionalentwicklung. ROstoff. Thüringer Ministerium für Bau und Verkehr. Dezember 2005.

Wiechmann, Th. (1999): Regionalmanagement auf dem Prüfstand. In: Standort – Zschr. f. Angew. Geogr. 23(1999)1, 43-47.

Wiechmann, Th.; Fuchs, O. (Hrsg.) (2004): Planung und Migration. Determinanten, Folgen und raumplanerische Implikationen von sozialräumlicher Mobilität. 6. Junges Forum der ARL, Hannover (=ARL-Arbeitsmaterial 307).

Wirth, P.; Kochan, B. (2000): Selbstorganisierte lokale Entwicklungsinitiativen und Möglichkeiten ihrer Einbindung in kommunale und regionale Aufgaben. In: Eckart, K.; Tzschaschel, S. (Hrsg.): Räumliche Konsequenzen der sozialökonomischen Wandlungsprozesse in Sachsen (seit 1990). Berlin, 33-46.

Integrierte Regionale Anpassungsstrategie (INRAS) für das Zentrale Erzgebirge um Johanngeorgenstadt[1]

Bearbeitet von Peter Wirth und Marc Bose

Präambel

Das Zentrale Erzgebirge um Johanngeorgenstadt gehört zu jenen deutschen Regionen, die von einem überdurchschnittlich starken Bevölkerungsrückgang betroffen sind. Der Rückgang der Bevölkerungszahl ist mit einem Alterungsprozess verkoppelt, sodass ein umfassender demographischer Wandel vonstatten geht. Da die Folgen viele Lebensbereiche betreffen und insbesondere die Kommunen vor große Herausforderungen stellen, haben sich die Städte Johanngeorgenstadt und Schwarzenberg (mit den Ortsteilen Erla und Grünstädtel) sowie die Gemeinden Breitenbrunn, Erlabrunn, Pöhla, Raschau und Rittersgrün (im folgenden „kooperierende Kommunen" genannt) entschlossen, gemeinsam Strategien zu entwickeln, um auf die Folgen des demographischen Wandels angemessen reagieren und dadurch eine akzeptable Zukunftsperspektive für die Menschen in der Region schaffen zu können. Die konzeptionelle Grundlage dafür bildet die hier vorgelegte integrierte regionale Anpassungsstrategie, in der Ziele, Grundsätze und Schlüsselprojekte der Zusammenarbeit dargelegt sind.

Zielstellung und Grundlagen der Zusammenarbeit

Die kooperierenden Kommunen wollen ihr Handeln so abstimmen, dass

- die Folgen des Bevölkerungsrückganges gemindert werden,
- der Schrumpfungsprozess sukzessive gebremst wird und
- die Lebensbedingungen in der Region so verbessert werden, dass mittel- bis langfristig eine Stabilisierung der Bevölkerungsentwicklung eintritt.

In diesem Sinne verstehen sich die Kommunen des Zentralen Erzgebirges als Vorreiter bei der Bewältigung der Folgeprobleme des demographischen Wandels. Sie sind interessiert, den Entwicklungsprozess transparent zu gestalten und mit anderen Akteuren auf regionaler und staatlicher Ebene sowie mit den tschechischen Nachbarn konstruktiv zu kommunizieren.

Grundlagen der Zusammenarbeit sind die „Vereinbarung zur interkommunalen Zusammenarbeit" vom Juni 1997, die den Beginn des gemeinsamen Vorgehens markiert, und das „Handlungskonzept der Gemeinden in der Region Zentrales Erzgebirge um Johanngeorgenstadt" vom Mai 2000, in dem erstmals die gemeinsamen Ziele und Inhalte der kooperierenden Kommunen dargelegt wurden. Eine weitere Grundlage für die Entwicklung der Region ist das Verwaltungsabkommen zur Sanierung der

---

[1] Die INRAS wurde von der wissenschaftlichen Begleitforschung in enger Abstimmung mit den Kommunen der Region erarbeitet und auf der Abschlusskonferenz des Projekts „Umbau von Siedlungsstrukturen unter Schrumpfungsbedingungen" am 28.05.2005 präsentiert. Die Wiedergabe erfolgt hier aus Platzgründen auszugsweise. Eine vollständige Fassung ist auf der Projekthomepage www.ioer.de/johanngeorgenstadt bis 2010 verfügbar.

Wismut-Altstandorte vom September 2003. Es regelt die Sanierung der Hinterlassenschaften des Uranerzbergbaus der SDAG Wismut aus den 1940er/50er Jahren durch die Bundesrepublik Deutschland und den Freistaat Sachsen bis 2012. Dadurch werden Risiken für Mensch und Umwelt gemindert und die Region erhält mehr Planungssicherheit.

Integrierte Regionale Anpassungsstrategie (INRAS)

Unter INRAS wird hier ein gemeinde- und themenübergreifendes Konzept zum Umgang mit dem demographischen Wandel und seinen Folgen verstanden. Seine Merkmale sind die langfristige Orientierung, die gezielte Anwendung von Instrumenten und die Nutzung regionaler Potenziale. Zentrales Thema der Zusammenarbeit ist der demographische Wandel mit seinen vielfältigen Folgen. Einerseits geht es um die Anpassung der kommunalen Infrastrukturen an die durch den Bevölkerungsrückgang und die Alterung veränderte Nachfrage. Andererseits ist es notwendig, Entwicklungschancen zu nutzen, um ein positives Zukunftsbild der Region entwerfen zu können. Es geht also um eine Anpassungs- *und* Entwicklungsstrategie.

Problemlage der Region

In den Städten und Gemeinden des Zentralen Erzgebirges ist die **Bevölkerungszahl** zwischen 1990 und 2003 um 17 % gesunken. Damit schrumpft das Gebiet fast doppelt so schnell wie der Freistaat Sachsen. In Johanngeorgenstadt beträgt der Bevölkerungsverlust sogar 36 %, was die Spitzenposition in Sachsen bedeutet. Ursachen dafür sind anhaltend niedrige Geburtenraten und ein negativer Wanderungssaldo. Nach den vorliegenden Prognosen ist zu befürchten, dass die Einwohnerzahl der Region im Zeitraum 2001-2016 noch einmal um 17 bis 26 % zurückgeht. Der Anteil der Kinder und Jugendlichen an der Gesamtbevölkerung liegt mit 18 % bereits heute drei Prozent unter dem Bundesdurchschnitt. Er wird bis 2016 vermutlich auf 13 bis 14 % absinken.

Die beschriebenen Tendenzen der Bevölkerungsentwicklung haben umfassende Folgen für die kommunale und regionale Entwicklung. Betroffen ist bereits seit vielen Jahren der **Wohnungsmarkt**. Durch den Rückgang der Nachfrage gab es 2001 im Zentralen Erzgebirge bereits einen Überhang von fast 4 000 Wohnungen (18 % Leerstandsquote). Auch diese verteilt sich unterschiedlich und überschreitet in Johanngeorgenstadt 30 %. Entwickeln sich das Angebot und die Nachfrage entsprechend der Rückbauplanungen und der Haushaltsprognosen, so wird sich der Leerstand in der Region bis 2016 eher vergrößern als verringern.

Ebenso einschneidend sind die Auswirkungen auf die **sozialen Infrastrukturen**, am deutlichsten spürbar an den Schulen. Obwohl bei den Grundschülern die Talsohle der quantitativen Entwicklung bereits erreicht ist, stehen zwei weitere Grundschulen in der Region wegen Unterschreitung der gesetzlich vorgegebenen Mindestschülerzahlen vor der Schließung. Bei den Haupt- und Realschülern werden die Tiefpunkte der Schülerzahlen voraussichtlich 2007 bzw. 2009 erreicht. Nach der bereits erfolgten Schließung der Mittelschule in Raschau kann auch die Mittelschule in Johanngeorgenstadt die Vorgaben bezüglich der Mindestschülerzahlen in den nächsten Jahren nicht erreichen.

Auch die **Versorgungswirtschaft** steht vor grundlegenden Problemen. Für die Versorgungsmedien (Trinkwasser, Abwasser, Gas, Nahwärme und Elektroenergie) werden die Kosten pro Haushalt durch den Rückgang der Nutzerzahlen deutlich ansteigen. Auch technische Probleme, zum Beispiel durch die längere Verweildauer von Trinkwasser im Netz oder Ablagerungen in Schmutzwasserleitungen durch geringere Abflussgrößen, wirken sich kostensteigernd aus. Erfolgt keine Anpassung der Leitungslänge, so wird für 2016 ein Anstieg der Gebühren um durchschnittlich 100 % prognostiziert.

Für die gesamte **Siedlungs- und Freiraumentwicklung** ergeben sich aus den schon genannten Problemen einige Konsequenzen. So ist ein stadttechnisch sinnvoller Rückbau von außen nach innen bei komplizierten Eigentumsverhältnissen und Sanierungszuständen wie in Johanngeorgenstadt-Neustadt nur in Ausnahmefällen umsetzbar. Die Vermischung kommunalen und privaten Eigentums bei Wohnungen begünstigt vielmehr die Auflösung kompakter Siedlungskerne und die Entstehung neuer „Streusiedlungen".

Ein Rückgang der Bevölkerungszahl führt auch zur Abnahme der kommunalen Einnahmen bei weitgehend gleich bleibenden Ausgaben. Somit verschlechtert sich die in Ostdeutschland ohnehin prekäre **Finanzlage** der Kommunen durch die Schrumpfung noch mehr. Angesichts dieser Situation sind viele schrumpfende Kommunen kaum noch in der Lage, die notwendigen Anpassungsmaßnahmen (Wohnungsrückbau, Umbau der sozialen und technischen Infrastrukturen) selbst zu finanzieren. Ihre Abhängigkeit von staatlichen Zuweisungen wächst.

Die Schrumpfungsprobleme können über die materiellen Probleme hinaus auch das Selbstwertgefühl der Bewohner negativ beeinflussen. So zeigt es sich, dass die **Eigenwahrnehmung** der Bewohner einer Stadt wie Johanngeorgenstadt schlechter ist als die Außenwahrnehmung durch Besucher.

Handlungsansatz

Die kooperierenden Kommunen gründen ihre gemeinsamen Anstrengungen zur Verbesserung der Situation auf drei **Interaktionsformen**: die interkommunale Kooperation, die Mitarbeit in Netzwerken und die gemeinsame Lobbyarbeit gegenüber dem Staat (Abb. 1).

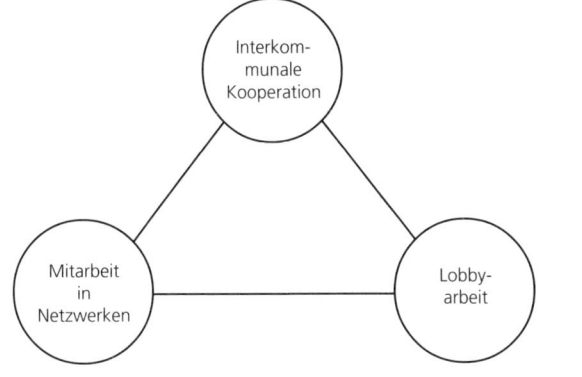

Abb. 1:
Interaktionsformen des Kooperationsraumes „Zentrales Erzgebirge"

1. Interkommunale Kooperation

   Die kooperierenden Gemeinden bilden einen Handlungsraum mit der Bezeichnung „Zentrales Erzgebirge um Johanngeorgenstadt", in dem gemeinsame Interessen stärker sind als kommunale Konkurrenzen. Um das Vorgehen besser zu koordinieren, werden folgende gemeinsamen **Handlungsfelder** festgelegt:

   (a) Siedlungsentwicklung und Rückbau

   Hierbei geht es darum, den durch den Bevölkerungsrückgang erforderlichen Rückbau von Wohngebieten und die Neuausweisung von Wohnflächen untereinander abzustimmen. Unnötige Konkurrenzen bei der Ausweisung von Wohnbauland sollen damit vermieden werden. Der Rückbau von Wohnungen soll besser mit dem Rückbau von Versorgungsnetzen abgestimmt werden.

   (b) Wohnungswirtschaft und Rückbau

   Um den Wohnraum in den größeren Mietbeständen (kommunale Wohnungsunternehmen, Wohnungsgenossenschaften) besser bewirtschaften zu können, sollen die Wohnungsunternehmen die bereits begonnene Koordination vertiefen und perspektivisch neue Bewirtschaftungsstrukturen schaffen. Im Bezug auf einen integrierten Rückbau soll die Zusammenarbeit mit den Versorgungsunternehmen erweitert werden.

   (c) Betreibung von Infrastrukturen

   Bei der Betreibung vieler sozialer Infrastruktureinrichtungen, am besten erkennbar an den Schulen, sind Tragfähigkeitsgrenzen erreicht. Mit neuen organisatorischen Modellen soll der Erhalt eines dezentralen Schulnetzes sichergestellt werden.

   (d) Tourismusmarketing

   Um konkurrenzfähig zu bleiben, müssen die touristischen Angebote der Region besser vernetzt und überregional vermarktet werden. Dazu ist es erforderlich, enger zwischen den Kommunen zu kooperieren, aber auch stärker die privaten Anbieter einzubeziehen.

   (e) Grenzübergreifende Kooperation

   Viele der wichtigsten Themen im Zentralen Erzgebirge sind ohne die Zusammenarbeit mit Tschechien undenkbar. Die Grenzöffnung für Pkw, der Ausbau der Staatsstraße und Tourismus zählen hierzu.

   (f) Sanierung der Uranbergbaufolgen

   Auch nach dem Abschluss des Verwaltungsabkommens zur Sanierung der Wismut-Altstandorte, das die Sanierung bis 2012 regelt, ist es erforderlich, dass die Kommunen ihre Sanierungsbedarfe untereinander abstimmen und die Anliegen gegenüber dem Sanierungsbeirat durchsetzen.

(g) Verbesserung der Erreichbarkeit

Bei der Verbesserung der Verkehrssituation konnten zwar erste Weichenstellungen erreicht werden. Die Probleme sind aber nach wie vor ungelöst. Die Kommunen der Region müssen hier mit anderen regionalen Partnern und Netzwerken zusammenarbeiten, um ihr Ziel, die Verbesserung der Straßenverkehrs-Erreichbarkeit umsetzen zu können.

Ungeachtet der Potenziale und Anstrengungen der Region reicht die Kapazität der kommunalen Akteure nicht aus, um die beschriebenen Probleme zu lösen. Deshalb wollen die kooperierenden Kommunen mit größeren Netzwerken zusammenarbeiten (strategische Partnerschaften) und die Unterstützung durch den Staat suchen (Lobbyarbeit).

2. Mitarbeit in Netzwerken

Da der Kooperationsraum „Zentrales Erzgebirge" wirtschaftlich und hinsichtlich der kommunalen Verwaltungskraft schwach ist, werden **strategische Partnerschaften** geschlossen, um die Durchsetzungsfähigkeit eigener Ziele zu verbessern. Potenzielle Partner sind:

(a) die Wirtschaftsregion Chemnitz-Zwickau, insbesondere in Fragen der Wirtschafts- und Verkehrsentwicklung

(b) die Kammregion des Erzgebirges, insbesondere bei der Verbesserung des Tourismusmarketings und bei der Vernetzung der Tourismusangebote

(c) der Städteverbund Silberberg, insbesondere bei der Konsolidierung der Wohnungswirtschaft und bei der Verkehrsentwicklung, sowie

(d) die tschechische Mikroregion Centrální Krušnohří, insbesondere bei der Verbesserung des Tourismusmarketings und bei der Betreibung von sozialen und technischen Infrastrukturen.

3. Lobbyarbeit

Ungeachtet der eigenen Bemühungen ist eine **staatliche Unterstützung der kommunalen Initiativen** im Zentralen Erzgebirge unerlässlich, insbesondere dort, wo die eigenen Kompetenzen und Kapazitäten der Kommunen nicht ausreichen, um die Probleme zu lösen. Um dies zu erreichen, werden die kooperierenden Kommunen eine gezielte Lobbyarbeit leisten. Dies betrifft

(a) den Rückbau von Wohnungen und stadttechnischer Infrastruktur und die Entlastung von Altschulden.

(b) die Sicherung einer dezentralen Schulinfrastruktur, gegebenenfalls auch bei Unterschreitung der Mindestschülerzahlen, und die Förderung alternativer Schulprojekte.

(c) die Berücksichtigung der Schrumpfungsfolgen im kommunalen Finanzausgleich.

(d) den Bedarf der Region an einer besseren Verkehrserschließung, insbesondere den Bau der neuen Bundesstraße B 93 von Zwickau nach Karlovy Vary.

(e) die Verhandlungen mit der tschechischen Regierung zur Öffnung des Grenzüberganges in Johanngeorgenstadt und zur Weiterführung der Bundesstraße in Tschechien.

(f) die Sanierung der durch den Uranerzbergbau entstandenen Umweltschäden.

Die sechs Handlungsfelder und drei Interaktionsformen sollen in möglichst effektiver Weise miteinander kombiniert werden.

Prinzipien der Umsetzung des Handlungsansatzes

Die Komplexität der Problemlage und der Umfang der zu lösenden Aufgaben schließen eine schnelle und kurzfristige Problemlösung aus. Deshalb ist es erforderlich, den dargestellten Handlungsansatz zu strukturieren. Die kooperierenden Kommunen stützen sich dabei auf drei Prinzipien:

1. Beschränkung auf Kernfragen

   Trotz der Vielzahl von Problemen und Handlungsbedarfen beschränken sich die kooperierenden Kommunen auf wenige Schlüsselprojekte, um die Kräfte zu bündeln und auf das Wesentliche zu konzentrieren. Die Projekte werden im abschließenden Teil der INRAS dargestellt.

2. Schrittweises Vorgehen

   Da die Umsetzung der Projektziele erhebliche Veränderungen des Status quo, insbesondere von institutionellen Strukturen, erfordert, soll die Umsetzung der Schlüsselprojekte in mehreren Schritten geplant werden. Die Umsetzungsschritte sind in den Projektbeschreibungen enthalten.

3. Institutionalisierung der Zusammenarbeit (Projektmanagement)

   Die Erfahrung der letzten Jahre hat gezeigt, dass eine kontinuierliche Projektarbeit nur möglich ist, wenn ein Projektmanagement die Umsetzung koordiniert. Deshalb streben die kooperierenden Kommunen an, das vorhandene Projektbüro über die Laufzeit des staatlich geförderten Vorhabens hinaus gemeinsam zu betreiben. Dafür soll ein Finanzierungskonzept erstellt werden.

Handlungsfelder und Schlüsselprojekte

Die **Handlungsfelder** umfassen einerseits die wesentlichen Anpassungsthemen des Modellvorhabens. Andererseits sind „Tourismus" und „grenzübergreifende Entwicklung" wichtige Entwicklungsthemen der Region. Aus der INRAS ausgeklammert wurden die Themen „Sanierung" und „Erreichbarkeit", da die Kommunen hierbei nicht über Entscheidungskompetenzen verfügen (Zuständigkeit des Bundes und des Freistaates Sachsen).

Die Umsetzung der Handlungsfelder erfolgt über **Schlüsselprojekte**. Schlüsselprojekte sind Vorhaben, die für die Entwicklung der Region von herausragender Bedeutung sind. Sie stehen im Mittelpunkt der Zusammenarbeit. Damit sie diese Bedeutung erlangen können, sollten sie die folgenden fünf Kriterien erfüllen:

1. Ein Schlüsselprojekt hat regionale Bedeutung.
2. An einem Schlüsselprojekt sind mehrere Gemeinden des Kooperationsraumes beteiligt, am besten alle.
3. Ein Schlüsselprojekt ist innovativ, einzigartig in der Region.
4. Ein Schlüsselprojekt kann durch die beteiligten Akteure gesteuert werden.
5. Ein Schlüsselprojekt ist mit einem kalkulierbaren Risiko verknüpft.

Es folgt die Übersicht der Handlungsfelder, Ziele und Schlüsselprojekte.

Tab.: Handlungsfelder, Ziele und Schlüsselprojekte im Kooperationsraum

Handlungs-felder	Wohnungswirt-schaft / Rückbau Betreibung von Infrastrukturen	Siedlungs-entwicklung und Rückbau	Tourismusmarketing	Grenzübergreifende Kooperation
Ziele	Gemeinsame Unterhaltung sozialer Infrastrukturen und abgestimmter Rückbau von Wohnungen sowie stadttechnischer Infrastruktur	Interkommunale Planung der Neuausweisung und des Rückbaus von Siedlungsflächen unter Berücksichtigung des demographischen Wandels	Entwicklung zur Kompetenzregion für Sport, Erholung und Gesundheit	Intensivierung der deutsch-tschechischen Zusammenarbeit
Schlüssel-projekte	1. Stadtregionaler Umbau 2. Integrierte Rückbaustrategie & Anpassung „Stadtumbau Ost" 3. Erhaltung des dezentralen Schulnetzes	4. Regionales Flächenentwicklungskonzept ReFEK	5. Regionales & grenzübergreifendes Tourismus-marketing	6. Deutsch-tschechische Kooperations-initiative

Autorenverzeichnis

Roman Bertenrath — Finanzwissenschaftliches Forschungsinstitut
an der Universität zu Köln
Zülpicher Str. 182, 50937 Köln
bertenrath@fifo-koeln.de

Marc Bose — Metropolregion Hamburg
Schlossplatz 6, 21423 Winsen (Luhe)
m.bose@lkharburg.de

Benno Brandstetter — Technische Universität Dresden
Fakultät Architektur
Netzwerk Stadt+Region
Stiftungsprofessur für Stadtumbau und Stadtforschung
01062 Dresden
benno.brandstetter@tu-dresden.de

Holger Dienemann — Technische Universität Dresden
Fakultät Forst-, Geo- und Hydrowissenschaften
Institut für Allgemeine Ökologie und Umweltschutz
Lehrstuhl für Allgemeine Ökologie
Postfach 11 17, 01735 Tharandt
h_dienemann@yahoo.de

Alexander Fischer — Technische Universität Dresden
Fakultät Architektur
Netzwerk Stadt+Region
Lehrstuhl für Landesplanung und Siedlungswesen
01062 Dresden
alexander.fischer@tu-dresden.de

Sven Heilmann — Finanzwissenschaftliches Forschungsinstitut
an der Universität zu Köln
Zülpicher Str. 182, 50937 Köln
heilmann@fifo-koeln.de

Sigrun Kabisch	UFZ-Umweltforschungszentrum Leipzig-Halle GmbH Department Stadt- und Umweltsoziologie Permoserstraße 15, 04318 Leipzig sigrun.kabisch@ufz.de
Winfried Killisch	Technische Universität Dresden Fakultät Forst-, Geo- und Hydrowissenschaften Institut für Geographie Lehrstuhl für Allgemeine Wirtschafts- und Sozialgeographie 01062 Dresden winfried.killisch@tu-dresden.de
Lars Marschke	Technische Universität Dresden Fakultät Bauingenieurwesen Institut für Stadtbauwesen und Straßenbau Lehrstuhl für Stadtbauwesen 01062 Dresden lars.marschke@tu-dresden.de
Antje Matern	Hafencity Universität Hamburg Department Stadtplanung Institut für Stadt-, Regional- und Umweltplanung Schwarzenbergstraße 95 D, 21073 Hamburg antje.matern@tu-harburg.de
Bernhard Müller	Leibniz-Institut für ökologische Raumentwicklung e. V. Weberplatz 1, 01217 Dresden b.mueller@ioer.de
Thilo Schaefer	Finanzwissenschaftliches Forschungsinstitut an der Universität zu Köln Zülpicher Str. 182, 50937 Köln schaefer@fifo-koeln.de
Torsten Schmidt	Technische Universität Dresden Fakultät Bauingenieurwesen Institut für Stadtbauwesen und Straßenbau Lehrstuhl für Stadtbauwesen 01062 Dresden torsten.schmidt@tu-dresden.de

Jorg Sieweke	Technische Universität Berlin Institut für Landschaftsarchitektur und Umweltplanung Straße des 17. Juni 145, 10623 Berlin jorgs@mac.com
Annett Steinführer	UFZ-Umweltforschungszentrum Leipzig-Halle GmbH Department Stadt- und Umweltsoziologie Permoserstraße 15, 04318 Leipzig annett.steinfuehrer@ufz.de
Carolin Wandzik	GEWOS GmbH Maurienstr. 5 22305 Hamburg carolin.wandzik@gewos.de
Rainer Winkel	Technische Universität Dresden Fakultät Architektur Netzwerk Stadt+Region Lehrstuhl für Landesplanung und Siedlungswesen 01062 Dresden rainer.winkel@tu-dresden.de
Anke Winkler	Sächsische Landesanstalt für Landwirtschaft Referat 34 – Ländliche Entwicklung Söbrigener Str. 3a 01326 Dresden anke.winkler@pillnitz.lfl.smul.sachsen.de
Peter Wirth	Leibniz-Institut für ökologische Raumentwicklung e. V. Weberplatz 1, 01217 Dresden p.wirth@ioer.de

Nachhaltigkeit A–Z →

E wie Europastadt

Die deutsche Stadt Görlitz und die polnische Stadt Zgorzelec wachsen im Zuge der fortschreitenden europäischen Integration zu einer „Europastadt" zusammen.
Die Autor(inn)en greifen verschiedene Facetten eines grenzüberschreitenden Kooperationsprozesses an der neuen EU-Binnengrenze auf und zeigen Möglichkeiten, die Zusammenarbeit von Stadtverwaltungen und Bürgern zu intensivieren und strategisch auszurichten.

K. Friedrich, R. Knippschild, M. Kunert, M. Meyer-Künzel, I. Neumann (Hrsg.)
Zwei Grenzstädte wachsen zusammen
Im Zukunftsdialog zur Europastadt Görlitz/Zgorzelec
oekom verlag, München 2005, 147 Seiten, 17,50 EUR
ISBN 10: 3-936581-66-5, ISBN 13: 978-3-936581-66-9

M wie Monitoring

Am Beispiel der Stadt Bremen entwickeln die Autor(inn)en das Konzept eines Nachhaltigkeitsmonitorings aus der Ressourcenperspektive. Anstrengungen und Maßnahmen für die nachhaltige Entwicklung einer Region können damit bewertet werden.

G. Müller-Christ, K.-O. Bastenhorst, A. Berry
Nachhaltigkeit unter Beobachtung
Ein innovatives Monitoringkonzept für Kommunen
oekom verlag, München 2005, 308 Seiten, 29,- EUR
ISBN 10: 3-936581-75-4, ISBN 13: 978-3-936581-75-1

Erhältlich bei
www.oekom.de
oekom@rhenus.de
Fax +49/(0)81 91/970 00–405

oekom verlag